LÉGENDES,

CURIOSITÉS ET TRADITIONS

DE LA CHAMPAGNE ET DE LA BRIE.

LÉGENDES,

CURIOSITÉS ET TRADITIONS

DE LA CHAMPAGNE

ET DE LA BRIE,

RECUEILLIES

PAR ALEXANDRE ASSIER.

LE PREMIER CEP DE LA CHAMPAGNE. — NAPOLÉON 1ᵉʳ A BRIENNE.
— LE GRAND PARDON DE CHAUMONT, — LA FAMILLE RAISIN.
— LE BON LA FONTAINE. — LE CORDONNIER SIMON. —
LES LÉPREUX EN CHAMPAGNE. — L'ABBAYE DE MONTIER-EN-DER. —
LÉGENDE DE LA CROIX, — UN DESCENDANT DES VALOIS. —
M. DE LA SALLE DE REIMS. — PIERRE MIGNARD. —
LES AÏEUX DU GRAND COLBERT. — SOUVENIRS DE L'EMPIRE.
— DEUX NOTRE-DAME EN CHAMPAGNE. —
LES SAINT-SIMONIENS A TROYES. — LE CAPITAINE DANIEL.
— L'ENFANT DE CHOEUR DE MARCHAIS. —
ETC., ETC., ETC.

PARIS

AUG. AUBRY, LIBRAIRE, RUE DAUPHINE.

DUMOULIN, LIBRAIRE, QUAI DES AUGUSTINS.

TECHNER, LIBRAIRE, PLACE DU LOUVRE.

—

1860.

A MONSIEUR

NATALIS RONDOT,

ANCIEN DÉLÉGUÉ COMMERCIAL ATTACHÉ A L'AMBASSADE

EN CHINE,

ET

PRÉSIDENT DE CLASSE AU JURY INTERNATIONAL

DE L'EXPOSITION UNIVERSELLE

DE 1855.

Monsieur,

Descendant d'une ancienne famille de Troyes, qui a compté parmi ses membres de célèbres personnages et d'habiles artistes, vous avez daigné m'encourager plusieurs fois dans mes humbles recherches. J'aurais voulu vous offrir une œuvre plus sérieuse, vous retracer les belles époques de l'histoire de cette Champagne dont la France semble avoir depuis longtemps ignoré le glorieux rôle depuis le sénonais Brennus jusqu'à l'écolier de Brienne. Mais des jours plus heureux viendront, je l'espère, où je pourrai raconter plus éloquemment. Puissent ces faibles essais que j'ose vous dédier me mériter la bienveillance d'un illustre compatriote dont les ouvrages nous ont révélé quelques-uns des secrets de l'industrie de l'Orient! Ce témoignage sera la récompense de mes efforts.

Agréez, Monsieur, l'hommage du respect avec lequel j'ai l'honneur d'être.

Votre très-obéissant serviteur.

ALEXANDRE ASSIER.

AVANT-PROPOS.

Pour quiconque parcourt les annales de l'ancien royaume de France, la Champagne, ce noble pays des croisés et des trouvères, de Joinville et de Jeanne Darc, n'a point encore la célébrité qu'elle mérite. « Le temps approche, dit-on de toutes parts, où ses vieilles archives vont sortir de la poussière pour prendre voix et raconter. Les savants se sont mis à l'œuvre et publient chaque jour le fruit de leurs recherches. » Mais si l'homme propose, Dieu dispose, dit un ancien proverbe. Bien des années s'écouleront, sans aucun doute, avant que la Champagne puisse dérouler ses belles annales.

Peu d'hommes d'abord se soucient de consacrer leur temps à déchiffrer de poudreux parchemins, à pàlir sur de gros in-folio. Puis la vie n'est-elle pas trop courte, et les occupations ne sont-elles point trop

nombreuses dans un siècle où tout le monde veut
fonctionner pour qu'une œuvre puisse surgir avec
cette admirable structure dont les Bénédictins, ces
véritables pères de notre histoire, avaient seuls le
secret? J'ai connu tel savant qui a passé quarante-
huit ans au milieu des manuscrits, et que la mort est
venue surprendre lorsqu'il rassemblait ses notes
éparses. Cet homme avait pourtant renoncé bien
sincèrement à toutes les joies de ce monde.

Pour moi, dont la jeunesse s'est écoulée dans les
pénibles fonctions de l'enseignement, je n'ai pu que
recueillir çà et là quelques traditions de la Champagne. J'ose les publier pour sauver de l'éternel
oubli les bonnes et touchantes coutumes de nos
aïeux. J'y ai même joint quelques historiettes et
quelques curiosités, parce qu'il est bon de récréer
le lecteur pour se concilier sa bienveillance. Je n'ai
point tout raconté, mais si ceux auxquels ce spécimen parviendra me savent quelque gré de mes recherches, je les dédommagerai par la publication
des *Récits de l'histoire de la Champagne et de la
Brie*, œuvre importante à laquelle M. l'abbé Georges
me prête l'appui de son concours.

Troyes, le 24 décembre 1859.

LES HISTORIENS

DE LA CHAMPAGNE ET DE LA BRIE

AU XIXe SIÈCLE.

1830-1855.

Des savants ont compris que l'histoire de la Champagne ne pouvait se faire qu'avec la réunion de bonnes histoires des villes dont se composait autrefois cette belle province, et se sont mis à l'œuvre depuis 1830 avec une patience vraiment admirable. Quelques-uns, trop timides, ont publié leurs recherches dans les Annuaires, dans les Mémoires de sociétés savantes, et même dans des Almanachs, et nous ont dérobé, pour ainsi dire, de précieux documents qu'il sera toujours difficile de rassembler. D'autres ont vaillamment exposé leurs ouvrages au public, et ont cru mériter la bienveillance de leurs concitoyens en leur retraçant les beaux faits qui ont illustré leur contrée. A ceux-là nous voulons témoigner toute notre reconnaissance et toute notre sympathie, en rappelant au lecteur les volumes qu'ils ont écrits dans leurs laborieuses veilles. Notre liste, trop incomplète peut-être, ne s'étendra que jusqu'à l'année 1856, parce que dans nos *Récits de l'Histoire de la Champagne et de la Brie* nous consacrerons quelques pages à ceux qui poursuivent courageusement leur œuvre.

Aube.

POUGIAT. *Invasion des armées étrangères dans le département de l'Aube*, in-8. Troyes, 1833.

COLIN. *Notes historiques et statistiques sur le canton de Nogent-sur-Seine*, in-12. Troyes, 1836.

ARNAUD. *Voyage archéologique et pittoresque dans le département de l'Aube et dans l'ancien diocèse de Troyes*, in-4. Troyes, 1837.

F. DOÉ. *Notice sur les principaux monuments de la ville de Troyes*, in-18. Troyes, 1838.

CORRARD DE BREBAN. *Recherches sur l'établissement de l'imprimerie à Troyes*, in-8. Troyes, 1839.

L. COUTANT. *Recueil de notes et de pièces historiques pour servir à l'histoire des Riceys*, in-8. Paris, 1840.

VALLET DE VIRIVIELE. *Archives historiques du département de l'Aube*, in-8. Troyes, 1841.

L. COUTANT. *Fragments historiques sur la ville et l'ancien comté de Bar-sur-Seine*, in-8. Bar-sur-Seine, 1846.

L'ABBÉ FONTAINE. *Le cardinal Pierre de Bérulle devant son pays (par Las Casas)*, in-8. Troyes, 1847.

A. BOURGEOIS. *Histoire des comtes de Brienne*, in-8. Troyes, 1849.

CAMUT-CHARDON. *Notices historiques et topographiques sur la ville d'Arcis-sur-Aube*, in-8. Arcis, 1848.

GADAN. *Le Bibliophile troyen. — Recueil de pièces curieuses et inédites*, in-8. Troyes, 1849-1850.

L'ABBÉ E. GEORGES. *Les illustres Champenois*, in-8. Troyes, 1849-1850.

CORRARD DE BREBAN. *Notice sur la vie et les œuvres de F. Girardon*, in-8. Troyes, 1850.

L. CHEVALIER. *Histoire de Bar-sur-Aube*, in-8. Bar-sur-Aube, 1851.

J. LAPAUME. *Antiquités troyennes jusqu'ici négligées et méconnues*, in-8. Troyes, 1852.

J. RAY. *Études sur les Armoiries de la ville de Troyes*, in-8. Troyes, 1852.

A. AUFAUVRE ET CH. FICHOT. *Album pittoresque et monumental du département de l'Aube*, in-folio. Troyes, 1852.

A. GAUSSEN. *Portefeuille archéologique de la Champagne*, in-4. Bar-sur-Aube, 1852.

P. GUIGNARD. *Les anciens statuts de l'Hôtel-Dieu-le-Comte de Troyes*, in-8. Troyes, 1853.

D'ARBOIS DE JUBAINVILLE. *Pouillé du diocèse de Troyes rédigé en 1407*, in-8. Troyes, 1853.

L. COUTANT. *Histoire de la ville et de l'ancien comté de Bar-sur-Seine*, in-8. Bar-sur-Seine, 1855.

L'ABBÉ BLAMPIGNON. *Vie de sainte Germaine, patronne de Bar-sur-Aube*, in-12. Troyes, 1855.

D'ARBOIS DE JUBAINVILLE. *Voyage paléographique dans le département de l'Aube*, in-8. Troyes, 1855.

Marne.

H. FLEURY ET L. PARIS. *Chronique de la Champagne*, 4 vol. in-8. Reims, 1837-1838.

C. BUIRETTE. *Histoire de la ville de Sainte-Menehould et de ses environs*, in-8. Sainte-Menehould, 1857.

POTERLET. *Notice historique et statistique sur Epernay*, in-8. Epernay, 1857.

L. PARIS. *La chronique de Rains publiée sur le manuscrit de la bibliothèque du roi*, in-8. Reims, 1838.

P. VARIN. *Archives administratives et législatives de la ville de Reims*, in-4, 6 vol. Paris, Crapelet.

GUÉRIN. *Notre-Dame-de-l'Épine*, in-8. Paris, 1840.

L'ABBÉ BOITEL. *Histoire de l'ancien et du nouveau Vitry-le-Français*, in-12. Châlons, 1842.

P. TARBÉ. *Les sépultures de l'église Saint-Remi de Reims*, in-12. Reims. 1842.

Mgr GOUSSET. *Actes de la province ecclésiastique de Reims*, 4 vol. in-4. Reims, 1842.

LACATTE-JOLTROIS. *Essais historiques sur l'église Saint-Remi de Reims*, in-12. Reims, 1843.

L'ABBÉ ESTRAYEZ. *Notice historique et descriptive de la cathédrale de Châlons-sur-Marne*, in-8. Châlons, 1842.

ACADÉMIE DE REIMS. *Histoire de la ville, cité et Université de Reims*, par le R. Guillaume Marlot, 4 vol. in-4. Reims, 1843.

E. GALLOIS, *Les ducs de Champagne*, in-8. Paris, 1843.

L. PARIS. *Durocort, ou les Rémois sous les Romains*, in-18. Reims, 1844.

P. TARBÉ. *Trésor des églises de Reims*, in-4. Reims, 1844.

J. CHALETTE. *Précis de statistique générale du département de la Marne*, 2 vol. in-8. Châlons, 1845.

L. PARIS. *Remensiana. Historiettes, légendes et traditions du pays de Reims*, in-32. Reims, 1845.

LE BERTHAIS ET L. PARIS *Toiles peintes et tapisseries de la ville de Reims, ou le Théâtre des confrères de la Passion*, 2 vol. in-4.

P. TARBÉ. *Notre-Dame de Reims*, in-12. Reims, 1845.

P. TARBÉ. *Reims, essais historiques sur ses rues et ses monuments*, in-8. Reims, 1845.

P. ARMAND. *Histoire de saint Remi*, in-8. Paris, 1846.

J. HUBERT. *Le siége de Reims par les Anglais en 1359*, in-8. Reims, 1846.

SOCIÉTÉ DES BIBLIOPHILES DE REIMS *12 livraisons contenant de curieuses pièces*, Reims, 1846.

GUILLEMIN. *Le cardinal de Lorraine*, in-8. Paris, 1848.

P. TARBÉ. *Collection des poëtes Champenois antérieurs au XVe siècle*, 15 vol. in-8. Reims, 1848

E. DE BARTHELEMY. *Cartulaire de l'évêché et du chapitre de Saint-Etienne de Châlons-sur-Marne*, in-12. Châlons, 1853.

ACADÉMIE DE REIMS *Œuvres de Flodoard : histoire de l'église de Reims*, 2 vol. in-8. Reims, 1855.

B. GUÉRARD. *Polyptique de l'abbaye de Saint-Remi de Reims*, in-4. Paris, 1853.

E. DE BARTHELEMY. *Etudes biographiques sur les hommes célèbres nés dans le département de la Marne*, in-12. Châlons, 1854.

E. DE BARTHELEMY. *Histoire de la ville Châlons-sur-Marne et de ses institutions*, in-8. Châlons, 1854.

L. BARBAT. *Histoire de la ville de Châlons-sur-Marne et de ses monuments*, in-4. Châlons, 1854.

GALERON. *Journal historique de Reims depuis sa fondation jusqu'à nos jours*, in 8. Reims, 1854.

REIMS. *Revue historique et littéraire de la Champagne*, in-8. Reims, 1854.

BARON TAYLOR. *Reims et ses monuments*. Paris, 1854.

L. AYMA. *Vie du vénérable J.-B. de la Salle, fondateur des écoles chrétiennes*, in-8. Paris, 1855.

BIBLIOTHÈQUE DE L'AMATEUR RÉMOIS. *Réimpression de publications rémoises inédites ou devenues rares*, in-18. Reims 1854 1855.

Haute-Marne.

J. FÉRIEL. *Notice historique sur la ville et les seigneurs de Joinville*, in-8. Paris, 1835.

MIGNERET. *Précis sur l'histoire de Langres*, in-8. Langres, 1836.

LUQUET. *Antiquités de Langres*, in-8. Langres, 1838.

E. JOLIBOIS. *La diablerie de Chaumont*, in-8. Chaumont, 1838.

E. JOLIBOIS *Les chroniques de l'évêché de Langres du P. Jacques Vignier*, in-8. Chaumont, 1843.

L'ABBÉ BOUILLEVAUX. *Les moines du Der*, in-8. Chaumont, 1845.

L'ABBÉ GODARD. *Histoire et tableau de l'église Saint-Jean-Baptiste de Chaumont*, in-8. Chaumont, 1848.

PINARD. *Précis sur l'histoire de Vassy et de son arrondissement*, in-8. Vassy, 1849.

L'ABBÉ DUBOIS. *Histoire de l'abbaye de Morimond, 4e fille de Cîteaux*, in-8. Paris, 1851.

J CARNANDET. *La Haute-Marne pittoresque*, in-4. Chaumont, 1855.

XIV

J. CARNANDET. *Notice historique sur Edme Bouchardon*, in-8. Chaumont, 1855.

J. CARNANDET. *Vie et passion de Monseigneur Sainct-Didier, martyr et évesque de Lengres, jouées en la dicte cité*, in-8. Chaumont, 1855.

L'ABBÉ GODARD. *Vie des saints du département de la Haute-Marne*, in-12. Langres, 1855.

Ardennes.

L'ABBÉ BOUILLIOT. *Biographie ardennaise*, 2 vol. in-8. Paris, 1831.

L'ABBÉ LÉCUY. *Essai sur la vie de Jean Gerson*, 2 vol. in-8. Paris, 1832.

J.-B. HUBERT. *Géographie physique, administrative, historique et statistique du département des Ardennes*, in-12. Charleville, 1837.

MIROY. *Chronique de la ville et des comtes de Grandpré*, in-12. Vouziers, 1840.

CH. PRENARD. *Sedan pittoresque*, in-8. Sedan, 1842.

C. PALES. *Chronologie des vicomtes et seigneurs de la terre de Vouziers*, in-8. Vouziers, 1845.

CHÉRI-PAUFFIN. *Rethel et Gerson*, in-12. Paris, 1845.

E. JOLIBOIS. *Histoire de Rethel*, in-8. Rethel, 1847.

J.-B. HUBERT. *Histoire de Charleville*, in-8. Charleville, 1854.

Aisne.

F. MICHEL. *Chansons du châtelain de Coucy*, in-8. Paris, 1830.

DE LEPINOIS. *Souvenirs de Coucy*, Recueil de dessins lithographiés, in-folio. Paris, 1833.

L'ABBÉ POQUET. *Histoire de Château-Thierry*, 2 vol. in-8. Château-Thierry, 1840.

S. PRIOUX. *Histoire de Braine et de ses environs*, in-8. Paris, 1845.

MELLEVILLE. *Histoire de la ville et des sires de Coucy*, in-8. Paris, 1848.

Seine-et-Marne.

B. BERNARD. *Recueil de monuments inédits, dessinés et publiés sur la ville de Provins*, in-4. Paris, 1830.

MICHELIN. *Essais historiques, statistiques, chronologiques et littéraires sur le département de Seine-et-Marne*, 6 vol. in-8. Melun, 1830-1841.

F. PASCAL. *Histoire topographique, politique, physique et statistique du département de Seine-et-Marne*, 2 vol. in-8. Corbeil, 1838.

Mgr ALLOU. *Notice historique et descriptive sur la cathédrale de Meaux*, in-8. Paris, 1839.

F. BOURQUELOT. *Histoire de Provins*, 2 vol. in-8. Provins, 1846.

Ch. OPOIX. *Histoire et description de Provins*, in-8. Provins, 1846.

F. DELETTRE. *Histoire de la province du Montois*, 2 vol. in-8. Nogent-sur-Seine, 1849.

A. AUFAUVRE ET Ch. FICHOT. *Monuments historiques de Seine-et-Marne*, in-folio. Paris, 1855-1858.

A. CARRO. *Notice sur le château de Meaux et le cabinet de Bossuet*, in-12. Paris, 1855.

Yonne.

T. TARBÉ. *Recherches historiques et anecdotiques sur la ville de Sens*, in-12. Sens, 1838.

T. TARBÉ. *Description de l'église métropolitaine de Saint-Étienne de Sens*, in-8. Sens, 1841.

QUANTIN. *Notice historique sur la construction de la cathédrale de Sens*, in-8. Auxerre, 1842.

LE BARON CHAILLOU DES BARRES. *L'abbaye de Pontigny*, in-8. Auxerre, 1845.

LARCHER DE LAVERNADE. *Histoire de la ville de Sens,*
   in-8. Sens, 1847.

L'ABBÉ BRULLÉ. *Histoire de l'abbaye royale de Sainte-
   Colombe-lès-Sens,* in-8. Sens, 1852.

Meuse.

MICHAUD ET POUJOULAT. *Notice sur Jeanne Darc,* in-8.
   Paris, 1857.

J. QUICHERAT. *Procès de condamnation et de réhabilita-
   tion de Jeanne Darc,* 5 vol. in-8. Paris, 1841-1849.

BARTHÉLEMY DE BEAUREGARD. *Histoire de Jeanne Darc,*
   2 vol. in-8. Paris, 1847.

VALLET DE VIRIVILLE. *Nouvelles recherches sur la famille
   de Jeanne Darc,* in-8. Paris, 1854.

DESJARDINS. *Vie de Jeanne Darc avec des cartes d'itiné-
   raire,* in-18. Paris, 1854.

LÉGENDES,

CURIOSITÉS ET TRADITIONS

DE LA CHAMPAGNE ET DE LA BRIE.

--- o ---

L'ORGUE DE CLAIRVAUX ET LE MOINE ANDRÉ.

Dom Gassot de Defens, 47e abbé de Clairvaux, fit exécuter dans l'église de son monastère de grands travaux qui lui valurent les éloges de ses contemporains. Ce révérend abbé voulut encore que l'orgue répondît par sa grandeur aux embellissements dus à sa libéralité. Le 20 juillet 1731, dom François Fauvre, prieur de Notre-Dame-des-Rosiers, et procureur de l'abbaye de Clairvaux, conclut donc avec Jacques Cochu, facteur d'orgues, demeurant à Châlons-sur-Marne, un marché par lequel ce dernier s'engage à exécuter, moyennant 1,550 livres, « un positif de 8 pieds en montre et de 16 jeux. » Tous les matériaux doivent être fournis au facteur, qui doit de plus recevoir la nourriture des religieux, sauf la collation qui sera remplacée par le souper. Le 20 juillet de l'année suivante, Jacques Cochu conclut un nouveau marché avec le procureur dom Fauvre; il promet de rendre dans quatre ans et quelques mois le grand orgue, moyennant une somme de 6,000 livres. Maître Jean Gillot de Langres est chargé de faire la balustrade de la tribune et reçoit 300 livres. Le grand orgue est terminé en 1736; dom Nicolas Similiart, religieux profès de Signy, et Benigne Bal-

1

bastre, organiste de la cathédrale de Dijon, passent quatre jours à examiner le travail de Cochu. Le 7 avril, quittance finale est donnée par l'habile facteur.

Cinquante-six ans après, des affiches, apposées dans le district de Bar-sur-Aube et dans les villes importantes des départements voisins, annoncent que l'orgue de Clairvaux est à vendre, et que l'adjudication sera faite à Bar-sur-Aube, le 10 septembre 1792. Les marguilliers de la cathédrale de Troyes présentent, au Directoire du département, une requête, signée par l'évêque constitutionnel, Augustin Sibille, pour obtenir cet orgue, « dont la vente ne doit produire à la nation qu'une somme médiocre, mais qui doit répondre à la beauté du vaisseau de leur église. »

Malgré cette pétition, l'orgue est vendu, moyennant la somme de 12,500 livres, au sieur Bernard Lecuyer, entrepreneur de bâtiments, demeurant à Bar-sur-Aube, sous cautionnement du sieur Joachin Girardon. Mais le ministre de l'intérieur, ayant déclaré qu'il ne voyait aucun inconvénient à ce que l'orgue de Clairvaux fût accordé à la commune de Troyes, la vente fut résiliée. René Cochu, fils du célèbre facteur, fut choisi pour amener l'orgue à Troyes. Longtemps oublié sous la tour Saint-Paul, où la poussière et l'humidité lui portèrent de graves atteintes, il ne fut rétabli, dans sa beauté première, qu'en l'année 1808 (1).

« Aujourd'hui, lorsqu'on assiste à une cérémonie de grande fête, dans l'antique et majestueuse cathédrale de Troyes, il est bien difficile de ne pas sentir son âme s'émouvoir à la ravissante musique de l'orgue. Mais si l'on disait qu'un grand artiste, un génie peut-être aussi grand que Meyer-Beer, est venu ensevelir et consumer dans son sein une vie pleine de jeunesse, d'avenir et d'espérance, si sa main ne faisait qu'abandonner les touches, si la dernière symphonie au milieu de laquelle s'est exhalée son âme, pouvait vibrer encore, quelle sensa-

____

(1) Pièces inédites relatives à l'*Histoire de l'Abbaye de Clairvaux*, bibliophile de l'Aube, XIe livraison.

tion n'exciterait pas en nous la vue du monument dont il fut la gloire ignorée? Pourquoi n'a-t-il rien laissé de lui, le moine-artiste de Clairvaux? Pourquoi ses chants se sont-ils élevés pour mourir dans la solitude, sans parvenir au monde? Mais s'il fut inconnu, c'est justice de révéler son existence et de publier ce que nous avons appris de son histoire.

» En 1745, un jeune homme pâle et les vêtements en désordre, vint se présenter aux portes de l'abbaye de Clairvaux. Ce ne fut pas un moindre étonnement pour les religieux qui le reçurent, quand il leur apprit qu'il venait se faire moine. Le sourire qui parut sur leurs lèvres resserra bien cruellement le cœur du jeune homme. Il n'avait pas songé que, pour être admis dans l'ordre, il fallait un nom et des richesses; que lui n'avait jamais eu de richesses et n'avait pas encore de nom : on le lui apprit. Cependant, comme il était languissant et accablé de fatigue, on le conduisit à la salle d'asile; là, il s'assit tout rêveur dans l'embrasure d'une fenêtre en face de la grande flèche de Saint-Bernard qu'il contempla tristement; puis ses yeux, en se portant autour de lui, rencontrèrent ceux d'un vieillard qui le considérait avec un vif intérêt : c'était le prieur du monastère. Le premier mouvement du jeune homme fut de se jeter à ses pieds, en s'écriant : « Vous du moins, ne me repoussez pas, mon père! » Il y avait dans son élan quelque chose de si entraînant, sa voix était si persuasive, ses grands yeux humides de larmes exprimaient tant de souffrance, que le bon moine, tout ému, le releva pour le serrer dans ses bras. Puis regardant avec attendrissement sa belle figure où se révélait une âme pure et candide :

— « Que me demandez-vous, mon enfant? » dit-il avec bonté.

Le jeune homme lui déclara d'une voix tremblante ce qui l'amenait à l'abbaye.

Le vieillard exprima la plus grande surprise.

— « Oh! ne me regardez pas ainsi, se hâta d'ajouter le suppliant; je mourrai, mon père, si vous me chassez d'ici. Je suis pauvre, mais honnête! Je suis musicien, laissez-moi

toucher les orgues du monastère... mais par Dieu ne me refusez pas ! »

Les regards de l'artiste avaient pris une expression si
élevée, sa main s'était portée avec tant de noblesse sur son
cœur qui battait avec violence, que le prieur fut subjugué
par un ascendant indicible. Il rêva quelques instants. « Je
reviendrai ce soir, » dit-il à voix basse, et il s'éloigna.

Le lendemain était un dimanche. Les moines étaient rangés
en longue file dans l'église. Le prêtre allait monter à l'autel. Une surprise s'empara de tous les religieux, quand une
ouverture, telle qu'on n'en avait point entendu jusqu'alors,
s'élança de l'orgue en brillants accords, puis retomba molle-
ment sur un mode doux et plaintif de la plus pure expression.
Tous les yeux s'étaient portés vers la voûte pour découvrir
le génie nouveau qui venait d'animer de tant de vie l'instrument dont les concerts passaient auparavant inaperçus.
Cette magnifique exécution n'était pas l'ouvrage du vieux
maître de chapelle : lui se tenait debout, triste et pensif, à
l'angle de l'orgue ; tandis qu'un jeune homme, brillant d'enthousiasme et de génie, quittait le clavier et venait s'agenouiller contre la rampe de la galerie, en face du chœur. Ce
jeune homme, c'était le suppliant de la veille. Dès lors, ce
fut le moine André.

Quels motifs avaient déterminé le musicien à s'enfermer
dans un cloître? on ne le sut jamais. « Comme il était arrivé,
dit le sous-prieur, Hérard de Margerie, il s'en fut dedans
la grâce de notre sire. Durant dix années céans, il ne s'ouvrit à aucun, touchant les peines de son esprit. » Pendant
ces dix années, il se tint constamment seul, livré à d'arden-
tes méditations. Tous les soirs, au moment où le soleil s'en-
fonçait derrière la forêt de Clairvaux, une ombre se glissait
le long des cloîtres et disparaissait sous les portes de l'église :
c'était le moine André qui se rendait aux orgues, son asile de
prédilection et de délices. Il parcourait lentement les galeries,
la tête penchée sur sa poitrine, les joues pâles et creuses. Sa
santé succombait aux transports d'une imagination brûlante.
Mais quand le soleil sur son déclin frappait les vitraux co-

loriés et les tuyaux brillants de l'orgue, et remplissait la
voûte de lumière, au milieu de ce jour fantastique, la tête
d'André apparaissait resplendissante comme d'une auréole
de gloire. En ce moment, son âme ardente était dans toute
la force de l'inspiration, ses yeux lançaient des éclairs de génie, et sous sa main s'éveillait comme un souffle léger et mélancolique qui traversait le silence des voûtes. Où il était
beau à voir, c'était surtout à l'heure de minuit, quand les
cloches prenaient joyeusement leur volée par les airs, quand
l'église se remplissait de lumières, et que dans l'enfoncement
s'avançaient les longs rangs des moines en blancs surplis.
Penché en avant sur les touches, le cœur palpitant d'impatience, le regard tout en feu, André attendait le signal, et faisait jaillir tout ce qui bouillonnait d'harmonie dans son âme.
L'orgue s'éveillait grand et terrible, semblable aux trompettes
du jugement qui seraient venues rompre le calme du vaste
édifice. Puis c'étaient des accents douloureux qui venaient à
tous les cœurs, des soupirs qui répondaient à d'autres soupirs, ou bien une voix pure, ailée, qui semblait arriver du
ciel pour attirer des âmes qui n'appartenaient déjà plus au
monde. Cette vie mystérieuse s'usa promptement sous les atteintes du génie. André fut six mois languissant sur un lit de
douleur : on n'attendait plus que sa fin, la nuit de Noël arriva.
Depuis six mois l'orgue était muet ; quand les moines entrèrent dans l'église, les derniers rayons de la lune se réflétaient
sur ses longs tuyaux. Chacun y porta les yeux, puis les ra-
baissa tristement. Les matines s'étaient chantées sans la belle
musique qui chaque année répandait une céleste joie sur la
solennité, qui maintenant, sans elle, ressemblait à une cérémonie funéraire. Le prêtre s'avança vers l'autel, tous les yeux
se levèrent vers les orgues, ô surprise ! on y aperçoit une lumière, et aussitôt les cent voix du géant font retentir la nef.
Jamais tant de richesse et d'harmonie n'avaient été déployées.
C'était un concert à la fois plus imposant que les voix des
tempêtes, plus doux que les chœurs aériens des vierges :
c'était comme un des chants éternels que les séraphins venaient apporter à la terre. Le sacrifice divin avait été suspen-

du, tout le monastère était muet d'admiration. Tout-à-coup la magique symphonie s'arrête, une note plaintive retentit encore..., et puis on n'entendit plus rien. Un moine courut aux orgues. La place du clavier était vide ; mais sur le parquet gisait un homme mort : c'était André qui était venu commencer le dernier cantique ineffable qu'il devait achever au ciel. » (1)

LES BOURDONS DE LA CATHÉDRALE DE SENS.

La sonnerie de l'église cathédrale de Sens a, depuis bien des siècles, acquis une célébrité justement méritée par sa merveilleuse harmonie. Qui n'a pas entendu parler de la cloche *Marie*, qui, dans une journée pleine d'alarmes, *sonna d'elle-même* pour jeter l'effroi parmi les ennemis et pour les éloigner de la vieille métropole, si l'on en croit une tradition du pays sénonais ? Mais l'histoire plus grave, rapporte que l'évêque Loup, de bienheureuse mémoire, poursuivi par Clotaire II, et redoutant les bandes farouches du roi de Soissons, se rendit à l'église principale de Sens, et fit sonner la cloche *Marie* pour appeler le peuple et pour l'exhorter à la prière. Saisis de terreur à ce bruit étrange, les ennemis s'enfuirent, « comme si le Dieu des armées combattait pour les fidèles et pour le pasteur. » Peu de temps après, Clotaire s'empara de la ville de Sens et fit enlever la cloche qui lui avait causé tant d'effroi. Mais transportée dans l'enceinte de Paris, l'harmonieuse *Marie* « resta muette et ne voulut rendre aucun son. » Frappé de ce prodige, Clotaire la rendit au saint prélat dont les vertus lui avaient été si long-temps inconnues. *Marie* re-

---

(1) *Le Propagateur de l'Aube*, 1836.

couvra la voix dès le bourg de Pont-sur-Yonne, et la conserva plus ou moins grave, plus ou moins mélodieuse jusqu'en 1792. Conduite à Paris avec les sept cloches de la *Tour-de-Plomb*, elle disparut dans cette grande fournaise d'où sortirent les canons qui proclamèrent partout la gloire du nom français.

Vers le milieu du XVIe siècle, longtemps après le départ du célèbre Martin Cambige, de Beauvais, qui poussa les travaux de la cathédrale de Sens avec une activité vraiment prodigieuse, les chanoines résolurent de faire fondre des cloches d'une grosseur considérable. Dès l'année 1557, ils obtinrent la permission « de couper 50 arpents de bois dans la forêt de Rageuse. » Cette vente produisit 10,500 livres tournois destinées à la fonte des bourdons. Le marché fut passé devant Me Cellier, notaire à Sens, le 22 avril 1560, avec *Mongyn-Vyard*, fondeur, demeurant à Auxerre. *Mongyn* devait recevoir 450 livres tournois pour la fonte des deux grosses cloches de la tour neuve, et refondre cinq cloches de la grosse tour, « qui n'étoient point d'accord. »

Les deux bourdons furent donc fondus en 1560. *Savinienne* fut baptisée le 17 octobre, par M. de Challemaison, doyen de la cathédrale. Les parrains furent MM. Christophe d'Illiers, grand-vicaire ; Jean Richer, président du présidial; Robert Hémard, lieutenant criminel, et le savant Claude Gousté, prévôt de Sens. Les marraines furent Mme Lhoillier, veuve d'Ambroise Lhuillier, lieutenant criminel, et Mme Hodoard, veuve de Jacques Hodoard, avocat du roi. L'inscription suivante fut gravée sur *Savinienne* :

> **Anno milleno quingento terque viceno,**
> **Facta sonans Senonis Saviniana fui.**
> **Obscuræ nubis tonitru ventosque repello,**
> **Ploro defunctos, ad sacra quosque voco.**

Archiepiscopatum Romæ tenente Pio quarto, regnante Francisco secundo.

Gaspard Mongin-Viard ma faicte.

Les quatre vers latins furent composés par l'archidiacre de

Melun, Guillaume Fauvelet, et traduits par un poète contemporain de cette manière :

> Je fus fondue à Sens l'an mil cinq cent soixante ;
> Par mon son et le nom du premier saint primat,
> La tempête et les vents n'offensent ce climat,
> Je semonde (1) à l'office, et les morts je lamente.

Potentienne, fondue le 18 novembre 1560, ne fut baptisée que le 3 janvier, par M. de Challemaison. Les parrains furent MM. Roger de Lure, bailli de Sens ; Christophe Ferrand, lieutenant particulier, et Pierre Guillaume, receveur du domaine. Les marraines furent Mme Cartault et Mesdemoiselles de Beaumoulin et Lhuillier. L'inscription suivante fut gravée sur cette cloche :

Potentiana ego proxima Savinianæ comes, fusa mense novembris anno Christi 1560, Pio quarto romano pontifice, regnante Francisco secundo, Joanne Bertrando, romanæ ecclesiæ cardinali, arch. Senon.

† Gaspard Mongin - Viard ma faicte.

Quelques auteurs rapportent que des vers furent aussi gravés sur la cloche *Potentienne*, et que le chapitre, qui avait seul fait les frais des deux bourdons, les fit effacer parce qu'ils avaient été mis sans sa permission. Les deux cloches furent montées dans la tour de pierre et placées sur le beffroi construit sous la direction du fabricier. L'appareil en fut établi avec tant d'art, que le minime Féri ne fit retoucher cette charpente qu'en 1760.

Suivant M. Tarbé, *Savinienne* péserait 29 milliers, et *Potentienne* 27. Mais M. Quantin, qui a parcouru les registres de la fabrique de la cathédrale de Sens, prétend que *Savinienne* ne pèse que 23,674 livres, déduction faite du déchet pour la fonte. La ferrure de cette cloche était de 2,150 livres,

---

(1) *Semonder*, convoquer.

et le battant de 475 livres. (1) *Potentienne*, moins grosse, ne pèse que 21,527 livres ; le poids de sa ferrure et de son battant ne s'élevaient qu'à 1,900 livres. Quoiqu'il en soit, *Savinienne* n'en est pas moins la cloche la plus parfaite qui ait jamais été fondue, pour l'exactitude des dimensions, la forme élégante et le son harmonieux. Echappés au pillage révolutionnaire, les deux bourdons de la cathédrale de Sens excitent encore l'admiration des voyageurs, et ont obtenu plus d'une fois les honneurs d'une citation. Sans aller à Pékin, à Moscou et à Nankin, où, dit-on, sonnent de merveilleuses cloches, il est permis à Sens de constater toute l'harmonie qui devait s'échapper des clochers et des tours au moyen-âge, temps heureux où la maison de Dieu était le vrai domicile du peuple ! (2)

———◇———

HISTOIRE DU PREMIER CEP DE LA CHAMPAGNE.

C'était vers l'an 1250. La Champagne, qui était alors une des plus considérables provinces de la France, avait pour maître le comte Thibaut, non moins célèbre par ses poétiques écrits que par ses vaillants exploits. Il s'était lié d'amitié avec la reine Alice, souveraine de l'île de Chypre, où il faisait de fréquents voyages.

Durant un de ses séjours dans cette île, il traversait un soir la première cour du palais au moment où l'on allait infliger la

---

(1) Rechargé de 225 livres en 1766, le battant a été refait en 1840.

(2) *Almanach du département de l'Yonne*, 1804-1805. — *Notice historique sur la construction de la Cathédrale de Sens*, par M. Quantin, 1842.

peine du fouet à un pauvre esclave dont le crime était d'avoir pénétré la nuit jusque dans les appartements de la reine pour y voir une de ses femmes, avec laquelle s'étaient écoulées les belles années de son enfance.

Le comte eut pitié de ce beau jeune homme ; il demanda d'abord qu'on suspendît l'exécution, et obtint sans peine la grâce du condamné.

Grande fut la reconnaissance du tendre Cypriote ; il l'exprima de son mieux au comte, et fut assez heureux pour pouvoir lui en donner des preuves peu de jours après. Voici dans quelles circonstances :

Thibaut s'endormait dans les délices de l'île de Chypre ; depuis long-temps le vaisseau qui devait le ramener en France était à la voile ; depuis long-temps ses braves compagnons l'attendaient avec impatience ; il ne pouvait se décider à quitter ces bords enchantés. L'heure sonna pourtant où il fallut partir, et la reine voulut assister à son embarquement.

Il montait seul une barque légère richement ornée, et sa suite le précédait dans un autre bateau. Au moment où il s'éloignait de la rive, un choc imprévu fit chavirer la faible barque et précipita le comte dans les flots, sous les yeux de la reine !

Le danger était grand, car Thibaut ne savait pas nager, et de tous ses pages, écuyers, hommes d'armes, qui poussaient des cris et s'agitaient éperdus, pas un ne se présentait pour le sauver, lorsque le jeune esclave s'élança, aussi prompt que l'éclair, plongea et ramena sain et sauf à son navire le comte, au moment où il allait infailliblement périr.

Touché de cette preuve de dévoûment et désireux de récompenser dignement celui qui venait de la lui donner, Thibaut voulut emmener avec lui, ce qui lui fut sur-le-champ accordé, le jeune Cypriote, et déjà le vaisseau voguait à pleines voiles vers la côte d'Europe, que le pauvre enfant n'était pas sorti de sa stupeur et n'avait pu faire entendre une prière ou une parole de regret.

Il s'éloigna donc les yeux attachés sur l'île aimée ; la nuit et l'espace avaient jeté entre elle et lui un voile impénétrable qu'il regardait encore. Etaient-ce les rives embaumées et fleuries, les coteaux couverts de bois de rosiers et de jasmins, ou bien la compagne chérie de ses jeunes années qu'il essayait de revoir?

En France, sous le pâle soleil de nos climats, loin de sa mer d'azur, de son ciel sans nuit, le pauvre Cypriote ne pouvait que souffrir; malgré les soins affectueux du comte, il mourait d'une mort lente, trop lente au gré de ses désirs.

Un jour que Thibaut se promenait silencieux et rêveur dans les jardins du château de sa ville de Provins, son séjour de prédilection, il trouva son jeune esclave étendu sur le sable de l'avenue et baigné de larmes.

— Qu'as-tu, Saleb, et pourquoi pleures-tu? lui dit-il avec bonté.

— Oublie ton esclave, maître, oublie-le.

— Ne sais-tu pas que je t'aime, que je veux te voir heureux.

— Le bonheur n'est plus pour Saleb.

— De quoi as-tu à te plaindre ici? parle, je te l'ordonne!

— Pardonne, maître, Saleb n'est pas ingrat; il est comblé de tes bienfaits, il te bénit; mais le bonheur le fuit.

— Ah! je comprends, tu penses à ton île si belle, à son soleil si radieux?

— Le soleil que je pleure n'est pas celui qui donne aux fleurs et aux fruits de Chypre leur éclat et leurs parfums, c'est celui qui rayonne dans deux yeux noirs, celui qui éclaire mon âme, qui brûle le sang dans mes veines et fait battre mon cœur.

— C'est vrai, tu aimes, Saleb?

— Oui, maître.

— Et tu es aimé?

— Oh! oui!

— Ne te plains pas, alors, car tu es favorisé de Dieu, qui accorde souvent à l'esclave ce qu'il refuse quelquefois au maître.

— Mais sans Léa, Saleb mourra.

— Oui, tu as raison, Saleb doit mourir, car il est aimé.

— Pardonne donc au pauvre Saleb, seigneur, et laisse-le mourir.

— Mais si je permets à Saleb de retourner dans sa patrie, d'aller revoir sa compagne Léa, qui pleure peut-être aussi là-bas et veut mourir aussi ?

— Revoir Léa, la ramener sous ton soleil, pour vivre tous deux près de toi ! mais c'est plus de bonheur que n'en promet à ses enfants le grand Dieu que tu m'as fait connaître. Cela se peut-il ? cela se peut-il ? Ne te joues-tu pas de ton pauvre esclave ?

Et, ce disant, il se jetait aux pieds du comte et embrassait ses genoux.

Le comte Thibaut aimait le jeune Cypriote ; et en outre qu'il avait gardé un fidèle souvenir de son dévoûment, il sympathisait aux douleurs du pauvre esclave. Dès le lendemain donc il rendait la liberté à Saleb, qui partait ivre d'espoir et de bonheur, jurant à son maître de revenir avec Léa pour lui consacrer le reste de leurs jours.

De longs mois s'écoulèrent, deux années et plus se passèrent, et Saleb ne revenait point. Le comte s'était résigné à cet abandon ; il excusait même dans son cœur Saleb d'avoir mis en oubli ses serments et de l'avoir sacrifié à Léa, lorsqu'un matin on vint lui annoncer l'arrivée de son esclave et de sa compagne. Ce fut avec un empressement joyeux qu'il donna l'ordre de les introduire près de lui.

Lorsque le jeune et beau couple eut, dans ce langage ardent et figuré de l'Orient, exprimé au comte sa gratitude :

— Maître bien-aimé, dit Saleb, après des jours aussi nombreux que les étoiles du ciel, les enfants des hommes parleront encore de ta vaillance et rediront les doux chants que le grand Dieu t'inspire et qui coulent de tes lèvres comme un ruisseau de perles ; et pourtant, Léa et Saleb, afin de reconnaître tes bienfaits, t'apportent des présents à l'aide desquels tu deviendras plus célèbre encore que par tes chants si beaux, plus immortel que par tes exploits si glorieux.

— Mon doux seigneur, dit Léa en s'agenouillant, ton humble esclave t'apporte la rose, la fleur aux parfums sans pareils ; transportée des bois de notre île chérie dans tes jardins, elle te fera bénir de toutes celles qui viendront lui demander l'éclat de la santé et des attraits nouveaux.

— Moi, bon et noble maître, dit Saleb, je t'offre un pied de l'arbre sans prix, qui donne cette liqueur merveilleuse qui réjouit le cœur. Avec ce seul pied tu pourras féconder les montagnes de ta patrie, qui acquerront une si grande renommée, que tous les peuples du monde s'en disputeront un jour les délicieux produits.

Et le comte accueillit les présents de ses deux esclaves ; et la rose de Chypre embauma bientôt les jardins de son palais de Provins, d'où elle se répandit dans toute la contrée, dont elle fut plus tard et est aujourd'hui encore la richesse (1).

Quant au cep de vigne, par une vertu particulière au sol dans lequel il fut planté, il prospéra et se multiplia prodigieusement, grâce à une culture habile et à d'augustes encouragements.

Un siècle plus tard, les coteaux incultes et infertiles jusquelà de la Champagne se convertissaient en riches cepages, à qui nous devons ce vin que l'industrie moderne a si merveilleusement perfectionné pour les délices de nos tables et la joie de nos banquets (2).

Et tandis que l'île de Chypre, soumise aux lois du Coran, qui défend l'usage du vin, négligeait cette précieuse culture, la Champagne, qui pratiquait la vénérable maxime : *Vinum bonum lœtificat cor hominis*, devenait une des gloires œnologiques de la France, et finissait par rendre tous les peuples ses heureux tributaires (3).

---

(1) Les roses de Provins, si recherchées au moyen-âge à cause de leurs vertus médicinales et de leur parfum, se vendirent longtemps aux foires de Troyes et de Provins.

(2) Le vin de Champagne n'acquit une éclatante célébrité qu'au XIV⁰ siècle. Venceslas, roi de Bohême et empereur d'Allemagne, en but tant et si bien, qu'il consentit à tout ce qu'on lui demanda le 16 mars 1398 !

(3) Victor Herbin, *Journal de Bercy et de l'Entrepôt*, 1856.

LES FOUS DE TROYES A LA COUR DES ROIS DE FRANCE.

L'auteur des *Mémoires de l'Académie des Sciences, Belles-Lettres et Beaux-Arts*, établie dans la vieille capitale de la Champagne, cite un passage des *Récréations historiques* de M. Dreux du Radier, qui prouve que Troyes avait l'honneur de pourvoir de bonne heure la cour de France de ces fous qui, portant marotte, n'en donnaient pas moins des leçons de sagesse aux rois et à leurs courtisans. Suivant M. Dreux, Troyes aurait encore possédé dans ses archives, au XVIIIe siècle, une lettre de Charles V, par laquelle ce monarque annonçait gravement à sa bonne cité la mort de son fou, et priait les notables « de lui en envoyer un autre, suivant la coutume. » Grosley, « qui s'enfonça dans la poussière des archives de l'Hôtel-de-Ville pour découvrir la lettre de Charles V, mit d'abord cette lettre et le récit de M. Dreux « au rang de ces anecdotes inconsidérées que de mauvais plaisants font courir sur le compte des honnêtes champenois. » Mais lorsqu'il vit cette maudite lettre insérée dans le *Journal Encyclopédique*, le bonhomme, écrasé par l'autorité de ses rédacteurs, n'en dormit pas. Courant tous les cabinets des savants, frappant à la porte de tous les antiquaires, il demande l'exhibition de la lettre, et finit par en souhaiter l'existence, « parce qu'elle déposerait singulièrement en faveur de l'ingénuité, de la candeur et de la franchise de ses pères. » Prouvant ensuite que ces fous jouaient exactement le rôle du sage Esope à la cour de Crésus, du divin Platon à celle de Denis, il en trouve un dans la personne de Pierre de Villiers, simple dominicain, qui devint successivement confesseur du roi Charles et évêque de Troyes.

Je n'ai point découvert la lettre du monarque, mais prétendre que Pierre de Villiers jouait le rôle de fou, n'est-ce pas là une de ces mille témérités historiques qui nous accusent dans Grosley cette funeste démangeaison de tout exploiter.

S'il avait visité l'église de St-Germain-l'Auxerrois (1), il aurait
vu la tombe du fou dont le roi Charles V déplora le trépas,
et pour les obsèques duquel il donna bien généreusement
douze livres de cire, dont la quittance se trouve dans les
comptes de la maison de ce prince. Cet officier burlesque,
inhumé sous un magnifique mausolée, s'appelait *Grand-
Jehan*, de Troyes.

Courtalon-Delaistre, contemporain de Grosley, mais plus
poli, répondit à M. Dreux du Radier sans nier l'existence de
la lettre :

> Du Radier, ne sois plus étonné qu'autrefois,
> La première cité d'une grande province
> Ait envoyé des fous pour réjouir un prince ;
> Nous nous faisons honneur d'être fous de nos rois.

M. Dreux du Radier répondit :

> Esprit charmant, aimable champenois,
> Pour l'honneur de votre province,
> Vous étendez trop loin vos droits.
> Seuls vous pouviez jadis donner des fous aux rois ;
> Ce privilége n'est pas mince ;
> Mais adorer son maitre, être fou de son prince,
> C'est le droit de tout cœur françois.

Le journal l'*Aube* a publié la lettre de Charles-le-Sage, qui
préoccupa si longtemps les érudits de Troyes ; nous la re-
produisons textuellement, parce qu'il est probable que Charles V dût écrire à sa bonne ville la mort de son fou et lui en
demander de cette famille, attendu que les dépenses considérables faites aux obsèques de ce pauvre *Grand-Jehan*, prouvent qu'il remplissait dignement sa fonction :

« Charles, par la grâce de Dieu, roy de France, à leurs
seigneuries les maire et échevins de nostre bonne cité de
Troyes, salut et dilection.

« Savoir faisons à leurs dessus dictes seigneuries, que
Thevenin, nostre fol de cour, vient de trespasser de celluy

---

(1) *Histoire de Saint-Germain-l'Auxerrois*, par Troche.

monde dedans l'aultre. Le Seigneur Dieu veuille avoir en gré l'âme de luy qui oncques ne faillit en sa charge et fonction emprès nostre royale seigneurie, et mesmement ne voulsit trespasser sans faire quelque joyeuseté et gentille farce de son métier. Pourquoi nous avons ordonné que luy seroit dressé marbre funéraire représentant le dict sire avec une épitaphe condigne.

» Ores, comme par le trespassement d'icelluy, la charge de fol en nostre maison est de faict vacquante, avons ordonné et ordonnons aux bourgeois et villains de nostre bonne ville de Troyes, qu'ils veuillent pour droict à nous acquis déjà depuis longues années, nous bailler un fol de leur cité pour récréer nostre majesté et les seigneurs de nostre palais.

» Ce faisant feront droict à nos royaulx priviléges, et pour récompenses seront les dicts bourgeois et villains à tout jamais nos féaux et amés subjects. Ce tout, sans delais ni surcis aulcuns; car voulons que la dicte charge ne reste un plus longtemps vacquante.

» En nostre palais de Paris, le XIV janvier de l'an de l'Incarnation MCCCLXXII. »

Le bibliophile Jacob, dont les savantes recherches nous ont révélé les *vieux* usages du royaume de France, prétend que les fous à la répartie vive, mordante et spirituelle, étaient appelés *morosophes* ou fous-sages. Ces hommes, vraiment singuliers, étaient choisis surtout parmi les nains, les bossus, les nègres et les plus grotesques variations de l'espèce humaine. L'histoire, qui a daigné s'occuper des cartes de Charles VI, n'a pas écrit les fastes des fous. On connaît seulement les noms de Thevenin et de *Grand-Jean*, sous Charles V; de Caillette et de Triboulet, sous Louis XII et François Ier; de Polite et de Brusquet, sous Henri II, François II et Charles IX; de Sibilot, sous Henri III; de maître Guillaume et de Chicot, sous Henri IV; d'Angoulevent et de l'Angely, sous Louis XIII et Louis XIV.

Nul ne les aima plus que Charles-le-Sage, qui en avait fait *ses plus privés*, et qui se réjouissait de *paroles joyeuses et hon-*

nestes. Thevenin fut enterré dans l'église de Saint-Maurice, à Senlis, dans un magnifique tombeau, avec cette inscription :

> « *Ci gyt Thevenin de Saint-Legier*
> *fol du roi nostre sire,*
> *qui trespassa le onziesme jour de juillet,*
> *l'an de grâce* MCCCLXXIV.
> *Priez Dieu pour l'âme de ly.* » (1)

Les fous en titre d'office étaient alors au nombre des officiers de toute maison princière. Jean, duc de Berry, frère du roi, qui mourut en 1416, fut accompagné à ses obsèques par ses fous vêtus de deuil.

LE PETIT CHARRIÉ, DE CHARLEVILLE, ET L'EMPEREUR ALEXANDRE.

Le corps d'armée prussien devait être passé en revue par les empereurs de Russie, d'Autriche et le roi de Prusse. Les habitants de Sedan, de Charleville et de Mézières accouraient de tous côtés : c'était surtout Alexandre que chacun voulait voir.

Un enfant de Charleville, âgé de onze ans, d'une charmante physionomie, avait déjà fait deux lieues en courant sur la route de Mézières à Rethel, pour voir les équipages. Exténué de fatigue, et n'apercevant sur la route que quelques voyageurs sans distinction, il résolut de retourner chez ses parents. Il monte derrière la première voiture qu'il rencontre et qui se dirigeait vers Mézières. C'était un coupé découvert, dans lequel étaient deux individus de très-simple apparence.

---

(1) *Musée des Familles*, tom. 1, page 192.

Il était tranquillement assis, lorsqu'un des voyageurs lui adressa subitement la parole :

— Que fais-tu là ?

— Rien, monsieur ; vous le voyez, je retourne à Charleville.

— Qui donc t'a permis de monter là ?

— Personne, monsieur, et pour peu que cela vous gêne, vous n'avez qu'à le dire, je vais descendre ; je suis monté derrière votre voiture, parce que je suis fatigué. J'ai beaucoup couru pour être un des premiers à voir l'empereur Alexandre ; mais, puisqu'il ne vient pas, je retourne à la maison.

— Tu serais donc bien content de voir l'empereur de Russie ?

— Je crois bien : on dit que c'est un si bel homme !

— Tu n'as qu'à monter sur le siége de la voiture, et tu verras l'empereur beaucoup plus à ton aise, lorsqu'il arrivera.

— Je vous remercie bien, monsieur.

— Qui es-tu ? lui dit l'un des inconnus, lorsque l'enfant se fut établi dans son nouveau poste.

— Je m'appelle Joseph Charrié, mon père est maître maçon et demeure à Charleville.

— Et tu fais ainsi deux ou trois lieues pour voir l'empereur Alexandre ?

— J'en aurais bien fait davantage ; mais je n'en pouvais plus, parce que, voulant être un des premiers à le voir, j'ai beaucoup couru.

Le voyageur riait.

— Est-ce que par hasard vous seriez Alexandre ? dit tout-à-coup le bonhomme.

— Et quand ce serait moi, que t'importe ?

— Bah ! jamais mes camarades ne voudront croire que j'ai parlé à un empereur.

— Pour leur prouver que tu lui as parlé, tu n'as qu'à rester sur ce siége ; lorsque nous arriverons à Mézières, tu verras qui je suis.

— Je vous remercie bien, monsieur Alexandre.

— Veux-tu venir avec moi à Sedan?

— Je ne demande pas mieux, monsieur Alexandre; mais je ne veux pas y aller sans la permission de mon père, il serait trop inquiet.

C'était effectivement l'empereur de Russie qui voyageait ainsi dans un simple coupé, ayant à son côté son frère Constantin. Arrivé à Mézières, où les deux princes ne s'arrêtèrent point, l'empereur fit écrire, par le prince Woronzoff, ce peu de mots :

« Je prie le maçon Charrié de ne point être inquiet sur le sort de son fils : je l'emmène avec moi à Sedan ; je le lui ramènerai après la revue. J'en aurai soin.

» ALEXANDRE. »

L'enfant ne descendit point du siége où il se tenait comme un triomphateur, et, en parcourant la distance de quatre lieues de Mézières à Sedan, l'empereur ne cessa de causer avec lui sur l'état de son père et sur les lieux où il prenait les matériaux pour bâtir. Le petit bonhomme lui répondait toujours avec brièveté et autant que ses faibles moyens pouvaient le permettre.

— Quelle heure est-il? lui dit l'empereur en descendant de voiture à Sedan.

— Je n'en sais rien, monsieur.

— Tu n'as donc pas de montre?

— Non, monsieur.

— Voilà six pièces d'or, vas acheter une montre, et tu m'attendras dans cette maison où je loge. Demain, tu te trouveras tout prêt pour que je puisse te ramener à ton père.

L'empereur donna ses ordres et s'occupa d'autres choses.

Le jeune Charrié se hâta de satisfaire les désirs du donateur, et acheta une grosse montre d'argent avec une longue chaîne. Fier d'une si élégante parure, il faisait flotter jusque sur ses genoux ses charmantes breloques, en se promenant dans les rues de Sedan.

Au bout de deux jours, l'empereur quitta Sedan pour s'en retourner dans ses états, en passant par Mézières et Paris. Le petit Charrié se plaça sur le siége de la voiture, pour retourner à son tour dans sa famille. La conversation s'établit de nouveau entre le grand autocrate et le fils du maçon de Charleville.

— Veux-tu venir avec moi en Russie? dit l'empereur au petit bonhomme.

— Je ne demande pas mieux, M. Alexandre; mais je ne voudrais pas partir sans la permission de mon père.

— Hé bien! en passant par Mézières, je vais la lui demander, et si tu veux, tu ne me quitteras pas.

— J'irai où vous voudrez, M. Alexandre.

Pendant deux lieues et demie, la conversation ne tarit pas. A une demi-lieue de Mézières, l'enfant aperçoit son père au milieu d'un groupe d'artisans.

— Tenez, M. Alexandre, voilà mon père là-bas : c'est celui qui a une longue lévite bleue ; si vous voulez lui parler, il faudrait faire arrêter la voiture.

L'empereur suit le conseil qui lui était donné par un si grand personnage, et fait avancer le maçon Charrié.

— Votre fils me plaît beaucoup, M. Charrié, voulez-vous me le confier? Il viendra en Russie avec moi, j'aurai soin de son éducation.

— Mon prince, lui dit le maçon, je n'ai que cet enfant.

— Je vous le renverrai dans quelques années, vous pouvez l'abandonner à mes soins paternels.

— Je ne puis y consentir ; cet enfant est la consolation de sa mère, et je ne puis me séparer de lui.

— Je suis un honnête homme, monsieur Charrié, et je ne promets rien en vain.

— Je conviens de tout cela, mais...

— Vous avez tort, monsieur Charrié, dit le prince Constantin, qui était à côté de son frère, l'empereur ne veut que le bonheur de votre fils.

— Je suis peiné d'être forcé de vous refuser, mais je ne puis me déterminer à me séparer de mon fils unique.

— J'en suis fâché pour votre fils, dit l'empereur.

Aussitôt l'enfant descend de son poste élevé et se met à pleurer.

— Adieu ! monsieur Alexandre, portez-vous bien, je.... je suis bien fâché de ne pas aller en Russie avec vous.

Les deux princes lui donnèrent une vingtaine de pièces d'or et continuèrent leur route.

Arrivé chez lui, l'enfant raconta tout ce qui s'était passé, en présence d'une vingtaine de commères du quartier. A la fin du récit, toutes les réprimandes tombèrent sur le pauvre maçon et sur la sottise qu'il avait faite de se refuser au bonheur de cet enfant. Voilà le bon maçon tout honteux de sa gaucherie et qui, pour la réparer, prend la poste avec son fils. L'empereur le reçoit fort bien à Soissons, mais le premier élan de la générosité avait été froissé par un refus trop sec de la part du maçon.

— Je ne fais que traverser Paris, lui dit le prince, je ne m'arrêterai nulle part avant d'arriver dans mes états; allez m'attendre à Aix-la-Chapelle, où je serai après demain, et là je verrai ce que je déciderai.

M. le maçon Charrié ne jugea point à propos de faire le voyage d'Aix-la-Chapelle, il retourna tranquillement chez lui, et son fils apprit à bâtir des maisons (1).

⸻ ⸺

LE JUBÉ DE SAINTE-MADELEINE DE TROYES.

La plupart des églises de Troyes étaient autrefois décorées de tribunes ou *jubés*, construits à différentes époques, et presque tous remarquables par la richesse des ornements ou l'élégance de leur structure. Le plus ancien de ces jubés était

---

(1) *Anecdotes de l'Empire*, Emile Marco de Saint-Hilaire.

celui de la cathédrale, commencé par l'ordre de l'évêque Pierre d'Arcyes, en 1385, et achevé quinze ans après, sous la conduite de Henri Nardan, maçon, demeurant à Paris. Les révolutions et surtout le *bon goût* ont détruit ces admirables tribunes, ou plutôt ont déchiré le voile mystérieux qui dérobait le sanctuaire aux regards des fidèles. De tant de jubés détruits, un seul, le plus riche de tous, est resté debout : celui de l'église Sainte-Madeleine. Menacé plusieurs fois d'une ruine complète, il a traversé trois siècles et porte encore les légères blessures que lui a faites la main des hommes.

Chacune de ses deux faces se compose de trois arcs ou archivoltes ornées de moulures et de festons à jour, dont les courbes sont réunies par des pommes de pin. La retombée des arcs se termine par des doubles culs-de-lampe dont les plus saillants portaient jadis des statues, parmi lesquelles on voyait saint Longin, tenant la lance, et des anges tenant les autres instruments de la passion. Les clochetons ornés de fleurons et découpés à jour, dans l'intervalle des archivoltes, abritaient ces statues.

Entre les clochetons, sur chaque arc, se détache un cadre à plusieurs pans, rempli par de petites figures de saints en bas-relief; le champ, autour des cadres, est occupé par diverses fleurs et feuilles d'ornement. Au-dessus règne la galerie entièrement découpée à jour, dont la forme élégante suffit pour faire connaître l'âge du monument. Des quatre statues qui accompagnaient autrefois le Christ placé sur la galerie, deux seulement sont restées, celle de la Vierge et celle de saint Jean l'évangéliste.

Des notes conservées aux archives de l'Aube, et recueillies par un marguillier de Sainte-Madeleine, nous apprennent que la construction de ce jubé ne fut commencée qu'en 1508. Le maître-maçon qui présidait aux travaux s'appelait Jean Gailde. Son salaire quotidien ne s'élève pas au-delà de 6 sous 3 deniers; 18 deniers lui sont retranchés « pendant les petits jours, à cause de lui fournir des chandelles pour ouvrer et le charbon pour le chauffer. » Sous ses ordres travaillent François Matray, Martin de Vaux, Jacques Brisset, Nicolas Mauvoisin et Jean Courtin. Les soudures sont de plomb; la poix blanche, l'encens et la cire vierge entrent dans la composition du mastic. Jean Gailde choisit lui-même les ouvriers, dirige l'œuvre et vérifie les comptes de l'épicier, des charretiers et de ses serviteurs. La pierre de Tonnerre, vendue par Antoine Roy et par Etienne, son frère, coûte 16 deniers le pied; le *forétaige* d'un bloc de 21 sous coûte la même somme. Pour animer au travail, la fabrique donne des collations composées de pain, de vin et de gâteaux de *flan*. Les prêtres, les maçons, les manouvriers et quelques paroissiens y prennent part; tous aident à monter ou à décharger les pierres. L'an 1512, les marguilliers parcourent les rues de la paroisse et font une quête pour subvenir aux dépenses du jubé. Les tonneliers « promettent des *vessieaux*. » De nouveaux ouvriers sont appelés, les travaux sont poussés avec une si prodigieuse activité, que Louis Lamy chante, la veille de Noël, sur le jubé « nouvellement lié, l'Evangile appelé la grande leçon, » et donne la somme de 10 sous. Trois années sont employées à construire les escaliers élégants qui servent de piliers butants à cette partie de la voûte. Jean Gailde taille lui-même tous les ornements, en retouche les vifs et les *époussete*. Simon Mauroy fait les écussons et les armoiries du jubé, tandis que Nicolas Halevin sculpte les *ymaiges*. L'inauguration de cet admirable chef-d'œuvre est faite le jour de Noël de l'an 1517. Deux ans après, Jean Gailde est enseveli sous le jubé, attendant tranquillement, dit son épitaphe, le jour de la consommation des siècles, sans crainte d'être écrasé (1).

La tombe de cet artiste, que les voyageurs pouvaient encore voir au XVIIIe siècle, a complètement disparu. Mais son œuvre est restée comme un pieux legs fait à la postérité par les paroissiens de l'église Sainte-Madeleine, et comme un des plus beaux morceaux de l'architecture religieuse.

---

(1) *Comptes de la fabrique de l'église Sainte-Madeleine de Troyes.* Troyes, 1854. — *Voyage archéologique et pittoresque dans le département de l'Aube,* par Arnaud. Troyes, 1837.

LE GRAND PARDON DE CHAUMONT.

Jean de Montmirel, évêque de Vaison et référendaire du pape Sixte IV, fit ériger par son crédit l'église de Chaumont en collégiale. Le souverain pontife, par une bulle datée du 17 janvier 1475, réunit au nouveau Chapitre plusieurs cures et plusieurs chapelles, et ne tarda pas à concéder, par une autre bulle, l'indulgence du *pardon général*. L'évêque de Langres, qui venait de perdre par cette érection une partie de sa juridiction, réclama contre les bulles et fit même arrêter quelques Chaumontais. Jean de Montmirel protégea ses concitoyens et fit maintenir leurs priviléges ; mais sa mort laissa la victoire facile à l'évêque Guy Bernard qui, satisfait de la soumission du Chapitre, agréa les bulles et rendit ses bonnes grâces au doyen et à ses confrères.

Le peuple accourut de toutes parts au *pardon général* de Chaumont. Toutes les provinces de France, quelques-unes même des pays voisins, y envoyèrent des pèlerins. A la vue de ce concours si nombreux de fidèles, les Chaumontais résolurent de recommander leur solennité par l'éclat des fêtes. L'art dramatique commençait alors à naître; Troyes et Langres, à quelque distance, jouaient des *mystères à personnages*. Les Chaumontais voulurent représenter la vie de leur saint patron et s'adressèrent au bailli pour en obtenir l'autorisation. Le bailli, qui désirait étendre les priviléges et la renommée de la bonne ville, fit droit à la gracieuse supplique. Dès-lors la vie de saint Jean fut jouée sur neuf théâtres destinés à la représentation des mystères suivants : *Zacharie*, l'*Annonciation*, la *Visitation*, la *Nativité*, *Saint Jean au désert*, le *Baptême de Jésus*, l'*Emprisonnement*, la *Décollation du divin précurseur*, et l'*Enfer*.

Ces mystères, dans la représentation desquels figuraient beaucoup de personnages, d'abord laïcs et prêtres, attirèrent encore un plus grand nombre de fidèles. Les chanoines de la collégiale firent publier le *pardon* dans toutes les églises importantes ; des affiches furent répandues et des prédicateurs payés pour convier les peuples. Les voyageurs qui passaient à Chaumont en furent instruits par des annonces peintes sur de grandes planches qu'on élevait, trois mois à l'avance, à la hauteur du premier étage, en travers des rues qui débouchaient sur la place de l'Hôtel-de-Ville. Les campagnes voisines virent les diables et les diablesses du théâtre de l'Enfer sortir de la ville et rançonner leurs prisonniers. L'appât du gain faisait rechercher ce rôle odieux de démon ; plus d'une bonne femme de Chaumont répétait cette phrase proverbiale : « Si plaît ai Dieu, ai l'ai Saint-Jean, not' homme serai diable, et j'paierons nos dettes. » Cette troupe, qui parcourait les villages depuis le dimanche des Rameaux, était suivie d'une seconde troupe plus gracieuse, celle des Sarrasins qui, ne se livrant pas au désordre, se voyait partout accueillie.

Ces fêtes célébrées avec ce pompeux appareil et cette troupe de personnages, coûtèrent quelquefois près de 2,000 livres. Le Chapitre, qui ne recevait que de deux à trois cents livres, se plaignit des abus et demanda la suppression des cérémonies qui n'étaient pas indiquées sur la bulle. Les Chaumontais, craignant de voir s'amoindrir le nombre des fidèles, voulurent faire représenter la vie de leur saint patron. Les chanoines furent condamnés à payer sans aucun délai. Mais, après l'année 1663, cette brillante représentation fut négligée, dit-on, « non-seulement à cause de la guerre, mais encore de la peyne qui se trouvoit dans cette entreprise, étant difficile d'accommoder ces cérémonies au temps. »

Quoiqu'il en soit, c'était encore au milieu du xvie siècle une fête solennelle que celle du *pardon*. Le premier jour de carême, le maire de Chaumont recevait le message du Chapitre et convoquait immédiatement son Conseil pour arrêter le programme de la fête et pour nommer les personnes qui devaient être chargées de la direction des théâtres. L'évêque de Langres voyait arriver dans son palais une députation qui venait lui demander l'autorisation de publier les indulgences du *pardon*. Le prélat, satisfait comme nous l'avons dit, de la soumission des chanoines, octroyait la requête et recevait toujours quelques *beaux écus* et certains *gras chapons*. Alors, toute la France était conviée aux fêtes du Pardon. Les crieurs affichaient dans les églises des écussons historiés, aux armes de Rome et de Chaumont. Chaque dimanche, un chanoine de Chaumont parcourait les quartiers, précédé de deux joueurs de flûte, faisait ample distribution d'articles aux fidèles, et criait à chaque station : *C'est le grand pardon général de peine et de coulpe ! Dieu nous fasse la grâce de mériter les effets d'une si grande indulgence !* Le dimanche des Rameaux, la diablerie commençait ; les diables assistaient à la procession et commençaient dès ce jour à rançonner les habitants des campagnes voisines et à lever sur le marché une sorte de dîme qu'on n'osait leur disputer. Le jour de Quasimodo, l'arrivée des Sarrasins augmentait cette hideuse cohorte de diables, de diablesses et de diablotins.

Enfin, les préparatifs terminés, un prédicateur montait en chaire pour annoncer solennellement l'ouverture du Jubilé. Toutes les cloches de la ville faisaient entendre un joyeux carillon, des cris de joie retentissaient dans les rues de la cité. Aux portes de l'église, aux abords de la ville, stationnaient les imagiers, les vendeurs de véroniques, et surtout les marchands qui vendaient les chandelles qui devaient être offertes au saint patron.

Le jour du Pardon, dès l'aurore, le tintement d'une cloche appelle les fidèles à la prière ; le desservant de Saint-Michel célèbre sur le cimetière de cette chapelle la seule messe du jour. Une foule immense y assiste : c'est un spectacle imposant que les saints mystères célébrés sur un tombeau avec une simplicité rappelant les catacombes. La messe dite, on continue les préparatifs de la fête. Bientôt la porte de la vieille église est ouverte, et la procession sort. Les rues qu'elle doit traverser sont jonchées de fleurs ; la troupe qui doit jouer les *mystères* ouvre la marche, précédée par des joueurs de hautbois et de trompettes. A la suite viennent les maîtrises, ayant chacune son bâtonnier en tête ; les ordres religieux, les pénitents vêtus de serge blanche, messieurs du Chapitre vêtus de serge rouge, tous rangés sur deux files et protégés par la milice contre l'impétuosité de la foule.

Dans le centre, viennent les bannières, en tête, celle de Saint-Jean, les porte-croix, les thuriféraires, les reliques, le précieux chef de saint Jean posé sur un brancard de damas rouge à franges d'or. Plus loin des reliques apportées de Rome par Jean de Montmirel, que ses descendants escortent un cierge à la main ; un sac de camelot, rouge, renfermant la chemise de Notre-Dame de la Châtre, portée aux femmes enceintes pour les aider dans leur délivrance ; les bustes des saints, le célébrant, un grand nombre de puissants seigneurs, le corps de la ville, le bailliage, les juridictions précédées de leurs huissiers.

La procession parcourt plusieurs rues de la ville et fait dix-sept stations. Devant chaque reposoir ou plutôt devant chaque théâtre, on s'arrête pour y voir un mystère joué par les artistes qui marchent en tête de la procession. Au premier théâtre, les assistants entendent le dialogue entre la ville et les vertus théologales, d'un côté et de l'autre les quatre vertus cardinales. Les rôles sont remplis par les jeunes filles des premières familles de la ville. Au second, sur la place Saint-Jean, l'ange annonce à Zacharie la naissance du précurseur du Messie. Puis successivement, sur trois théâtres, sont représentés l'Annonciation de la vierge Marie, la Visitation et les Prophètes qui ont annoncé les grands événements. Au sixième, saint Jean-Baptiste reçoit le jour, la servante contemple l'enfant et récite ces deux vers :

> Pélerins qui passez, bénissez, je vous prie,
> L'enfant d'Elisabeth et du bon Zacharie.

Plus loin, sur cinq théâtres, saint Jean prêche la pénitence dans le désert, au milieu des sauvages, des tortues et des serpents, et proclame la venue du Messie qu'il baptise. Jeté dans une prison par les ordres du roi Hérode, qu'a séduit Hérodiade, il est décapité par le bourreau, qui ne peut se résoudre à cet acte tragique, et qui prie le saint « de faire

retomber le péché sur le prince Hérode. » Au douzième théâtre, les démons, les diables et les diablotins se disputent
l'âme de l'Iduméen, représentée par une poupée. A cette scène
succèdent sur les autres théâtres de plus riants tableaux. La
vierge Marie monte au ciel, conduite par les anges ; les huit
sybilles qui ont prédit la venue du Messie paraissent sous la
figure de vieilles femmes. Les limbes s'ouvrent, les vénéra-
bles patriarches et les saints prophètes se réveillent de leur
long sommeil, saint Jean-Baptiste leur annonce leur prochaine
délivrance.

Telle était cette fête si connue sous le nom de *grand
Pardon*. Aujourd'hui les théâtres sont remplacés par des re-
posoirs d'un effet grandiose, sur lesquels sont bannis les diables et les diablotins du bon vieux temps (1).

LE PAIN D'ÉPICE DE REIMS.

Le rôle des impositions fait pour Paris, en 1292, ne parle
pas encore des pain-d'épiciers, mais on y voit figurer les
eschaudeurs, les *fouaciers*, les *gasteliers*, les *oublayers* et
les *pastiers*. Cent quatre boutiques étaient ouvertes à cette
époque pour satisfaire la gourmandise des habitants de Lu-
tèce. Il est probable que les gasteliers faisaient des gâteaux
en général, et en particulier le pain d'épice ; les galettes ou
fouaces appartenaient aux fouaciers, les pâtés aux pâtaiers,
les plaisirs aux heureux oublayers. Long-temps après vinrent
les pâtisseries au miel et les gâteaux en sucre. Les gasteliers
relevèrent le goût des pains au miel avec des citrons, de la

---

(1) *La Diablerie de Chaumont*, par E. Jolibois. — *Histoire et tableau de l'église de Saint-Jean-Baptiste de Chaumont*, par l'abbé
Godard.

fleur d'orange, des amandes, en un mot avec des épices. Dès lors la France eut des pâtissiers de pain d'épice, et un peu plus tard des pain-d'épiciers. Reims acquit de bonne heure, par cette délicieuse composition de farine et de miel, cette immense renommée que plusieurs villes aujourd'hui veulent lui disputer. Elle prie le roi Louis XV, le lendemain de son sacre, d'en accepter quelques élégantes corbeilles. Quelque temps après, Marie Leckzinska, noble fille d'un roi proscrit, traverse la Champagne pour aller monter sur le trône de France. Des notables se mettent en route et lui offrent douze coffrets d'osier contenant du pain d'épice de douze à la livre et des croquants pliés.

Une fabrication aussi considérable que celle du pain d'épice devait avoir ses droits et ses priviléges. Le 2 août 1571, les pain-d'épiciers eurent la joie d'être admis aux honneurs du monopole. Pour tenir boutique ouverte dans ce bon vieux temps, il fallait faire un chef-d'œuvre, sous peine de soixante sols parisis d'amende, applicable moitié au révérendissime archevêque, et l'autre moitié audit métier. Les apprentis « pour parvenir à maîtrise » devaient faire un pain d'épice de six livres en présence des maîtres jurés. Tenus de servir trois ans, les susdits payaient, le jour de leur entrée, une livre de cire qui devait être employée à la torche de la corporation portée *processionnairement* le jour du Saint-Sacrement de l'autel. Mais, en revanche, les maîtres ne pouvaient exiger, lors de leur réception, aucun salaire; quiconque même allait s'asseoir à un banquet ce jour-là, devait payer quatre livres parisis au révérendissime archevêque.

Le pain d'épice, si mol et si maniable par sa nature, se prête sans peine à prendre toutes les formes qu'il plaît d'inventer. Du rond et du cœur, il s'est métamorphosé en bonhomme, en girafe, en mouton, quelquefois même en édifice. Il obtient toujours la première place dans nos foires de Champagne, et les heureux marchands qui le débitent ne sont pas ceux dont les recettes sont les plus minimes. Mais, il faut le dire, la loi de 1791 a porté le dernier coup à la respectable corporation des pain-d'épiciers de Reims, déjà frappée par l'édit de 1776. Des réputations rivales ont surgi, les traditions classiques ont été foulées aux pieds, toutes les villes ont fabriqué le *pain d'épice de Reims*, de sorte qu'il ne nous est plus permis de juger de cette saveur exquise qui lui valait jadis les honneurs de la table des rois (1).

LA FAMILLE RAISIN, DE TROYES.

Jean-Baptiste Raisin (2) tenait les orgues à la cathédrale de Troyes en Champagne. Il était bon musicien, actif, intelligent; mais la province offre si peu de ressources aux artistes, que, malgré son talent et ses travaux, le pauvre homme avait grand'peine à élever sa nombreuse famille. Tout pauvre qu'il était, il rêvait cependant, il espérait la fortune, et il s'ingéniait mille moyens de fixer auprès de lui cette inconstante. N'ayant pas dans la ville de Troyes un assez grand nombre d'élèves qui voulussent le payer convenablement des leçons de musique qu'il aurait pu leur donner, il se mit, faute de mieux, disait-il, à enseigner son art à quatre de ses enfants, auxquels il avait reconnu des dispositions heureuses. Les pauvres enfants savaient à peine remuer leurs petits doigts, que déjà il leur montrait à parcourir les touches du clavecin, si bel et si bien, qu'en assez peu de temps le père Raisin eut une petite compagnie de quatre musiciens d'une force qui eût été remarquable chez les hommes, mais qui était étonnante et merveilleuse chez des enfants. Et quel âge avaient-ils, s'il vous plaît? L'aîné huit ans au plus, le cadet sept, et le

---

(1) *Histoire du très-noble, très-excellent et très-vertueux pain d'épice de Reims*, par P. Tarbé, 1842.

(2) **Raisin se nommait réellement *Siret*.**

plus jeune, qui s'appelait Jean-Baptiste comme son père, n'avait que quatre ans, quatre ans à peine.

Je n'ai encore rien dit de Babet, leur sœur, plus âgée de deux ans seulement que le petit Jean-Baptiste. Nous parlerons peu des deux aînés : le talent était venu à ces enfants en raison inverse de l'âge : les plus jeunes étaient les meilleurs musiciens, et, en même temps, les plus aimables et les plus gracieux. Ils s'aimaient tendrement, comme on se doit aimer entre frère et sœur, avec un dévouement absolu, sacrifiant l'un à l'autre leurs goûts, leurs fantaisies, celui-là n'ayant pas d'autre volonté, d'autre plaisir, que la volonté et le plaisir de celle-ci.

Le père Raisin comprit bientôt que l'instrument de sa fortune, s'il devait faire fortune, serait le petit Jean-Baptiste : je dis le petit, non-seulement parce qu'il n'avait que quatre ans, mais parce qu'il était tout mignon, tout fluet, et excessivement petit pour son âge.

L'organiste troyen imagina donc une épinette d'une structure toute nouvelle, différant surtout des autres en ce que sa capacité intérieure était un peu plus grande. Muni de son épinette, dont il se garda bien de faire connaître la destination, l'artiste dit adieu à son orgue, à sa vieille cathédrale de Troyes, et s'en vint à Paris, cette vaste arène où se rend tout provincial pauvre, mais courageux, dans la vue d'y conquérir la fortune. Il y avait alors à Paris, chaque année, deux foires célèbres, la foire Saint-Laurent et la foire Saint-Germain. Le père Raisin arriva à l'époque où se tenait la dernière, loua une loge et y installa un petit théâtre sur lequel il parut, lui et sa famille. Il annonçait que les personnes qui lui feraient l'honneur de se rendre à son spectacle y entendraient un clavecin merveilleux qui jouait seul les airs qu'il conviendrait à la société de commander. Il prétendait n'avoir besoin que de prononcer à l'instrument certaines paroles.

Dans la première journée, une affluence considérable se rendit à ce spectacle tout nouveau, et chose merveilleuse, ce que Raisin avait promis se trouva vérifié de point en point. Trois clavecins étaient disposés sur le théâtre ; l'un était tenu par Raisin le père, l'autre par Babet et son frère aîné, et le troisième par personne. D'abord le père et les enfants jouaient un concerto, puis ils levaient les bras en l'air, et le troisième clavecin, auprès duquel on ne voyait personne, se mettait à répéter le concerto précédemment joué, mais avec des variations délicieuses. Puis on priait une ou plusieurs personnes de la société de commander à son gré au clavecin; celui-ci jouait, selon les ordres qu'il recevait, rapidement ou lentement, des airs gais ou tristes, des chants de victoire ou des lamentations, et ne s'arrêtait qu'à la parole. Tous ceux qui venaient à ce spectacle s'en retournaient émerveillés, ne comprenant rien à un semblable instrument, qui possédait l'intelligence d'un être animé et le talent d'un musicien habile. Chaque jour, le petit théâtre du père Raisin était encombré par la foule et excitait si vivement l'admiration du peuple, que le jeune roi Louis XIV voulut voir aussi cette merveille, et que la famille Raisin fut mandée au château royal de Saint-Germain, où se tenait alors la cour.

Raisin avait, depuis un mois qu'il était débarqué à Paris, gagné beaucoup d'argent, beaucoup de gloire; il allait mettre le comble à sa réputation. Le grand jour était arrivé; il se rendit donc aux ordres du roi. Il y avait comédie ce soir-là au château; la cour tout entière, cette resplendissante cour de Louis XIV, était présente.

Le père Raisin, sa famille, son épinette merveilleuse, jouèrent selon la coutume, leurs rôles respectifs à la satisfaction générale, l'épinette surtout jetait tout le monde dans l'admiration; chacun disait son mot pour expliquer cet inexplicable mécanisme. Quelqu'un parla de sorcellerie; il n'en fallut pas davantage pour effrayer la reine-mère Anne d'Autriche. C'était encore un peu le temps où l'on croyait aux sorciers. La reine fait approcher le père Raisin, lui demande son secret; celui-ci hésite et balbutie. Ses refus excitent de plus en plus la crainte curieuse de la reine qui tremble et pâlit. Le jeune roi Louis XIV s'approche alors et met fin à ce débat en ordonnant l'ouverture de l'épinette. Raisin supplie, demande grâce, et dit n'avoir pas la clef. Mais Louis XIV était peu habitué à trouver de l'opposition à ses volontés ; il ordonne qu'on enfonce à l'instant la machine. Le pauvre Raisin, poussé dans ses derniers retranchements, tremblant, effrayé, se hâte de l'ouvrir.

Quel fut alors l'étonnement de la cour en voyant sortir de cet instrument le pauvre petit Jean-Baptiste Raisin, tout éperdu, à moitié mort de peur et presque étouffé ! On s'empresse auprès de cette intéressante créature ; la reine elle-même le prend sur ses genoux, lui fait respirer des sels, le rassure et le caresse. Parfaitement revenu à lui, le jeune artiste se met à un clavecin ordinaire et visible à tous, et recommence à jouer les airs charmants qu'il avait déjà exécutés du fond de sa prison harmonieuse ; son succès fut complet, tous les courtisans lui firent leur cadeau, et il s'en retourna chargé d'or, comblé de caresses et de félicitations.

On conçoit aisément que si le père Raisin avait vu prospérer son établissement avant son admission à la cour, son succès dût être plus grand lorsqu'il put annoncer son triomphe obtenu devant le roi, à cette époque surtout où la France entière voyait, pour ainsi dire, par les yeux de Louis XIV. De retour à sa loge de la foire Saint-Germain, chaque jour il voyait sa salle comble et sa caisse pleine.

La foire finie, la famille Raisin était bien assez riche pour prendre du repos. Paris est une ville où le succès enrichit du jour au lendemain ; mais il est rare de voir des heureux renoncer à la fortune quand elle leur a souri une fois. On a beaucoup obtenu, on veut obtenir davantage : ainsi fit le père Raisin pour son malheur et pour celui de son intéressante famille. Voyant avec quelle facilité ses enfants apprenaient tout ce qu'on leur enseignait, il conçut la folle idée de créer une troupe de petits comédiens ; les principaux rôles étaient remplis par ses jeunes enfants. Il fit donc composer une pièce, ou plutôt une farce, dans laquelle le petit Raisin jouait le principal rôle avec une grâce, un entrain, qui lui attiraient chaque jour de nouveaux applaudissements.

La pièce avait pour titre, l'*Andouillette de Troyes* : Jean-

Baptiste était petit, mince, fluet ; on le recouvrait tout entier d'un taffetas gris, on le ficelait comme une andouillette véritable, et on le servait au milieu d'une table bien garnie d'autres plats. D'abord les acteurs mangeaient des autres mets, ensuite ils attaquaient l'andouillette, en coupaient plusieurs tranches ; puis un d'eux, plus gourmand que les autres, proposait de couper l'andouillette en deux et d'en manger la moitié à lui seul. Le pari accepté, on procédait avec un grand coutelas à l'autopsie de cette immense pièce, mais alors l'andouillette poussait un cri perçant, sautait en l'air, se roulait sur la table, renversait plats et bouteilles, et déchirait enfin son enveloppe, comme le papillon au printemps. Mais au lieu d'un bel insecte déployant au soleil ses ailes dorées, on voyait apparaître un vilain petit cochon de lait, qui mangeait comme un goulu le dessert préparé pour les convives et qui les mordait ensuite aux jambes. Les acteurs de se sauver, de courir, de crier ; mais un, plus courageux que les autres, se retournait, reprochait à ses camarades leur poltronnerie, et proposait de mettre à la broche l'animal révolté. Aussitôt dit, aussitôt fait : le vaillant convive prenait une broche, se mettait à la poursuite du petit cochon ; mais au moment de le percer d'outre en outre, une nouvelle métamorphose s'opérait : l'animal se transformait en petit diable noir, laid, hérissé, furieux, qui, saisissant la broche pointue, destinée à transpercer son prédécesseur, poursuivait les agresseurs, qui se sauvaient en poussant des cris, et finissaient par implorer leur pardon.

Un jour, l'acteur chargé de combattre le petit cochon de lait prit une broche dont la pointe était très-fine, et le piqua par mégarde en se défendant ; Jean-Baptiste, dans sa peau de cochon, s'irrite et fond sur son adversaire ; une lutte s'engage, mais une lutte inégale. La peur trouble sans doute la raison de l'agresseur, qui frappe de sa broche à tort et à travers. Le pauvre petit Raisin tombe percé de plusieurs coups et mortellement blessé par son adversaire. Les secours les plus prompts ne purent le sauver, il mourut quelques jours après cette fatale aventure. Le jeune Raisin n'avait alors que six ans ! Sa petite sœur Babet en ressentit une telle douleur qu'elle perdit la raison.

Raisin suivit quelque temps après son fils dans la tombe. Sa femme gagna plus de 20,000 écus à Paris avec la *troupe de Monseigneur le Dauphin*, titre pompeux que prirent ses enfants, auxquels s'étaient joints d'autres bambins, parmi lesquels se trouvait le fameux *Baron*. De Paris, la femme de Raisin se rendit à Rouen, où, loin de gagner, elle dépensa follement ce qu'elle possédait avec Olivier, gentilhomme de M. le prince de Monaco, qu'elle aimait, et qui la suivait partout. Forcée par la misère de regagner la capitale, elle reparut avec le gentilhomme au commencement de 1666.

Le grand Molière lui prêta son théâtre pour quelques représentations ; la foule accourut avec tant d'empressement, que les recettes s'élevèrent à plus de mille écus. Mais soit mauvaise administration, soit que les acteurs s'engageassent dans d'autres troupes, la troupe du Dauphin se dispersa et ne reparut plus (1).

LA MAISON DE JEANNE DARC,

Il existe à Domremy, près de Vaucouleurs (2), en Lorraine, une maison de modeste apparence, qui n'attire les regards par aucun ornement extérieur, et qui ne se distingue des habitations voisines que par la couleur plus sombre qu'elle doit à son ancienneté. Cependant les jeunes filles du village

---

(1) Journal de Troyes, 1ᵉʳ mars 1786. — Robinet, *Lettres en vers.* — Loret, *Muse historique,* 11 mars 1661, 9 avril 1661, 7 juin 1664. — Grimarest, *Vie de Molière.* — Archives de l'Aube, Comptes de la fabrique de Saint-Pierre, 1659, 1660.

(2) Département des Vosges, à 10 kilomètres de Neufchâteau.

la saluent en passant ; quand les jeunes garçons la contemplent, leurs yeux brillent d'enthousiasme ; les vieillards la
montrent à leurs enfants en versant des larmes d'attendrissement, et les voyageurs s'inclinent avec respect devant cet
humble toit : c'est la maison de Jeanne Darc. Elle appartenait, il y a quelques années, à un paysan nommé Girardin,
qui la regardait avec raison comme son plus précieux héritage, et qui en était aussi fier que du plus riche domaine de
la couronne.

En 1817, un Anglais fort riche, voyageant en France, se
détourna de plusieurs lieues pour visiter cette maison. Girardin, qui était toujours prêt à en faire les honneurs aux
étrangers, se fit un plaisir de la lui montrer dans le plus
grand détail : « Voilà, disait-il, d'après les traditions qu'il
regardait comme certaines, voilà la chambre où couchait
Jeanne Darc ; voici celle de son père, celle de ses sœurs.
C'est par cette porte qu'elle sortait avec son troupeau. » Puis,
faisant quelques pas dans la cour : « Voyez-vous, disait-il,
là-bas cette colline ? C'est là que saint Michel lui apparut, et
lui révéla sa destinée. Nous avons encore, dans le village,
des poltrons qui croient qu'il y revient des esprits ; mais ces
esprits-là ne me font pas peur, à moi ; ils ne peuvent que
nous porter bonheur. »

L'Anglais, après avoir tout vu, conçut le désir de posséder
ce petit domaine, non pour l'habiter et pour y rendre une
espèce de culte à l'héroïne française, mais par un simple
motif de vanité, et afin de pouvoir dire à ses amis en Angleterre : « Je suis propriétaire de la maison de Jeanne Darc. »
Il ne doutait pas que le paysan ne saisît avec plaisir l'occasion de la vendre un bon prix, et, plein de cette confiance,
il lui dit sans préambule : « Mon brave homme, combien
voulez-vous de votre maison ? »

Girardin était si loin de s'attendre à cette question, qu'il
crut d'abord avoir mal entendu ; mais l'Anglais ayant répété
sa phrase dans les mêmes termes, il lui répondit qu'il n'avait
point l'intention de la vendre.

« Pourquoi donc? dit l'Anglais.

— Pourquoi? C'est que je me trouve bien ici, et que l'air de cette maison est nécessaire à ma santé. Croyez-vous que pour être un paysan, on ait moins d'honneur et de patriotisme qu'un autre? Tout ignorant que je suis, je sais ce que valait Jeanne Darc, et ce qu'elle a fait pour son pays, et, dans ce village, où nous l'aimons tous comme si nous l'avions connue, où les enfants savent son histoire avant d'apprendre à lire, je passerais pour un lâche et pour un traître, si je vendais la maison d'où elle est partie pour sauver la France. »

Malgré la chaleur avec laquelle Girardin prononça ces dernières paroles, l'Anglais crut que ce zèle ardent pour Jeanne Darc et pour la France n'était qu'une ruse adroite, destinée à faire payer la propriété un peu plus cher; il ne pouvait croire qu'un villageois qui avait à peine de quoi vivre préférât des souvenirs historiques à une forte somme d'argent comptant.

« Mais, reprit-il, si je vous en offrais trois cents guinées ?

— D'abord, je ne comprends rien à vos guinées.

— Cela ferait trois cents louis et plus.

— Eh bien! je vous dirais : Gardez vos trois cents louis, et laissez-moi ma maison.

— Quatre cents louis ?

— Non.

— Cinq cents louis, dit l'Anglais, enchérissant à chaque instant, avec cette obstination particulière à ses compatriotes, qui sacrifient souvent une partie de leur fortune à une bizarre fantaisie.

— Six cents louis? sept cents louis ?

— Non, non, mille fois non. Je ne la vendrais pas à un Français, à mon intime ami, qui m'en supplierait à genoux : ce n'est pas pour la donner à un étranger, et surtout à un Anglais.

— Ah! je vois, vous nous tenez toujours rancune?

— Ce n'est pas de la rancune, c'est de l'indignation ; l'avoir fait brûler vive, après l'avoir condamnée comme sorcière! Quand j'y pense, je suis d'une colère! C'est comme si cela s'était passé hier; et je ne sais ce qui m'empêche de la venger sur tous les Anglais que je rencontre.

A ces mots, l'intrépide acheteur ne put s'empêcher de reculer deux pas; mais reprenant bientôt courage:

« Pardonnez-moi, brave homme, dit-il à Girardin, on voit bien que vous n'avez pas lu l'histoire, car vous sauriez que si Jeanne Darc a été prise à Compiègne, le tribunal qui l'a condamnée à Rouen était presque entièrement composé de Français, et si vous aviez consulté les chroniques...

— Laissez-moi avec vos chroniques, je m'en soucie autant que de vos guinées, et quant à l'histoire, je ne me pique point de la savoir; ce que je sais, c'est que je veux mourir ici malgré votre or, entendez-vous? Vous êtes venu pour voir ma maison, vous l'avez vue; vous voulez me l'acheter, je ne veux pas vous la vendre; il ne me reste plus qu'à vous prier d'en sortir.

L'Anglais vit alors qu'il fallait lever le siége de la place, et partit en déguisant, sous un sourire insignifiant, la mauvaise humeur qu'il éprouvait.

Quelque temps après cette conversation, Girardin était un soir assis sur un banc, devant sa maison, et, en causant avec quelques vieux amis, il goûtait les charmes d'une belle soirée d'été. Le soleil, qu'on ne voyait plus, colorait encore quelques nuages, qui voltigeaient sur le sommet de la colline; les teintes de pourpre et d'or ne s'affaiblissaient que par degrés insensibles, et la lumière se retirait lentement, comme un ami qui craint de nous affliger par un brusque départ. Le silence commençait à régner avec la nuit, et l'on n'entendait plus dans la campagne que le bruit lointain de quelques charriots, lorsque l'attention du vieillard fut attirée par les pas d'un cheval qui s'avançait au galop.

Bientôt un cavalier se présente: « Au nom du roi, dit-il, je voudrais parler au sieur Girardin. » Aussitôt un grand nombre de paysans, autant par curiosité que par politesse, conduisent l'étranger vers le respectueux vieillard.

« Girardin, dit le cavalier, après avoir mis pied à terre, le roi a su que vous aviez refusé de vendre votre maison à un Anglais ; il a voulu vous récompenser, mais ce n'est point de l'argent qu'il vous envoie : il sait que vous ne tenez pas plus à celui de France qu'à celui d'Angleterre : il m'a chargé de vous apporter la croix d'honneur. Recevez-la, Girardin, qu'elle brille à la boutonnière du vieillard de Domremy. Les guerriers qui l'ont gagnée sur le champ de bataille ne l'ont pas mieux méritée, car il faut autant de courage pour mépriser la fortune que pour braver la mort » (1).

MATHILDE DE CHAMPAGNE, OU LE NAUFRAGE DE LA BLANCHE-NEF.

Le comte Etienne venait de rendre le dernier soupir à Ramla, où les chrétiens l'avaient appelé à leur secours, espérant que son épée défendrait le faible royaume de Jérusalem contre les ennemis de Dieu. La comtesse Adèle, retirée dans son palais, pleurait la mort de son époux et se livrait à toutes les austérités du cloître, en attendant que des temps plus favorables lui permissent de consacrer le reste de ses jours au Seigneur. De toute sa belle lignée, il ne lui restait plus qu'une fille, la vertueuse Mathilde (2). De tous les comtes et barons empressés à demander sa main, le jeune Richard, comte de Chester, fut le préféré. Richard, accueilli par la comtesse, plongé dans l'ivresse d'une union récente, oubliait facilement et sa patrie et ses domaines, quand on apprit que le roi d'Angleterre se tenait sur le rivage prêt à

(1) *Narrations françaises*, par Filon. Une école a été établie depuis cette époque dans la maison de Jeanne Darc.

(2) Appelée Mahault par quelques chroniqueurs.

passer le détroit. Les deux époux quittèrent donc le palais d'Adèle, et arrivèrent bientôt à Honfleur. On était alors en décembre de l'année 1120. Un léger crépuscule annonçait le coucher du soleil, les étoiles commençaient à briller au ciel, un vent favorable soufflait à travers les voiles, et la surface des ondes était douce et paisible. Le roi Henri fit sonner l'heure du départ, les navires approchèrent du rivage, tandis que de nombreux comtes et barons s'apprêtaient à la traversée.

Voilà qu'un certain Thomas, fils d'Etienne, accourt sur la côte, et vient trouver le roi. « Etienne, fils d'Erard, mon père, lui dit-il, a servi toute sa vie le tien sur mer, et c'est lui qui conduisait le vaisseau sur lequel ton père monta pour aller à la conquête. Seigneur roi, je te supplie de me bailler en fief le même office. J'ai un beau navire appelé la *Blanche-Nef*, et appareillé comme il faut. »

Le roi, qui avait déjà choisi le vaisseau sur lequel il devait monter, répondit : « Tu es venu trop tard, fils d'Etienne, je ne puis octroyer ta requête ; mais je puis confier mon fils à ta *Blanche-Nef*.

Le navire qui devait porter le roi mit alors à la voile par un vent du sud, au moment où le jour baissait, et glissa rapidement sur les ondes paisibles. Un peu plus tard, sur le soir, partit l'autre navire, la *Blanche-Nef*, portant le fils du roi, le comte de Chester et quelques seigneurs normands.

Appuyée sur la poupe et les yeux attachés au rivage, Mathilde contemplait les côtes de la Normandie, pensant à la tendre mère qu'elle laissait au-delà de ces côtes, au palais où s'étaient écoulées ses premières années. Mais lorsque la terre disparut à ses regards, et que les ténèbres de la nuit s'étendirent sur les ondes, la pauvre comtesse trembla. Les seigneurs normands et le fils du roi folâtraient cependant autour d'une table splendide ; les rameurs manœuvraient vigoureusement, secondés ce jour-là par un vent favorable. De temps en temps la voix de Thomas se faisait entendre : « Courage, mes braves, appuyez fortement sur vos rames, vous avez pour pilote, Thomas, fils d'Etienne, » car Thomas voulait atteindre le navire du roi et soutenir la renommée de ses aïeux. Mais les passagers, trop joyeux, prodiguèrent le vin aux matelots. Trop occupés du désir d'atteindre le vaisseau royal, ceux-ci s'engagèrent imprudemment parmi les rochers, dans un lieu alors appelé *Raz-de-Catte*, aujourd'hui *Raz-de-Catteville*. La *Blanche-Nef* donna contre un écueil, de toute la vitesse de sa course, et s'entr'ouvrit par le flanc gauche. Des cris lamentables alors retentirent, les passagers tremblants se recommandèrent à Dieu. Mais l'eau entrait en abondance, l'abîme semblait attendre ses victimes. Les uns se jettent à la mer, s'abandonnant à la merci des flots, sur une misérable planche; les autres, moins hardis, élèvent leurs mains suppliantes vers le ciel, et poussent des cris pour implorer le secours du vaisseau royal. Mais le roi Henri, ne soupçonnant point cette détresse, ordonnait au pilote de suivre sa course. Le désespoir s'empare donc des trois cents passagers qui se trouvent sur la *Blanche-Nef*.

La pauvre Mathilde, appuyée sur les bords du navire, voit les eaux monter : ses yeux, baignés de larmes, se lèvent vers le ciel, puis s'abaissent sur le noble comte de Chester, son époux. Mais c'en est fait, elle si jeune, si belle, il lui faut périr loin de sa mère, sans secours, sans autre sépulture que le sable de la mer! Pâle, tremblante, elle tombe dans les bras de Richard qui, glacé d'effroi, disparut bientôt dans les ondes avec sa noble épouse. La *Blanche-Nef* avait chancelé et ne montrait plus que sa grande vergue !

Des trois cents passagers, deux hommes respiraient encore. L'un était un boucher de Rouen, et l'autre un jeune homme de naissance plus élevée, appelé Godefroi, fils de Gilbert, de l'Aigle. Thomas, le patron de la *Blanche-Nef*, après avoir plongé, revint cependant à la surface de l'eau. Voyant les têtes des deux hommes qui tenaient la vergue, il s'écria : « Et le fils du roi, qu'est-il arrivé de lui? — Le fils du roi n'a point reparu, reprit une voix. — Malheur à moi! répondit le fils d'Étienne, et il replongea volontairement.

Cette nuit de décembre fut extrêmement froide. Le plus délicat des deux hommes qui survivaient, perdant ses forces,

lâcha le bois qui le soutenait et descendit au fond de la mer
en recommandant son âme à Dieu. Bérault, le plus pauvre
des naufragés, se soutint à la surface de l'eau, dans son jus-
taucorps en peau de mouton, et fut le seul qui vit revenir
le jour. Des pêcheurs le recueillirent dans leurs barques, et
c'est de lui qu'on apprit les détails de l'événement.

Cependant, depuis longtemps débarqué sur le rivage d'Angleterre, le roi Henri attendait l'arrivée de la *Blanche-Nef*.
Les heures s'écoulaient lentement lorsqu'un bruit sinistre se
répandit parmi le peuple et parvint aux oreilles du comte
Thibaut. Le roi d'Angleterre apprit le déplorable événement
et tomba par terre, disent les chroniques, plongé dans la
plus profonde douleur. Le fait est que le naufrage de la
Blanche-Nef frappa le peuple de tristesse, car longtemps
après on entendait une voix plaintive qui chantait sur les
montagnes cette élégie :

« L'heure fatale est arrivée. Le déplorable vaisseau de
Thomas, gouverné par une main égarée, s'est brisé sur un
rocher : événement fatal qui, dans une perte commune,
plonge au fond des mers une noble jeunesse. Les fils des rois
deviennent le jouet des flots, et pleurés par les premiers de
l'Etat, ils servent de pâture aux monstres de la mer. »

Ainsi périt Richard, comte de Chester, avec sa jeune
épouse. On dit que les habitants de la côte accoururent à l'aurore et plongèrent pour retrouver les cadavres. Celui de Richard fut poussé par les flots au rivage, où ses vêtements le
firent reconnaître. Deux ans après ce naufrage, la comtesse
Adèle quittait son palais et s'en allait frapper à la porte du
monastère de Marcigny (1).

---

(1) Chroniques d'Ordéric Vital, de Guill. de Malmesbury,
d'Huntington, de Florent de Wigorn et de Siméon de Durham.

LES LÉPREUX EN CHAMPAGNE.

La lèpre, ce mal si terrible, qui faisait *pourchasser* par les gens ceux qui en étaient atteints, prit, après les croisades, un caractère sacré aux yeux de l'Eglise et des fidèles. Le Christ n'avait-il pas été annoncé au monde comme un *lépreux* frappé de Dieu? Il avait eu pour hôte un lépreux; il les avait aimés, cela suffisait pour qu'un ordre de chevalerie sortît tout armé de la charité catholique pour soigner les lépreux de l'Orient. En Occident, l'Eglise se déclare l'amie et la protectrice des pauvres malades; elle fonde partout des *maladreries*, en confie le soin aux évêques et leur ordonne de ne point priver les lépreux de la divine Eucharistie.

Avant d'être retranché du nombre des vivants, le patient doit être déclaré et reconnu, par un jugement solennel, atteint de la maladie fatale. Ce jugement appartient à l'autorité ecclésiastique. Au plus léger indice, une visite est ordonnée; l'officialité, éclairée par le rapport des médecins et des chirurgiens, renonce à la poursuite, si le prévenu est trouvé *pur*, ou le met hors du siècle, s'il est atteint de la lèpre, et fait publier le jugement au prône de son église paroissiale.

Rien de plus touchant que le cérémonial de la séparation des lépreux. Le prêtre, après avoir célébré la messe pour les infirmes, mettait un surplis et une étole, donnait de l'eau bénite au lépreux et le conduisait à la léproserie. Il l'exhortait en bonne patience et charité, en l'exemple de Jésus-Christ et des saints :

« Mon frère, cher pauvre du bon Dieu, pour avoir souf-
» fert moult tristesse, tribulation, maladie et autre adversité
» du monde, on parvient au royaume du Paradis, où il n'y
» a nulle maladie, nulle adversité, mais où tous sont purs,
» sans tache et plus resplendissants que le soleil. Vous irez
» dans ce royaume, s'il plaît à Dieu, si vous êtes bon chré-
» tien, et si vous supportez patiemment cette adversité. Dieu

« vous en donne la grâce ! Cette séparation, mon frère, n'est
« que corporelle ; vous aurez toujours part aux prières de
« l'Eglise *notre sainte mère*, comme si vous assistiez tous
« les jours au service divin avec les autres. Soyez sans in-
« quiétude, les gens de bien pourvoiront à toutes vos petites
« nécessités, et Dieu, qui veille sur les oiseaux, ne vous dé-
« laissera pas. Seulement, prenez garde, et ayez patience,
« Dieu demeure avec vous ! »

Après cette allocution consolante, le prêtre remplissait la partie pénible de son ministère ; il prononçait les terribles défenses légales :

1. Je te défends d'entrer jamais dans une église ou dans un monastère, d'aller à la foire, au moulin, et de te trouver en compagnie de gens.

2. Je te défends de sortir hors de ta maison sans ton habit de ladre, afin qu'on te connaisse et qu'on puisse s'éloigner.

3. Je te défends de laver tes mains et autre chose de toi, et même de boire dans une fontaine ou dans un ruisseau ; si tu veux boire, puise de l'eau dans ton baril ou dans ton écuelle.

4. Je te défends de toucher aux choses que tu marchandes ou que tu achètes, avant qu'elles t'appartiennent.

5. Je te défends d'entrer dans une taverne. Si tu vends du vin, si tu en achètes ou si tu en reçois, fais-le entonner dans ton baril.

6. Je te défends d'habiter avec une autre femme que la tienne.

7. Je te défends, si tu vas sur les chemins, et si tu rencontres une personne qui te parle, de te mettre au-dessous du vent avant de répondre.

8. Je te défends d'aller dans des ruelles étroites, de peur que quelqu'un ne te rencontre et ne soit atteint de la lèpre.

9. Je te défends, partout où tu passeras, de toucher au puits ni à la corde, sans avoir mis tes gants.

10. Je te défends de toucher les enfants et de leur donner quelque chose.

11. Je te défends de boire et de manger dans d'autres vaisseaux que ceux qui t'appartiennent.

12. Je te défends de boire et de manger avec compagnie, sinon avec des lépreux.

Alors le prêtre prenait de la terre du cimetière, et la répandant sur la tête du malade, disait : « Meurs au monde, renais à Dieu ! O Jésus, mon rédempteur, vous m'avez formé de terre, vous m'avez revêtu d'un corps ; faites-moi revivre au dernier jour. »

Ces paroles sont pénibles pour un homme qui a vécu au milieu de la société, et qui voit ainsi ses plus saintes affections rompues, ses plus nobles espérances détruites. Aussi le lépreux restait sans mouvement, sa vie disparaissait ; il avait quelque chose de la placidité du trépas chrétien. Après avoir lu l'évangile des dix lépreux, et avoir béni l'habit et le pauvre mobilier du ladre, le prêtre lui présentait ainsi chaque chose. En lui donnant la *housse*, il disait :

« Mon frère, recevez cet habit et le vêtez en signe d'humilité ; je vous défends de sortir de votre maison sans en être revêtu. Au nom du Père et du Fils et du Saint-Esprit. »

En lui donnant le baril :

« Prenez ce baril pour recevoir ce qu'on vous donnera pour boire ; je vous défends de boire aux rivières, fontaines et puits, et d'y laver vous, vos draps, vos chemises et toutes autres choses qui auront touché votre corps. »

En lui donnant la cliquette :

« Prenez cette cliquette, en signe qu'il vous est défendu de parler à personne, sinon à vos semblables, si ce n'est par nécessité. Si vous avez besoin de quelque chose, vous le demanderez au son de cette cliquette, en vous tirant loin des gens et au-dessous du vent. »

En lui donnant les gants :

« Prenez ces gants, par lesquels il vous est défendu de

toucher aucune chose, sinon ce qui vous appartient. »

En lui donnant la pannetière :

« Recevez cette pannetière pour y mettre ce qui vous sera donné par les gens de bien. Souvenez-vous de prier Dieu pour vos bienfaiteurs. »

Le lépreux devait avoir une tartarelle, des souliers, des chausses, une robe de camelin, une housse, un chapeau de camelin, deux paires de drapeaux, un baril, un entonnoir, une courroie, un coutel, une écuelle de bois, un lit étoffé de coutte, un coussin et une couverture, deux paires de draps à lit, une hache, un écrin fermant à clef, une table, une selle, une lumière, une paelle, une aiguière, des écuelles à manger, un bassin, un pot à mettre cuire la chair. Tous ces objets grossiers étaient bénis et sanctifiés par les prières de l'Eglise. Le prêtre, prenant le lépreux par son vêtement, l'introduisait alors dans sa cellule, et disait :

« Voici la maison de mon repos, l'objet de mes désirs, celle que je dois à jamais habiter. » Puis, en face de la porte, on plantait une croix de bois à laquelle on attachait un tronc pour recevoir l'aumône que le pèlerin déposait en échange des prières du malade solitaire. Le prêtre, le premier, y déposait son offrande, et tout le peuple suivait son exemple.

Après cette cérémonie, mêlée de tristesse et d'espérance, les fidèles retournaient à l'église, précédés de la grande croix processionnale. Alors tous se prosternaient, et le prêtre, élevant la voix, criait vers Dieu cette touchante prière : « O Dieu tout-puissant, qui, par la patience de votre Fils unique, avez brisé l'orgueil de l'antique ennemi, donnez à votre serviteur la patience nécessaire pour supporter pieusement et patiemment les maux dont il est accablé. Amen. » Tout le peuple répondait : « Amen. Ainsi soit-il (1). »

---

(1) *Rituale Remense*, 1585. — *Statuta synodalia diœcesis Trecensis*, 1530. — D. Martène, *de antiquis Ecclesiæ ritibus*, t. III.

LES MOUCHES AUX ANCIENNES BOUCHERIES DE TROYES.

L'histoire des boucheries est celle des bouchers. Cette corporation avait autrefois une existence régulière et des priviléges qui remontaient presque au règne de Charles V. Longtemps florissante, elle mourut, en 1791, du décret de l'abolition des communautés. Nul ne pouvait être boucher qu'il ne fût fils de maître et qu'il n'eût été reçu par la corporation. Quand la réception était accomplie, le boucher devait prêter un serment renouvelé chaque année, le jour du grand Jeudi « au corps de Notre-Seigneur Jésus-Christ, à l'Eglise et aux saints Evangiles, » de ne pas enfreindre les règlements de sa corporation. Chaque récipiendaire donnait au *maître-boucher* une paire de chausses et donnait en outre un banquet à ses confrères.

Les règlements étaient sévères ; tout boucher était assujetti à la visite du *maître* et de son lieutenant, assistés du commis et des bouchers requis. Aucune viande ne pouvait être vendue qu'elle n'ait été abattue, écorchée et accoutrée à l'abattoir. La vente à domicile était interdite ; la viande ne pouvait être débitée que dans la boucherie publique, lorsqu'elle avait été reposée pendant une nuit dans des chambres appelées *essuys*. Les bouchers, de plus, ne pouvaient point résider où bon leur semblait ; un règlement les obligeait à demeurer dans « le quartier de la boucherie. » A quelques pas s'étaient établis les tanneurs, riche et puissante corporation qui célébrait dignement sa fête chaque année, et laissait quelques livres tournois à l'église Saint-Jean.

Les boucheries de Troyes se composaient de quatre allées de charpente sous trois pignons, avec sept rangs d'étaux, et s'ouvraient au nord et au midi, depuis la rue Urbain IV jusqu'à celle de Notre-Dame. Les derniers bâtiments remontaient au XVIe siècle, et avaient remplacé ceux que détruisit l'incendie de 1524. Les courants d'air ménagés à l'intérieur empêchaient les mouches d'y pénétrer et permettaient aux habitants de la ville de manger une viande excellente. Frappée de cet étrange privilége, l'autorité voulut un jour s'éclairer sur ce point, car dans ce siècle philosophique, beaucoup criaient encore au miracle et racontaient aux voyageurs de merveilleuses légendes. Le lieutenant-général du bailliage vint donc, le 15 février 1739, s'asseoir gravement dans un fauteuil, au milieu des boucheries, et faire une espèce d'enquête. A ses côtés siégeaient un avocat au parlement, remplissant la fonction de procureur du roi, le greffier et le procureur des bouchers. Toute la corporation était présente avec son maître, son lieutenant, ses procureurs, ses quatre prud'hommes et son scribe.

Le lieutenant-général ouvrit la séance et pria le maître des bouchers de déclarer s'il n'entrait point de mouches dans la boucherie. Le moment était favorable pour l'expertise ; c'était le quatrième jour de carême, le 15 février, temps où les mouches ne se montrent pas ! Le maître-boucher répondit que les mouches, attirées « par les établis de fruits placés aux portes, » entraient quelquefois dans la boucherie, mais en si petit nombre et si bénignes, qu'elles ne touchaient point aux viandes et se hâtaient de sortir. Le fait confirmé par cent trente témoignages, le lieutenant voulut s'enquérir de la cause de « cet étrange respect des mouches. »

Les bouchers exposèrent chacun leur opinion. Les uns attribuèrent le privilége dont jouissait la boucherie de Troyes au bienheureux évêque Loup, dont ils montraient la statue placée depuis long-temps pour perpétuer le souvenir de son intercession. Les autres, sans admettre la tradition, ne virent dans ce prodige que « le résultat naturel de l'humidité du local. » Le lieutenant-général se leva peu satisfait, se mit à parcourir les allées de la boucherie, et remarqua qu'elle n'était point *humide*, « quoique le temps fût pluvieux. » Le greffier constata cette remarque aux applaudissements de quelques bouchers, mais ne voulut point, dans le procès-verbal, corroborer l'opinion des bonnes gens de la ville. La séance fut donc levée par ordre de M. le lieutenant-général, qui se retira sans lever la difficulté.

La corporation, les priviléges, les usages, tout a disparu; la boucherie, dernier témoignage d'une communauté qui a vécu plus de quatre cents ans, a été expropriée en vertu d'une ordonnance royale du 25 juin 1847. La vieille halle enfumée, aux fortes membrures, qui avait gardé jusqu'à sa dernière heure sa physionomie primitive, son image de saint Loup, est tombée sous la hache et le marteau comme une sanction définitive du décret de 1791. Tel fut le sort de cette boucherie si célèbre et si vantée par les géographes comme une des curiosités de la vieille capitale de la Champagne.

NAPOLÉON A BRIENNE.

La petite ville de Brienne vit, en 1625, s'élever le couvent des Minimes, fondé par Louise de Béon-Luxembourg, pour l'instruction des enfants. Protégés par les comtes de Brienne, qui leur firent des dotations assez considérables, les Minimes convertirent, en 1735, l'école qu'ils tenaient en un collége où la langue latine fut enseignée. Cet établissement comptait déjà un grand nombre d'élèves lorsque Louis XVI distribua ceux de l'École Militaire de Paris dans plusieurs colléges de différentes provinces. Par la faveur dont MM. de Loménie jouissaient à la cour, le collége des Minimes de Brienne fut érigé en école militaire et destiné à recevoir cent élèves du roi et cent pensionnaires. De nouveaux bâtiments furent construits sur un plan plus vaste et appropriés à leur destination. Douze religieux furent chargés de l'enseignement et de la direction de l'école; une communauté de sœurs hospitalières de Nevers y fut même attachée pour soigner les élèves malades.

Le 23 avril 1779, un jeune Corse fut admis chez les bons

Pères pour commencer ses études et pour pouvoir plus tard embrasser la carrière militaire. Quel était le nom de ce jeune enfant de neuf ans et demi, dont l'humeur semblait sombre et inquiète ? C'était Napoléon Bonaparte, fils de Charles Bonaparte, député de la noblesse corse à Versailles ! La petitesse de sa taille et son langage, qui, malgré un séjour dans le petit collége d'Autun, n'était encore qu'un patois, moitié français, moitié italien, le rendirent pendant quelques jours un sujet de risée pour ses camarades. Mais peu à peu le jeune Corse, grâce à l'appui de quelques-uns de ses condisciples et à la sympathie de deux compatriotes qu'il rencontre, sort de son isolement. Son front, un instant affaissé sous le chagrin d'une séparation pénible, se relève et reprend toute son énergie ; ses yeux brillent de leur éclat pénétrant, son geste devient décidé, et son allure digne et ferme. En peu de temps, les accents du dialecte corse disparaissent sans retour de sa prononciation. Un de ses maîtres d'étude remarque ce changement si rapide et l'en complimente.

« Monsieur, lui répond le jeune Bonaparte, quand on mange le pain du roi, il n'est plus permis de paraître autre chose que français. »

Cette réponse noble et spirituelle lui conquiert toute la sympathie de ses professeurs et de ses condisciples. Elevé par une pieuse mère, le jeune Corse remplit avec ferveur ses devoirs religieux ; quelquefois même on le voit se glisser dans la chapelle pendant les récréations, pour y prier secrètement. Le pauvre enfant n'avait alors que Dieu pour intermédiaire entre lui et sa famille ; plus d'une fois il vint chercher dans la chapelle de l'école une solitude qui se peuplait pour lui des souvenirs de la maison paternelle.

Doué d'une intelligence rare et précise, aimé de ses maîtres et de ses condisciples, Bonaparte, instruit par un pieux catéchiste, vit arriver le jour de sa première communion. Sa conduite et ses sentiments furent ceux d'un enfant bien né. Il sentit avec une sorte d'exaltation bien naturelle le bienfait de cette heure fortunée où la grâce descend visiblement en nous. Jamais il n'oublia son directeur, qui devint son ami, ni la joie ineffable dont son âme fut inondée lorsque pour la première fois il reçut le pain des anges. Sur le rocher de Sainte-Hélène, il ne regrettera plus tard ni la puissance ni le bruit du canon, mais l'église et l'aumônier de Brienne qui ont été témoins de ses plus douces émotions.

Quelques écrivains ont voulu, par de belles anecdotes, exploiter la crédulité publique, et n'ont pas craint de publier des lettres que le jeune Bonaparte n'a pas écrites et de lui prêter un langage qu'il n'a pas tenu. A les entendre, l'élève de douze ans n'aurait été rien moins qu'un véritable Pic de la Mirandole, frappant d'admiration ses condisciples et ses professeurs par la pénétration de son jugement, par la finesse de ses aperçus et par la profondeur de ses idées. Napoléon domine trop les temps modernes pour qu'il soit permis de recourir à ces petits moyens pour exhausser son piédestal. Le jeune Bonaparte cultiva l'étude des mathématiques, et fit sa lecture favorite des *Hommes illustres* de Plutarque. Élève doux, prévenant et studieux, il obtint quelques succès en géométrie et se lia de bonne heure avec Fauvelet de Bourrienne, qui lui disputait la première place dans sa classe. Quelques anecdotes authentiques nous permettront d'apprécier les belles qualités et surtout l'énergie du jeune Corse.

Un jour une division conduite par un Minime s'était répandue selon la coutume dans la campagne pour y faire quelques excursions. Le religieux chargé de la surveillance tomba subitement frappé d'apoplexie. Loin de Brienne, privés de secours médicaux, les élèves se rassemblent et agitent la question de savoir si le religieux sera déposé dans une maison voisine. Bonaparte s'oppose à cette mesure.

« Vous voulez donc, s'écrie-t-il, laisser ici le père Anselme sans soins et sans amis pour veiller sur lui ? Ceci peut être funeste ; il faut plus d'une heure pour regagner l'école, et au moins une autre pour envoyer le médecin et les domestiques : voilà donc deux heures pendant lesquelles le père souffrira sans être secouru.

— Mais que faire ? objectent les élèves.

— Il faut faire un brancard, reprend Bonaparte ; nous y

placerons le père Anselme et nous le porterons à huit, en nous relayant à tour de rôle.

Les élèves reçoivent avec acclamation cette proposition, coupent en un clin-d'œil de grosses branches d'arbres, fournissent leurs mouchoirs et leurs cravates, et parviennent à former un brancard assez solide pour y placer un homme. Bonaparte préside aux préparatifs, fait placer le religieux sur un matelas composé des habits des plus grands élèves, et se présente pour porter le malade. Ses camarades s'y opposent parce qu'il est trop faible. Les plus forts se mettent à l'œuvre et commencent la marche. Bonaparte se tient constamment près du brancard, faisant activer ou ralentir le pas, et disant parfois au Minime qui avait recouvré les sens :

« Eh bien ! père Anselme, comment vous trouvez-vous ?

— Très-bien, mon cher monsieur de Bonaparte, répondait le religieux vraiment touché des soins dont il était l'objet ; mais je vous fatigue tous.

— Est-ce qu'on se fatigue en soulageant ses maîtres ? repartait vivement Bonaparte.

Le cortége regagna l'école dans le plus grand ordre ; le religieux transporté dans l'infirmerie recouvra bientôt la santé et conserva pour le jeune Bonaparte une bien vive amitié.

Les élèves de Brienne allaient quelquefois visiter l'abbaye de Basse-Fontaine, située sur les rives de l'Aube, et s'élançaient dans l'onde lorsque la température le permettait. Un jour quelques condisciples de Bonaparte, trompant la vigilance des surveillants, s'éloignent de tous les regards et veulent suivre le jeune Corse. Mais l'un d'eux, épuisé de fatigue, disparaît dans les ondes. Quelques cris retentissent sur les rives et sur la surface de l'eau, la consternation se répand parmi les élèves ; mais hélas ! l'abîme a bientôt englouti sa victime ! Un saule fut planté par les condisciples de l'infortuné, sur le bord de l'Aube, pour perpétuer le souvenir de cette mort. Longtemps après, un élève de Brienne, M. de Bourrienne, retrouvant cet arbre, admirait la Providence qui avait épargné le jeune Corse pour changer la face du monde.

Habité par une noble famille, le château de Brienne,

construit sur les plans de l'architecte Fontanes, excitait l'admiration des étrangers. Le duc d'Orléans se rendit en **1781** à Brienne pour visiter cette superbe résidence. Des fêtes splendides et vraiment féeriques furent données à ce prince. Satisfait des exercices publics du collège de Brienne, le duc d'Orléans voulut présider à la distribution des prix et des couronnes. Bonaparte, qui avait trouvé dans le cours de l'année classique la solution de quelques problèmes de géométrie, fut appelé pour recevoir un prix et une couronne de la main de son Altesse. Frappé du jeune âge du lauréat, le prince, en lui posant la couronne sur la tête, lui adressa ces paroles bienveillantes : « Puisse-t-elle vous porter bonheur ! » Son Altesse, ce jour-là, ne se doutait point que l'Europe, vingt-deux ans plus tard, verrait ce jeune élève ceindre la couronne de Charlemagne, tandis que les Bourbons seraient déchus et proscrits !

Tous les ans la distribution des prix se faisait avec solennité ; les élèves jouaient même une comédie ou une tragédie qui excitait les vifs applaudissements de l'assemblée. Les religieux, fidèles observateurs de la discipline, ne permettaient à personne de pénétrer dans l'intérieur de l'école sans une carte signée du principal. Pour maintenir l'ordre, on établissait des postes composés d'élèves et commandés par les meilleurs sujets. L'an **1782**, la femme du concierge Hauté, qui vendait journellement du lait, des fruits et des gâteaux, se présente pour assister à la fête. Le sergent du poste lui demande sa carte ; cette femme croit que l'élève plaisante, et veut entrer, lorsque paraît le commandant du poste, Bonaparte, qui la toisant s'écrie :

« Qu'on éloigne cette femme qui apporte ici la licence des camps ! »

La femme Hauté, stupéfaite, se retire et n'ose plus insister. Le même jour, le commandant du poste recevait une couronne des mains du duc du Châtelet d'Haraucourt !

L'hiver de **1783** fut rigoureux ; les élèves de Brienne descendaient dans les cours et cherchaient mille moyens de s'amuser et surtout de se réchauffer. Bonaparte, peu commu-

NAPOLÉON A BRIENNE.

nicatif, rêveur et taciturne, se mit avec ses condisciples à construire des fortifications en neige pour les défendre en brave combattant. Chaque jour des remparts s'élevaient donc et transformaient la cour des récréations en véritable place de guerre. Armés de boules de neige et partagés en deux corps, les jeunes élèves se préparaient, par des combats inoffensifs, à rendre au nom français son ancien éclat.

Un jour, Bonaparte, bien approvisionné de projectiles, osa s'enfermer dans la place avec une vingtaine de ses camarades. Le siége fut vivement poussé; le jeune Corse, monté sur l'épaulement d'une batterie, dirigeait lui-même son artillerie contre les téméraires qui cherchaient à escalader les murailles. Mais, épuisée par une lutte opiniâtre, et forcée de se rendre par capitulation, la petite garnison obtint la gloire de sortir avec les honneurs de la guerre. Bonaparte, pour ne point profiter du bénéfice de la capitulation, sortit par une espèce de poterne de neige fondue que les assaillants n'avaient point remarquée. Quinze ans après ce siége, les Anglais quittaient Toulon, repris par le génie de l'élève de Brienne. Religieux et laïques, tous se plaisaient à ces simulacres de guerre et applaudissaient à ces actes d'un héroïsme pacifique qui révélait une intrépidité dont cette génération devait donner tant de preuves aux yeux de l'Europe entière.

Cette même année, couronné par Monseigneur Rouillé d'Orfeuil, Bonaparte excita les acclamations unanimes dans une autre circonstance. Le 25 août, jour de la fête du roi, tous les élèves mirent en commun leurs talents pour célébrer dignement cette solennité. Les petits firent des pièces d'artillerie; les grands, des vers et des transparents. Un de ces transparents, façonné par un élève, représentait Louis XVI appuyé sur la Justice et la Vérité. Cette œuvre remarquable réunit tous les suffrages et fut choisie pour être placée sur la façade de l'école. Mais une chose manquait, une inscription. Beaucoup se mirent à forger des vers latins ou des inscriptions plus ou moins boursoufflées. Les pauvres Minimes, étourdis par mille sollicitations, ne savaient à qui donner la préférence, lorsqu'une voix claire et accentuée domina tout-à-coup ce tapage en disant :

« Tout cela n'est que de l'érudition ; deux mots suffisent. Bien qu'un transparent ne soit qu'un monument de quelques heures, l'inscription n'en doit pas moins être aussi concise, aussi laconique que celle d'un monument qui doit traverser les âges.

Cette voix était celle de Bonaparte.

— Eh bien ! repartit un régent, donnez-nous votre opinion, monsieur de Bonaparte, ou faites mieux encore, proposez-nous une inscription comme vous l'entendrez.

— Rien de plus facile, selon moi, répliqua Napoléon ; trois mots vont suffire : au-dessous du transparent, il faut tracer en grosses lettres ces simples mots :

« A LOUIS XVI, A NOTRE PÈRE. »

Des acclamations unanimes prouvèrent à Napoléon qu'il venait de traduire heureusement les sentiments de l'école entière. L'inscription fut adoptée, et le soir elle parut rayonnante au-dessous des armes de France, qui ornaient le fronton de l'école de Brienne.

L'année suivante, Napoléon Bonaparte subit un examen devant M. de Kéralio, inspecteur des études, et fut porté sur la liste de ceux qui devaient quitter Brienne. L'élève n'était fort que sur les mathématiques ; le P. Berton, principal, pensait qu'il fallait ajourner sa nomination, parce qu'il n'avait pas encore fait sa quatrième ; mais à toutes les objections, le chevalier de Kéralio répondit :

« Je sais ce que je fais, je passe ici par-dessus la règle ; ce n'est point une faveur de famille, je ne connais point la famille de cet enfant ; c'est pour lui-même que j'agis ainsi ; j'aperçois ici une étincelle, et cette étincelle brillera plus tard. »

Le 17 octobre 1784, l'élève du roi partit donc de Brienne pour se rendre à l'école militaire de Paris. La note de cette admission, conservée longtemps dans les archives du ministère de la guerre, portait ces mots : « Napoléon de Bonaparte, admis à l'école militaire, élève du roi, comme s'étant distingué par la pureté de ses mœurs, sa docilité, son aptitude aux sciences et les progrès qu'il a faits. » Bonaparte n'avait alors que quinze ans.

Le même jour sortirent avec lui de l'école de Brienne MM. Laugier de Bellecour, de Montarby, de Comminges et de Castres. Lucien Bonaparte remplaça son frère et resta quelques années chez les bons pères Minimes.

Neveu d'une des sœurs hospitalières de l'école de Brienne, Pichegru fut admis en qualité de maître d'étude, et montra une telle aptitude pour les mathématiques que le P. Patrault se chargea de les lui enseigner. Les progrès de Pichegru furent si rapides qu'il fut chargé de la classe élémentaire de mathématiques. Bonaparte, plus jeune, reçut les premières leçons du futur vainqueur de la Hollande. Longtemps après, le maître était proscrit, et l'élève ceignait le diadème impérial !

Quatre ans après le départ de Bonaparte, le gouvernement désigna de nouveau le collége de Brienne pour l'éducation d'un certain nombre de cadets-gentilshommes destinés au génie. Ce nombre devait être de quarante avec un pareil nombre de pensionnaires-adjoints. Les Pères Minimes construisirent, appelèrent des maîtres et dépensèrent plus de 70,000 livres. L'administration ne solda point toutes les dépenses ; trente-cinq gentilshommes et quatre pensionnaires remplacèrent les quatre-vingts élèves attendus, de sorte que le déficit se fit sentir. Le gouvernement ne répondit point à l'appel des Minimes. La France, soulevée, s'agitait alors dans les clubs, et se préparait à renverser les anciennes institutions. L'époque était donc fatale ; la maison de Brienne elle-même, si longtemps protectrice des Minimes, venait de voir pâlir son étoile.

Les archives de l'Aube contiennent encore quelques liasses relatives à l'école qui vit pour ainsi dire naître Bonaparte. Dans ces liasses, on a conservé le plan d'étude proposé pour l'an 1791. L'école devait se composer de 120 élèves partagés en six divisions. Le lever est fixé à six heures ; à la toilette succèdent la prière, la lecture, une instruction sur la religion, les mœurs et les lois constitutionnelles de l'Etat, la messe et le déjeûner. De huit à dix heures, les élèves doivent recevoir des leçons de mathématiques, de langue latine, d'histoire, de géographie et de physique; de dix heures à midi, leçons de dessin, de lavis en trois salles. Le dîner, fixé à midi, est suivi d'une récréation « qui a pour but d'élever en terre un front de fortification pour habituer les élèves à la fatigue. » De deux à quatre heures, les élèves doivent recevoir des leçons de mathématiques, d'histoire, de géographie, de physique et de langue latine. De quatre à huit heures du soir, armes, danse, musique, écriture et étude. A huit heures, le souper, suivi de la récréation, de la prière et du coucher. Les jeudis sont destinés aux leçons de tactique et aux promenades.

Les traitements du principal, du préfet des études, du trésorier et des professeurs, ne subissent aucune réduction. Le principal doit recevoir 2,400 livres, et le trésorier 1,900; les trois professeurs de mathématiques, celui de fortifications et le préfet des études toucheront 1,600 livres; les deux maîtres de dessin, les trois maîtres de langue latine, de géographie, d'histoire et de physique, les maîtres de danse, d'armes et de musique recevront chacun 1,200 livres, et le maître d'écriture 600.

Chaque élève coûte 350 livres et doit en donner 655. Les bons Pères, comptant sur un excédant de 8,900 livres, se proposent d'établir un manége, une école de natation et un cabinet de physique.

Mais à tout cela, que manque-t-il? La réalité. Les élèves sont peu nombreux, et par conséquent les recettes insuffisantes.

En 1792, cinq professeurs, ci-devant Minimes, habitent encore la pauvre école : MM. Berton, Bouquet, Fournier, Genin et Callier.

L'année suivante, l'école est supprimée par un décret; le citoyen Loménie, maire de Brienne, est chargé de payer les dettes contractées par l'établissement. La bibliothèque, composée de 2,783 volumes, est transportée à la préfecture; calices, encensoirs, chasubles, chappes de damas blanc, tout est inventorié et confisqué.

Transformée en maison de détention, l'école de Brienne devient un grand chantier militaire où se fabriquent les caissons et les affûts des canons pour nos armées. Mais bientôt les terrains sont vendus, et les bâtiments, déserts, tombent en ruine.

Longtemps après, Napoléon, se rendant de Paris à Milan, pour ceindre la couronne d'Italie, voulut revoir les lieux témoins de ses jeux et de ses études. Lorsqu'il n'aperçut plus que des ruines, il s'écria : « Ils ont tout détruit, les Vandales ; mais je relèverai tout cela ! »

Malheureusement, l'école ne fut point rétablie. Elle avait pourtant compté parmi ses élèves les généraux Pichegru, Nansouty, d'Hautpoul, Gudin, Sorbier, Marescot, La Bretèche, Bruneteau-Sainte-Suzanne et le maréchal Vallée !

Dans une de ses excursions à Brienne, Napoléon trouva sur son passage un honnête boulanger qui s'était revêtu de l'uniforme des domestiques autrefois attachés au collège des Minimes. L'Empereur reconnut sur-le-champ son ancien valet de chambre. — N'est-ce point toi, Poncet ? lui dit Napoléon. — Oui, Sire, répliqua Poncet, votre ancien petit serviteur. — Que fais-tu ? — Je suis boulanger. — Es-tu marié ? — Oui, Sire. — As-tu des enfants ? — Sire, j'en ai sept. — C'est beaucoup, mais j'aurai soin de toi. Et en même temps, M. de Canisi, premier écuyer de l'Empereur, remettait cinquante louis à Poncet, par l'ordre de son maître.

Claude Poncet, de Chalette, voulut suivre son bienfaiteur, mais le mal du pays et une blessure le forcèrent de rester à Brienne, où il racontait encore naguère bon nombre d'anecdotes relatives au héros des temps modernes.

Une succursale de la maison des Carmélites de Troyes a remplacé, depuis 1841, l'ancienne école, dont on n'a conservé que l'allée de tilleuls, à l'ombre desquels s'exerçait celui qui devait commander à l'Europe !

Beaucoup de nobles voyageurs ont visité cette allée, déplorant la triste destinée du pauvre exilé de Sainte-Hélène, et emportant avec eux des feuilles ou des fragments d'écorce des tilleuls comme de précieuses reliques. Ils saluaient avec respect les ruines de cette école, étonnés de ne pas y trouver une inscription, pas même une pierre consacrée à la mémoire de l'homme qui a rempli l'univers de son nom. Des Polonais y sont venus verser des larmes, et lever les yeux au ciel pour redemander la patrie qu'ils ont perdue. Vœux superflus ! la Pologne a disparu de la carte de l'Europe, et le grand homme ne se lèvera plus. Son berceau est devenu l'asile de la vertu (1).

LOUIS XI ET LA SAINTE AMPOULE DE REIMS.

Dans une riante prairie qui joint les rives fleuries de la Loire aux charmants coteaux que baigne le Cher, s'élève un château-fort nommé le Plessis-lès-Tours. Des fossés le défendent ; ses créneaux sont hérissés d'hommes d'armes écossais ; des vedettes font le guet dans les tourelles ; les fenêtres étroites, fermées de menus carreaux, sont défendues en dehors par de fortes grilles ; des chausse-trappes sont semées çà et là aux alentours. La paix la plus profonde règne au beau pays de France, et cependant tout respire la crainte dans ce vaste édifice ; on le prendrait pour une prison : c'est un château royal.

Dans une chambre de petite dimension, mal éclairée, précédée de cent portes chargées de verroux, gardées nuit et jour par des soldats bardés de fer, se trouve un homme affaibli par la maladie, et couché sur un lit de repos. Il paraît vieux et usé, à peine a-t-il soixante ans ; les soucis ont sillonné son front, la défiance a creusé ses joues, la crainte a donné à son

---

(1) *Histoire des Comtes de Brienne*, par Bourgeois, ancien élève de l'École militaire de Brienne. Troyes, 1848. — *L'Enfance de Napoléon*, par le chevalier de Beauterne. Paris, 1846. — *Napoléon à Brienne*, par Petit. Troyes, 1839. — Archives de l'Aube, liasses relatives à l'École de Brienne.

teint une couleur presque livide. Son regard, encore vif et pénétrant, interroge sans cesse; son oreille semble écouter toujours; ses lèvres, fines et fermées, ne s'ouvrent que quand un ordre supérieur le leur a permis; il y a du tigre et du renard dans toute sa physionomie; la mort plane sur sa tête et n'attend qu'un signe du Très-Haut pour fondre sur sa proie.

Autour de lui sont des reliquaires ornés de joyaux et des fioles renfermant des remèdes sans nom, que la superstition et la fourberie ont apportés de toutes parts. A ses côtés, et causant familièrement avec lui, sont un barbier, un bourreau et un charlatan.

Cet homme, c'est Louis de Valois, roi de France, onzième du nom.

Parjure, mauvais fils, mauvais frère, maître violent, capricieux et cruel, violateur des serments prêtés devant Dieu, ce roi ne sait plus quel secours implorer aux jours d'infortune. Ses médecins l'ont condamné et il le sait; saint François de Paule, qu'il a fait venir de Calabre, lui a déclaré que les hommes ne peuvent plus rien pour lui. Louis est seul devant son juge, et il va paraître devant l'Eternel; il tremble à son tour, et déjà la justice de Dieu commence à se faire sentir. — A un prêtre qui prie pour le salut de son corps et celui de son âme, il dit : « Ne parlez à Dieu que de mon corps, il ne faut pas l'importuner à la fois de tant de choses. » Il craint de passer de vie à trépas et se cramponne à l'existence. Pour combattre la mort, il appelle de tous côtés à son aide, médecins et choses saintes de renom.

Le pape lui envoie le corporal qui a servi à saint Pierre. Le grand Turc lui fait offrir un grand nombre de reliques qui ont survécu à la prise de Constantinople. On lui porte la verge d'Aaron et celle de Moïse. Il veut encore avoir près de lui la sainte ampoule de Reims, le baume révéré de saint Martin de Tours, la vraie croix, conservée en la Sainte Chapelle de Paris, objets précieux protégés par mille bulles, canons et décrets.

Au mois d'avril 1483, par une lettre, il demande la

sainte ampoule à l'abbé de Saint-Remi, en le remerciant des messes que l'on fait dire pour obtenir du ciel son retour à la santé. Le digne enfant de saint Benoît sait que Louis même, à son lit de mort, punira la moindre résistance à sa volonté, mais d'une autre part il craint que le roi ne garde ce qu'il demande pour le temps de sa maladie; il tremble que la sainte fiole ne soit donnée à une autre église. L'abbé a le courage de refuser et se réfugie derrière les prohibitions du Saint-Siége. Le roi ne se tient pas pour battu, il prie le Saint Père de lever les obstacles. Sixte IV met donc toutes les reliques à la disposition du monarque. Louis se hâte d'écrire à l'abbé Robert de Lenoncourt. Le Chapitre, le Conseil de la ville, les échevins, les magistrats, les moines se consultent; avis est donné aux habitants des ordres du roi; on voudrait résister, mais les Rémois n'ont pas oublié que Louis sait se venger. L'évêque de Séez, Jean de Montfaucon et Jean de Sommerville, commissaires du roi, exigent la sainte relique. Le 29 juillet, la sainte ampoule sort donc de Reims, accompagnée, jusqu'à la porte, des bourgeois sous les armes, du peuple et du clergé. Le trésorier de saint Remi, le sénéchal de l'église de Reims et des députés du Chapitre doivent veiller sur sa destinée et pourvoir à son retour.

Cent écus sont alloués aux députés pour frais de route. Arrivée à Paris, la sainte ampoule est reçue avec les honneurs réservés aux rois : le Parlement, en robe rouge, va à sa rencontre, et la conduit en procession dans la Sainte Chapelle. Le lendemain, accompagnée avec la même pompe jusqu'à Sainte-Marie-des-Champs, elle chemine vers le Plessis-lès-Tours.

Le roi la reçoit avec la plus profonde vénération, ne la quitte plus et la fait placer sur un buffet, près de lui. Il veut même, dit Comines, « prendre semblable onction qu'il en avoit pris à son sacre, » mais la mort approche… et saisit sa proie.

Le 15 septembre 1483, la sainte ampoule rentrait à Reims au milieu des croix, des cierges et des bannières. Elle allait attendre sous les vieilles voûtes de Saint-Remi que de nouveaux sacres l'en fissent sortir. Quinze jours auparavant, Louis avait cessé de vivre. Il s'était rendu justice et n'avait pas voulu mêler ses os à ceux de ses pères. Ses restes reposèrent à Notre-Dame-de-Cléry (1).

LES DISTRACTIONS DU BON LA FONTAINE.

Jean de La Fontaine naquit à Château-Thierry, le 8 juillet 1621, de Charles de La Fontaine, maître des eaux et forêts, et de Françoise Pidoux, fille du bailli de Coulommiers. Après avoir étudié dans une école de village, puis à Reims, ville qu'il aima toujours, il reçut en présent, d'un chanoine de Soissons, quelques livres de piété, et se crut appelé à remplir les sublimes fonctions du sacerdoce. Admis successivement à l'institution de l'Oratoire, fondée par le célèbre cardinal de Bérulle, son compatriote, et au séminaire de Saint-Magloire, Jean de La Fontaine s'ennuie de son nouveau genre de vie, rentre dans sa famille, et se fait dès-lors remarquer par son indolence et surtout par ses distractions.

Son père l'emmène à Paris pour y suivre un procès, et le charge d'un message en lui recommandant la célérité. Mais La Fontaine rencontre quelques-uns de ses camarades, oublie le message et se rend à la comédie. Les reproches de son père lui apprennent bientôt la faute qu'il a commise.

Quelque temps après, revenant de Paris à Château-Thierry, La Fontaine attache des papiers importants à l'arçon de sa selle et chevauche tranquillement sur la route. Plongé dans une de ses rêveries profondes, il oublie papiers et monture. Le pauvre animal suit la grande voie qui s'étend devant lui. Mais les papiers, retenus à l'arçon par un faible lien, se déta-

---

(1) *Louis XI et la sainte ampoule*, par Prosper Tarbé. Société des bibliophiles de Reims. Reims, 1842.

cheut et tombent sur la route. Le courrier, qui chevauchait à quelque distance, les ramasse et rejoint bientôt le cavalier distrait. Vivement interpellé, La Fontaine sort de sa rêverie, regarde de tous côtés et s'étonne des questions du malencontreux courrier. Mais à la vue des papiers dont il connaît l'importance, il finit par avouer qu'il vient de « recevoir un grand service. »

Lorsque ce jeune rêveur eut atteint l'âge de vingt-six ans, son père voulut assurer son sort et fixer sa légèreté. Il lui transmit donc sa charge de maître des eaux et forêts, et lui fit épouser Marie Héricart, fille du lieutenant-général de la Ferté-Milon. Mais La Fontaine, qui ne s'était soumis à ces deux engagements que par complaisance, néglige sa femme et son emploi pour se livrer à la poésie, dont le goût s'était éveillé tardivement en lui au bruit d'une ode de Malherbe, pompeusement déclamée. Quelques vers badins le font accueillir du célèbre Fouquet, surintendant des finances, homme puissant et riche, qui savait distinguer les gens de lettres et les artistes, et les encourager par ses largesses. Recevant une pension qui ne lui coûte que quatre pièces de vers par an, La Fontaine s'éloigne de Château-Thierry et se met, sans souci de l'avenir, à manger son fonds avec son revenu, comme il le déclare lui-même dans une épitaphe :

> Jean s'en alla comme il était venu,
> Mangeant son fonds avec son revenu,
> Tint les trésors chose peu nécessaire :
> Quant à son temps, bien sut le dispenser :
> Deux parts en fit, dont il soulait (1) passer,
> L'une à dormir, et l'autre à ne rien faire.

L'éclatante disgrâce du surintendant vient cependant anéantir de si belles espérances. Les agents du fisc accusent même La Fontaine de s'être qualifié d'écuyer, et le font condamner par défaut à 2,000 livres d'amende. Le pauvre poète adresse des suppliques en vers et suit son oncle Jannart à Limoges, toujours distrait, toujours poursuivi par la fortune. A quelque

---

(1) Soulait, *solebat*, avait coutume.

distance d'Orléans, sortant de l'église de Cléry, il entre dans la première hôtellerie qu'il rencontre, se promène dans le jardin, s'attache tellement à la lecture de Tite-Live, qu'il laisse écouler l'heure du dîner et ne s'aperçoit de sa méprise que lorsqu'il est averti sur le soir par un valet.

Protégé plus tard par la duchesse de Bouillon, La Fontaine suit à Paris sa bienfaitrice, et commence à réjouir par ses saillies et ses naïvetés Boileau, Racine, et surtout Molière, qui lui donne le surnom de *bonhomme*. Admirateur de Rabelais, auteur comique du XVIᵉ siècle, et plongé dans ses rêveries habituelles, il écoute un jour, sans entendre, une dissertation sur saint Augustin, devant Racine et quelques docteurs de la Sorbonne, et finit par demander gravement si saint Augustin avait plus d'esprit que Rabelais. Les docteurs, surpris de cette demande, le regardent de la tête aux pieds. Ce jour-là, La Fontaine, toujours distrait, avait mis beaucoup de négligence dans son habillement. Un des docteurs lui répondit : « Prenez garde, monsieur de La Fontaine, cette question ne peut être faite que par un homme qui a mis un de ses bas à l'envers. Cette repartie fit sourire tous les assistants, tandis que le *bonhomme* tout confus regardait ses bas et s'apercevait de sa méprise (1).

Quelques jours après, la duchesse de Bouillon, se rendant à Versailles, rencontre le matin le poëte rêveur sous un arbre du Cours, et le retrouve le soir dans la même attitude, quoiqu'il eût plu toute la journée. A cet homme, il faut de frais ombrages, de verts tapis de prés et le doux bruit des ruisseaux. Loin des courtisans, de ceux qu'il appelle

Peuple caméléon, peuple singe du maître,

La Fontaine échappe, à l'aide de ses distractions et de ses rêveries, aux entraves que le monde veut mettre à son indépendance, et donne un libre essor à son génie qui doit faire l'admiration des siècles à venir. Sa femme, qu'il néglige à Paris comme à Château-Thierry, le quitte pour vivre seule

---

(1) *Histoire de l'Académie*, par d'Olivet, p. 306.

LA FONTAINE composant ses Fables.

dans la maison qu'elle possède en Champagne. Racine et Boileau, touchés du sort de cette pauvre femme, exhortent La Fontaine à se réconcilier avec elle et le conduisent à la voiture publique qui transportait les voyageurs à Château-Thierry. Le poëte frappe donc un soir à la porte de sa maison. Un domestique qui ne le connaît pas se présente et lui dit que madame « est au salut. » La Fontaine se retire, passe deux jours chez un ami et revient à Paris sans avoir vu sa femme.

Quelque temps après paraissaient ses *Fables choisies mises en vers*, en un volume in-4°, imprimé avec luxe et accompagné de figures dessinées et gravées par Chauveau. Le fabuliste n'avait alors pas moins de quarante-sept ans! Vivant au Luxembourg, sous le patronage de la duchesse douairière d'Orléans, dont il était gentilhomme, La Fontaine obtint un succès prodigieux. Accueilli par Mme de La Sablière, à la mort de la duchesse d'Orléans, il trouve chez sa nouvelle protectrice « le vivre et le couvert, » comme le Rat de la fable, et plus heureux que le Pigeon voyageur, « bon souper, bon gîte et le reste, » c'est-à-dire les soins vigilants de l'amitié, et les entretiens familiers des esprits distingués que réunissait le salon de Mme de La Sablière. Il vend à cette époque sa maison, située rue des Cordeliers, à Château-Thierry, pour acquitter ses dettes, et donne à sa femme le reste du prix réservé sur cette vente. Recherché et même choyé, il séjourne quelque temps à Reims, et surtout à Troyes, chez M. Rémond des Cours, où il compose des pièces de vers dans les fêtes données en 1678.

Louis XIV, charmé des œuvres du fabuliste, veut bien l'admettre dans son palais. La Fontaine se rend donc à Versailles, dans un fiacre, pour présenter ses fables au grand roi. Le bonhomme ne s'aperçoit qu'il n'a pas apporté son recueil que lorsqu'il veut l'offrir, et se contente de réciter un compliment. Louis XIV l'accueille avec bonté, lui adresse quelques paroles et ordonne à son premier valet de chambre Bontemps de le promener dans la ville, de lui en montrer toutes les magnificences, et de lui donner, avec un bon dîner, une bourse de mille pistoles. La Fontaine parcourt donc la ville, accompagné de Bontemps, fait un copieux repas et reçoit la bourse promise par le roi. Satisfait d'une telle réception, il remonte dans son fiacre, arrive à la porte des Tuileries, paie le cocher et se dirige vers son domicile. Chemin faisant, M. d'Hervard se présente à sa rencontre :

« Vous sortez sans doute de Versailles, lui dit celui-ci ; ne rapportez-vous que des compliments ? »

La Fontaine répond qu'il rapporte une grosse bourse d'or.

« Une bourse d'or ! s'écrie M. d'Hervard. Mais où est-elle ?

— Elle est... reprend La Fontaine tout troublé, cherchant dans ses poches et ne trouvant pas une obole. Elle est sans doute restée dans le fiacre qui m'a conduit.

— Fort bien, reprend M. d'Hervard, mais où l'avez-vous pris ? comment est-il fait ? où l'avez-vous laissé ?

— Je l'ai pris sur la place du Palais-Royal, il est fait comme un fiacre, il m'a descendu aux Tuileries.

— Voilà de bons renseignements ! Si vous n'en avez point d'autres, la bourse, je crois, est perdue.

— Attendez, M. Hervard, reprend La Fontaine, il me semble que l'un des chevaux était blanc et l'autre noir. »

M. d'Hervard monte en voiture et finit par découvrir le cocher. La bourse était derrière le coussin du fiacre ! La Fontaine la reçoit sans dire un mot.

M. de Harlay, procureur-général au Parlement, qui lisait sans cesse les Fables de notre poëte, voulut se charger de son fils qu'il négligeait comme sa femme. Dès que Charles de la Fontaine fut placé chez son protecteur, son père oublia tout sentiment paternel. Un jour Dupin, docteur en Sorbonne, reçut la visite de La Fontaine. Après un long entretien, le docteur reconduisit le poëte sur l'escalier, lorsque parut Charles de La Fontaine.

« Monsieur, lui dit Dupin, je suis charmé de vous voir ; ayez la bonté de vous rendre dans mon appartement, je reconduis monsieur votre père. »

La Fontaine salue son fils et demande son nom à Dupin.

« Quoi! s'écrie celui-ci, vous n'avez pas reconnu votre fils! »

La Fontaine, après avoir un peu réfléchi, réplique d'un air tout embarrassé qu'il croit l'avoir vu quelque part! (1).

Plus tard, notre fabuliste apprend qu'il doit paraître en justice et plaider lui-même sa cause. Loin de solliciter ses juges et de les importuner, il se rend à la campagne, et oublie ses propres intérêts. Un de ses amis lui envoie un cheval, le prie de se rendre à Paris. La Fontaine, vivement pressé, se met en route, mais il s'arrête chez une de ses connaissances, parle de vers, et ne se rappelle plus son procès. Le lendemain le pauvre poëte arrive trop tard, essuie les reproches de son ami, et prétend qu'il ne s'est amusé que pour ne point parler d'affaires !

Un jour Racine le conduit à l'église, tandis qu'on chantait l'office des ténèbres, et lui donne pour l'occuper les *Petits Prophètes*. La Fontaine tombe sur la prière des Juifs, dans Baruch, et sort de sa profonde rêverie, en s'écriant : mon cher Racine, quel beau génie que Baruch ! Le lendemain notre fabuliste n'abordait plus ses amis que par ces paroles : Avez-vous lu Baruch? c'est pourtant un grand génie !

Admirateur du peintre Mignard et du sculpteur Girardon, « hommes de Champagne, » ainsi que lui, La Fontaine célèbre leurs chefs-d'œuvre dans ses vers. Ornant sa chambre de sculptures et de bustes, il dépense sa pension sans nul souci ; fort simple dans ses habillements, il porte bientôt la négligence jusqu'à la malpropreté. Il revêt deux jours un habit neuf qui lui a été substitué par une main prévoyante, et ne s'en aperçoit que lorsqu'un de ses amis ose le complimenter.

Surpris par une grave maladie, le pauvre poëte se rappelle ses égarements. Le curé de Saint-Roch lui envoie le jeune vicaire Pouget pour l'exhorter à la pénitence. La Fontaine se confesse et reçoit le saint viatique. Revenant bientôt à la

---

(1) Titon du Tillet, *Parnasse français*, in-folio, page 461.

vie, il ne retrouve plus l'amie qui en avait fait le charme et même la consolation. Mᵐᵉ de La Sablière était morte aux Incurables, le 8 janvier 1693. Accueilli par M. d'Hervard, dont les attentions furent vraiment touchantes, La Fontaine ne s'occupe plus que du projet qu'il a conçu de mettre les hymnes de l'Eglise en vers français. Mais la vieillesse, la maladie et les austérités qu'il pratique semblent avoir éteint en lui le feu poétique.

Son heure dernière sonne le 13 avril 1695. Sur son corps on découvre un cilice conservé par son ami, M. de Maucroix, de Reims, comme un monument précieux de la mort sainte de l'illustre poëte (1).

Quelques instants après, Fénelon traçait de ce fabuliste inimitable un éloge en langue latine qu'il donnait à traduire au duc de Bourgogne :

La Fontaine n'est plus! Avec lui ont disparu les jeux badins, les grâces naïves et les douces Muses... Lisez-le, et dites si Anacréon a su badiner avec plus de grâce, si Horace a paré la philosophie et la morale d'ornements poétiques plus variés et plus attrayants, si Térence a peint les mœurs des hommes avec plus de naturel et de vérité, si Virgile enfin a été plus touchant et plus harmonieux. La Fontaine vivra éternellement dans ses immortels écrits. » (2).

La postérité a confirmé le jugement de Fénelon.

---

(1) *Histoire de la vie et des ouvrages de J. de La Fontaine*, par C. A. Walckenaer. Paris, 1854.

(2) *Histoire de Fénelon*, par de Beausset, t. I.

LES DESCENDANTS DE LA FONTAINE.

Le plus bel héritage que Jean de La Fontaine laissa à sa famille fut sans contredit l'illustration de son nom. Son fils, Charles de La Fontaine, né le 8 octobre 1653, élevé chez M. de Harlay, devint greffier des maréchaux de France, et épousa Françoise-Jeanne du Tremblay, dont il eut un fils, Charles-Louis de La Fontaine, et trois filles, Marie-Guillemette, Louise-Elisabeth et Jeanne-Françoise. Son fils, Charles-Louis, élevé au collége de Paris, obtint la fonction de secrétaire d'ambassade, et suivit en Hollande M. de Bonac. Il avait épousé, le 9 novembre 1731, Antoinette Lemercier, de Pamiers, où il résida, lorsque la maladie le força de se retirer des affaires. Naturellement ennemi du travail, Charles-Louis de La Fontaine fit quelques pièces de vers, et ne voulut point les insérer dans un recueil « de peur d'augmenter la liste trop nombreuse des enfants qui dégénèrent de leur père. »

Ce petit-fils du grand poëte laissa trois enfants, Charles-Hugues de La Fontaine, Marie-Françoise Claire et Marie Claire. Ses deux filles, jeunes encore, furent élevées par leurs tantes à Château-Thierry. La première se fit bientôt connaître de toute la province par son amour pour l'étude et par ses heureuses dispositions. Lorsque Mesdames, filles de Louis XV, passèrent, en 1762, à Château-Thierry, pour se rendre aux eaux de Plombières, elles s'arrêtèrent à l'Hôtel-Dieu et s'informèrent s'il existait encore dans cette ville quelque descendant de La Fontaine. Elles apprirent que les jeunes enfants de son petit-fils vivaient presque dans l'indigence. Les sœurs de Charles-Louis de la Fontaine obtinrent la permission de leur présenter l'aîné des enfants que leur frère avait laissés. Cette petite fille, âgée de sept ans, débita avec beaucoup de grâce, aux deux princesses, les vers suivants, composés pour intéresser les illustres voyageuses au sort de la jeune infortunée :

Jean s'en alla comme il était venu,
Mangeant son fonds avec son revenu :
C'était mon bisaïeul de célèbre mémoire.
Son fils a fait de même : aussi son petit-fils.
Jamais au monde ils n'ont acquis
Que de l'estime et de la gloire.
Mon bisaïeul était un fablier,
Disait fort plaisamment une femme immortelle.
Cet arbre est mort, mais non tout entier :
J'en suis un rejeton, une tige fidèle,
Et voici de mes fruits une fable nouvelle.
Avec bonté daignez la recevoir,
Dans mon malheur, c'est mon unique espoir.

Faible, abattu, cherchant un appui nécessaire,
Un lierre desséché languissait sur la terre.
Il aperçut un chêne audacieux,
Dont le sommet se perdait dans les cieux.
Ce chêne répandait une ombre bienfaisante.
Les mortels fatigués des ardeurs du midi,
Trouvaient sous son feuillage un solitaire abri ;
Y venaient ranimer leur force languissante.
Cet arbre était sacré : les bergers d'alentour
L'avaient déifié, l'adoraient chaque jour.
Qui fait les dieux ? c'est notre amour.
Notre lierre s'approche, et plein de confiance,
Poussé par son heureux destin,
Il embrasse le tronc de cet arbre divin :
Il s'élève, il serpente autour de son écorce.
Le voilà ranimé, victorieux, plein de force.

A ces mots l'enfant se jette à genoux et continue :

Je suis ce lierre abandonné,
Vous, cet arbre divin que ma faiblesse embrasse.
Je vous ai peint mon sort infortuné,
Votre appui peut seul en changer la face.

Les princesses auxquelles plut ce compliment emmenèrent l'enfant avec elles à leur retour de Plombières, et la confièrent aux soins de madame de Noailles. Elle parut à Versailles devant le roi, parée de quelques-uns des diamants de madame

Adélaïde, et fut élevée à Fontevrault avec les jeunes princesses. Épouse de M. de Marson, garde-du-corps, elle resta fidèle à ses bienfaitrices, et fut traduite au comité révolutionnaire de Versailles. La petite-fille de La Fontaine obtint sa grâce, mais son enfant contracta ce jour-là une maladie de nerfs qui devint incurable. Louis XVIII comprit que secourir le dernier rejeton de La Fontaine était une dette de la France, et continua l'œuvre de ses augustes tantes. Hugues-Charles de La Fontaine, longtemps employé dans les finances, aveugle et infirme, revint, en 1824, mourir dans la ville où était né son bisaïeul. Il n'eut pas la joie d'assister à l'inauguration de la statue que le gouvernement fit ériger à l'inimitable fabuliste, car cette inauguration n'eut lieu que quelques mois après (1).

Château-Thierry a conservé la maison de La Fontaine, voisine de l'ancien couvent des Cordeliers, et située dans une agréable position. Les voyageurs peuvent encore la visiter et lire cette simple inscription : *maison de Jean de La Fontaine.*

SIMON DE TROYES, INSTITUTEUR DE LOUIS XVII.

Sous le règne de Louis XV, en 1735, dans la capitale de la Champagne, naquit un pauvre enfant dans une misérable mâsure. Cet enfant, qui reçut les noms d'Antoine Simon, sombre, farouche et taciturne, apprit de bonne heure le métier de cordonnier, et déserta sa ville natale pour aller grossir à Paris cette foule inquiète et ombrageuse qui se préparait sourdement à renverser le trône et l'autel. Obscur et sans fortune,

---

(1) *Histoire de Château-Thierry*, par l'abbé Alex. Eusèbe Poquet. Château-Thierry, 1839, t. II, page 130.

Simon épouse, le 20 mai 1788, Marie-Jeanne Aladame, domestique d'une vieille dame Fourcroy, qui lui avait laissé par
testament cinquante écus. Marie-Jeanne avait en outre une
petite rente viagère que lui avait assurée de son vivant la
dame Séjan, marchande de vin, chez laquelle elle avait longtemps servi; de sorte que Simon, fier de ces deux héritages,
occupa bientôt un petit appartement au premier étage d'une
maison voisine de celle de Marat.

L'heure fatale sonna l'année qui suivit l'union des deux
époux. Le trône et l'autel, longtemps ébranlés, sont renversés,
Louis XVI, innocente victime, meurt sur l'échafaud dressé
par la révolution. Le jeune Louis, l'héritier de la couronne,
est séparé de ses parents pour que la noblesse de sa race
disparaisse même de son visage. Les dictateurs veulent que
« cet enfant soit moulé à l'effigie de l'Etat! » La France s'a-
gite dans les clubs et voit se renouveler toutes les orgies,
toutes les proscriptions des mauvais jours de Rome. Marat
soulève la populace qu'il domine par ses discours qu'on croirait sortis de la bouche d'un cannibale. Parmi ses auditeurs,
on remarque surtout Simon, qui, de cordonnier, s'est métamorphosé en sans-culotte, en citoyen chargé de la défense de
l'Etat. Son assiduité, ses applaudissements frénétiques et ses
paroles sinistres en font un des satellites les plus fidèles de
celui qui veut changer la face de la France. Protégé par
Marat, qui le recommande à Robespierre, l'ex-cordonnier obtient donc la fonction d'instituteur du fils de Louis XVI. La
Commune lui permet de s'installer au Temple, avec un traitement de 500 fr. par mois, mais avec défense de quitter son
prisonnier et de ne sortir, sous aucun prétexte, de la tour.
Simon, satisfait de cette marque de bienveillance, accepte son
nouveau rôle, « car la besogne lui convient » (1).

Le 3 juillet 1793, l'instituteur paraît donc à dix heures et

---

(1) *Louis XVII, sa vie, son agonie, sa mort,* par de Beauchesne, t. II, ouvrage remarquable auquel nous empruntons
presque tous les détails du martyre de l'enfant royal sous
Simon.

demie du soir devant son élève. L'enfant pleure longtemps et reste assis sur une chaise, dans le coin le plus profond de l'appartement. Simon n'obtient que quelques réponses brèves aux questions qu'il lui jette en fumant sa pipe. Sa stature robuste et carrée, son teint basané, son air farouche et surtout ses blasphèmes ont épouvanté le jeune prince ! Le petit Capet commence cette longue agonie qui sera l'éternel opprobre de ses persécuteurs !

Le lendemain matin, la femme Simon s'installe avec l'ex-cordonnier pour l'aider dans sa charge d'instituteur. L'enfant royal reste deux jours sans accepter d'autre nourriture qu'un peu de pain ; l'indignation qu'il éprouve éclate en plaintes et en paroles de colère :

« Je veux savoir, dit-il aux municipaux, quelle est la loi qui vous ordonne de me séparer de ma mère et de me mettre en prison ? »

Les officiers municipaux restent interdits, mais Simon lui impose silence d'un ton doctoral.

« Tais-toi, Capet, lui dit-il, tu n'es qu'un raisonneur. »

Quelques jours s'écoulent pendant lesquels le jeune prince veut faire acte d'indépendance et de volonté. Simon remplit si bien son rôle que son élève ne parle plus. L'instituteur cependant s'irrite de ce mutisme.

— Petit Capet, tu es donc muet ! s'écrie Simon dans un de ces moments où il déplore son absence aux clubs. Il faudra que je t'apprenne à parler et à chanter la Carmagnole.

— Si je disais tout haut ce que je pense tout bas, répond le fils de Louis XVI, vous me prendriez pour un fou. Je me tais parce que j'aurais trop à dire.

— Oh ! monsieur Capet aurait trop à dire, reprend Simon, cela sent fièrement l'aristocrate ; mais cela ne me convient pas, entends-tu ! Tu es jeune, il faut te faire au progrès et aux idées nouvelles.

A ces mots, Simon lui fit don pourtant d'une guimbarde.

— Ta louve de mère et ta chienne de tante jouent du clavecin, il faut que tu les accompagnes avec ta guimbarde. Quel beau tintamarre cela va faire !

L'enfant royal refuse l'instrument qu'il regarde comme une ironie. Simon furieux lui donne les premiers coups.

— Vous pouvez me punir, si je vous manque, s'écrie l'enfant, mais vous ne devez pas me battre, entendez-vous ! Vous êtes plus fort que moi !

— Je suis ici pour te commander, animal ! reprend l'ex-cordonnier. Je dois ce que je veux, et vive la liberté ! vive l'égalité !

Le dimanche 7 juillet 1793, le bruit se répand dans Paris que le fils de Louis XVI n'est plus enfermé dans la Tour, mais qu'enlevé par les royalistes il est caché dans la capitale. Une nombreuse députation se rend bientôt au Temple. L'enfant royal paraît. Simon, que cette visite inattendue inquiète, adresse brusquement aux députés ces questions :

« Citoyens, que décidez-vous du louveteau ? Il était appris pour être insolent, je saurai le mâter. Tant pis s'il en crève ! Je n'en réponds pas ; après tout, que veut-on ? le déporter !

— Non, reprend un des envoyés.

— Le tuer ?

— Non.

— L'empoisonner ?

— Non.

— Mais quoi donc ? s'écrie Simon.

— S'en défaire, répond à voix basse l'interlocuteur.

C'en est donc fait, le noble fils de Louis XVI, trop jeune pour périr sur l'échafaud, trop innocent pour que la Nation veuille se souiller de son meurtre, doit sortir de ce monde sans bruit, sans éclat, c'est-à-dire avoir une de ces agonies lentes et obscures qui ne permettent pas de soupçonner le crime. Rassurez-vous, députés de la Nation, vous avez trouvé l'homme assez audacieux « pour cette besogne. » Simon se charge d'exécuter dignement vos ordres.

Le prince, descendant quelquefois au jardin, ne cesse cependant d'appeler sa mère à grands cris. Des hommes de la garde, touchés de ses plaintes, essaient de le calmer ; mais l'enfant verse des larmes et prétend que la loi ne peut le séparer de sa mère. Simon, qui ne le quitte pas, lui lance un regard farouche.

« Citoyens, dit-il en s'adressant aux gardes, le louveteau est dur à museler ; il voudrait connaître la loi comme nous ; il vous demande des raisons comme si on en avait pour lui. Silence, Capet ! ou je vais montrer aux citoyens comment je te travaille quand tu le mérites ! »

L'âge, l'innocence, la gentillesse du prisonnier ne peuvent désarmer l'inflexibilité du geôlier. Le 12 juillet, Paris apprend que les Autrichiens ont pris la ville de Condé. Simon se précipite sur le fils de Louis XVI et le frappe.

« Misérable, s'écrie-t-il, tu es à moitié Autrichien, tu mérites par conséquent d'être assommé à moitié. »

Le 14, la femme de cet instituteur apprend la mort de Marat. Échauffé par le vin, la pipe à la bouche, Simon entraîne son élève et sa femme sur la plate-forme de la Tour :

« Entends-tu, Capet, des bruits là-bas ? dit ce démocrate à l'enfant royal. Ce sont les gémissements du peuple autour du lit de mort de son ami. Je comptais te faire quitter tes habits noirs dès demain, mais tu les garderas encore. Capet doit porter le deuil de Marat. »

Le jeune prince regarde en tremblant son geôlier et ne prononce aucune parole. Furieux de ce silence, Simon appuie violemment la main sur la tête du prince et la lui refoule dans les épaules en s'écriant :

« Vipère, tu n'as pas l'air affligé, tu te réjouis donc de la mort de Marat !

L'enfant pousse des cris que lui arrache la douleur, et proteste qu'il ne veut la mort de personne. Simon, légèrement apaisé, se promène quelque temps et répète avec un rire sardonique :

« Capet doit porter et portera le deuil de Marat !

Ainsi s'écoulaient les jours du fils des rois, de celui dont la naissance était célébrée quelques années auparavant par toute la nation. Pauvre enfant, dont les souffrances ont surpassé tout ce que l'antiquité raconte et que nierait l'histoire, si les documents n'étaient point là pour constater l'opprobre de ceux qui se sont faits les terribles instruments du délire d'une nation !

Les livres et les plumes sont bientôt éloignés du fils de Louis XVI, réduit à porter la livrée de Marat. Son geôlier veut lui donner le bonnet écarlate, mais l'intervention de la femme Simon, dont il cire les souliers, le délivre ce jour-là de cet outrage. Dépouillé de son admirable chevelure, exposé continuellement aux railleries des commissaires qui ne l'appellent que l'*agneau tondu*, le jeune prince ne dort presque plus et perd ses forces dans cette lutte inégale. L'inflexible Simon s'acharne sur sa victime comme le tigre sur sa proie ; le bonnet rouge brille sur le front du petit-fils de Louis XIV ! Le bourreau célèbre sa victoire, Capet est devenu Jacobin !

Marie-Antoinette ignorait cependant le sort de son enfant ; mais elle apprit bientôt les ignobles traitements de Simon et vit son fils coiffé du bonnet rouge. Transférée le 2 août à la Conciergerie, elle jette un dernier regard sur la porte de son fils et ne l'aperçoit point. Chaumette se souvint de l'enfant royal : ce jour-là le fils de Marie-Antoinette reçut des joujoux parmi lesquels figurait une petite guillotine ! Les commissaires qui se trouvaient au Temple, respectant encore le malheur, jetèrent au feu l'instrument fatal.

Le 7 août 1793, la femme Simon raconte à son mari l'intrigue de la tragédie de *Brutus* qu'elle a vue se dérouler devant elle. Le prince, auquel ce récit réveille de tristes souvenirs, détourne la tête ; Simon jette sur son élève un regard farouche :

« Tu ne veux donc pas, s'écrie-t-il, écouter la citoyenne qui t'instruit et qui t'éclaire ! Tu veux donc toujours rester imbécille et fils de tyran !

— Chacun a des parents qu'il doit honorer, répond l'enfant avec un calme angélique.

Simon, que cette réponse irrite, frappe l'enfant, et d'un coup de pied l'envoie tomber à dix pas.

Montbrison se soulève quelques jours après aux cris de

Louis XVII ; le jeune prince reçoit les bouffées de la pipe de
son instituteur, qui le salue *roi de Montbrison*, après lui
avoir frotté la tête et les oreilles.

Le 10 août, le pauvre enfant, réveillé par Simon, est
sommé de crier *vive la république!* Le petit roi de Montbrison lève la tête et ne veut point proférer le cri. Cette fois,
Simon, frappé d'étonnement, se borne à lui dire :

« Tout le monde saura votre conduite. »

Mais le lendemain, l'instituteur lit devant son élève le
compte-rendu de la fête de la proclamation de la nouvelle
constitution. L'enfant ne peut contenir son émotion lorsqu'il
entend parler de son père, que la hache a frappé, et se retire
dans l'embrasure de la fenêtre pour y cacher son visage et ses
larmes. Simon le ramène par les cheveux jusqu'à la table
devant laquelle il lui ordonne de se tenir *debout, attentif et
silencieux*. Continuant sa lecture, le démocrate appuie sur
ces mots : *la république est éternelle*. L'attitude tranquille et
résignée de sa victime lui déplaît :

— Tu ne voulais pas hier, s'écrie-t-il, crier vive la république ! Mais tu le vois bien, imbécille, la république est
éternelle. Allons, il faut que tu dises avec nous, la république est éternelle.

— Il n'y a rien d'éternel, répond le fils de Louis XVI,
que son maître secoue avec force.

Simon l'enlève et le jette sur son lit avec un jurement qui
fait trembler les murs de la chambre.

— Laisse-le, Simon, reprend la femme du geôlier; Capet
est aveugle parce qu'il a été élevé dans les abus et dans les
mensonges.

Simon gesticule et épanche, son journal à la main, les
bouillonnements de sa colère. Peu de temps après, s'arrê-
tant devant le lit du prince qui pleurait à chaudes larmes :

— C'est ta faute, dit-il, si je te mène ainsi, tu l'as bien
mérité.

— Je me suis trompé, répond l'enfant, dont les sanglots
élèvent la voix ; Dieu est éternel, mais il n'y a que lui !

C'en est fait, l'innocente victime va subir tous les outrages et s'avance lentement vers le tombeau. Forcé de boire beaucoup de vin, de passer de longues journées dans une chambre étroite, le fils de Louis XVI cesse de grandir et perd toutes les formes gracieuses de la jeunesse. Servant à table son instituteur, il tremble et craint les injures et les mauvais traitements. Son nom même n'est plus que celui de *roi de Toulon*, de fils de *Louis le raccourci*. Et pourtant, que de belles paroles s'échappent encore de cette bouche enfantine ! Simon le prend un jour par l'oreille et le ramène jusqu'à la table, au milieu de l'appartement.

— Capet, lui dit-il, si les Vendéens te délivraient, que me ferais-tu ?

— Je vous pardonnerais, répond l'enfant.

Mais arrive bientôt le farouche Hébert. Simon reçoit l'ordre de préparer l'enfant au grand acte. Le 6 octobre, les commissaires obtiennent une signature de Louis, que son instituteur a enivré. La tête de Marie-Antoinette tombe sur l'échafaud ; quelques verres d'eau-de-vie égaient ce jour-là, au Temple, les loisirs de la soirée !

Simon, ennuyé de son isolement, demande et obtient un billard qui se trouve dans une des salles du palais. Ce billard devient pour le prince l'occasion de courtes récréations et de souffrances nouvelles.

Barelle, simple maçon, s'amuse à distraire le pauvre orphelin. Touché de sa bonté, l'enfant royal lui offre un jour un poulet. Barelle n'ose le prendre, mais Simon, qui ne voit aucune contravention dans ce présent, le rassure. Barelle prend donc le poulet, l'enveloppe dans une feuille de papier, et le met dans sa poche en disant : « Va, mon pauvre petit, je voudrais bien pouvoir t'emporter comme cela dans ma poche et te tirer d'ici.

Mais hélas ! Barelle était le seul qui témoignât à l'enfant cette affection. Secoué, suffoqué, couvert même de crachats par des fumeurs ivres, le fils de Louis XVI reçut tant d'outrages, que le billard fut enlevé et replacé dans le garde-meuble. Simon, cependant, se dégoûte de sa vie prisonnière ; les traitements indignes qu'il exerce sur son pupille ont altéré la santé de celui-ci, mais le duel peut se prolonger des années. Que faire? La commune ne s'exprime pas clairement sur le sort qu'elle réserve au fils des rois. Veut-on le tuer? Simon sera peut-être le très-humble exécuteur des volontés de la nation. Mais il ne faut pas que le supplice soit trop lent, car à cet homme farouche il faut de l'air, des fêtes où il puisse faire entendre sa voix formidable. Il a voulu s'enfermer avec son élève, et le voilà lui-même rugissant, tremblant même dans la prison qu'il s'est choisie.

Il demande au conseil du Temple une cage organisée dont les ressorts mettent en jeu un serin artificiel. La cage est apportée, mais à la vue de cet oiseau captif et insensible, le jeune prince n'éprouve aucune joie. La nation bientôt s'indigne et comprend dans son arrêt d'innocents oiseaux apportés par le bon Meunier. Simon se croit perdu et redouble de rigueur.

Le 15 janvier 1794, Louis prie Dieu dans un songe plein de ferveur, les mains jointes et levées vers le ciel. Simon réveille sa femme et veut châtier le superstitieux somnambule. Saisissant donc une cruche d'eau, le digne instituteur la verse sur la tête de son élève, et attend l'effet de la correction. L'enfant, troublé, s'étend dans son lit, pousse un faible cri, et se lève pour chercher un refuge sur son oreiller. Mais Simon le saisit et le frappe au visage en s'écriant :

— Je t'apprendrai à faire tes pâtenôtres, et à te lever la nuit comme un trappiste!

— Que vous ai-je donc fait, reprend le jeune enfant, pour vouloir me tuer?

— Te tuer, s'écrie Simon, comme si je le voulais, comme si je l'avais voulu! La vipère! elle ne sait donc pas que si je la prenais une fois par le cou, elle ne crierait plus!

Et d'un bras vigoureux il renverse sur son lit, transformé en ruisseau, la victime haletante qui s'y étend sans plus dire un seul mot. De ce jour, le pauvre élève resta plongé dans un abattement complet, courbant son noble front devant son juge, dans l'attitude d'un coupable.

Mais la Providence a compté les heures de Simon. Le

conseil général déclare que la mission de l'instituteur est terminée et que les membres du conseil doivent seuls surveiller les détenus à la tour du Temple. Le 19 janvier 1794, Simon déménage donc avec sa femme et adresse ses adieux au fils de Louis XVI en appuyant la main sur la tête de l'innocent captif.

Le 28 juillet 1794, monté dans une charrette avec Robespierre, et portant la même carmagnole qu'il avait au Temple, dans ses fonctions d'instituteur, l'ex-cordonnier se voit poursuivi par les imprécations de la foule. Un homme, décemment vêtu, saisissant un des barreaux de la charrette, contemple quelques instants le hideux spectacle de Robespierre et de son digne acolyte. A la vue de ces misérables qu'attend l'échafaud, il lève les yeux au ciel et s'écrie :

« Oui, l'univers est gouverné par un Dieu! »

Quelques minutes après, Simon paraissait devant le tribunal de celui qu'il avait outragé toute sa vie. Tel fut le sort de cet ignoble personnage qui se chargea d'exécuter pendant près de sept mois le forfait qui dépasse les plus hideux écarts du cœur humain. Bourreau soudoyé qui couronna cette époque de crimes par un crime plus grand encore, se faisant un jeu de ne point consommer le meurtre, mais de le recommencer chaque jour !

Marie-Jeanne Aladame, femme de Simon, mourut aux Incurables, le 10 juin 1819 (1).

Le royal martyr était monté au ciel le 8 juin 1795 !

---

(1) *Louis XVII, sa vie, son agonie, sa mort*, par de Beauchesne, t. II.

UN ARTISTE DE MONTIER-EN-DER AU Xᵉ SIÈCLE.

Sous l'abbatiat de Bérenger, un moine nommé Hugues, natif de Brienne, voulant vivre à sa guise, s'enfuit du monastère fondé par saint Berchaire dans la vaste forêt du Der. Elevé par le savant Adson, qui s'était formé une bibliothèque composée des chefs-d'œuvre de l'antiquité, ce moine avait cultivé de bonne heure les belles-lettres, et avait spécialement appris les procédés de la peinture et de la sculpture. Doué d'un gracieux extérieur, Hugues se rendit à Châlons pour y trouver quelque moyen d'existence. L'évêque Gibuin faisait alors réparer son église, qui menaçait ruine, et appelait à lui bon nombre d'ouvriers. Hugues se présente donc à l'évêque, et donne tant de preuves de son habileté que le prélat le charge de renouveler les peintures de la cathédrale, que le temps avait effacées. Hugues, comblé de soins et jouissant complètement de sa liberté, finit par oublier son monastère et par s'éloigner de la bonne voie.

Peu de temps après, l'évêque Gibuin fut appelé par l'abbé Bérenger pour consacrer l'église de Montier-en-Der, dont la construction venait d'être terminée. C'était alors le temps où le monde se mettait à bâtir des églises, espérant vivre encore quelques siècles. L'an mil venait de sonner, la trompette de l'Archange n'avait point retenti, le soleil s'était levé radieux à l'horizon. L'évêque Gibuin répondit à l'appel de l'abbé Bérenger et partit avec Hugues. Mais dans l'enceinte du couvent, l'artiste défroqué retrouva ses frères, et voulut faire quelque ouvrage pour la décoration de l'église qu'il avait abandonnée.

L'évêque Gibuin, qui avait révélé l'excellence de ses études à l'abbé de Montier-en-Der, obtint pour son protégé la faveur de ne point vivre selon la règle de la maison. Il fut donc installé par les moines dans une hôtellerie écartée, où toutes les choses, même superflues, lui furent fournies, et se mit à composer une belle image de la croix du Seigneur. Mais le Sauveur de ce monde ne permit pas qu'un homme qu'il avait attendu si longtemps pût dessiner l'image de sa figure. Hugues tomba malade et souffrit des douleurs si aiguës qu'il avoua ses fautes et demanda l'habit monacal. Les frères, touchés, lui accordèrent ce qu'il demandait, mais l'ennemi des hommes rappela son génie fécond en ruses pour inventer des machinations. Le pauvre malade reçut le Saint-Viatique pour triompher des démons qu'il voyait à son chevet. La reine des cieux eut pitié de lui, lui apparut et le délivra (1).

Hugues recouvra la santé, et passa le reste de ses jours dans le monastère. Un autre artiste composa la sainte image. Cet étrange épisode se trouve constaté dans plusieurs ouvrages, et surtout dans la chronique de l'abbaye de Montier-en-Der.

Hugues excellait dans les fresques, et décora plusieurs églises de la Champagne. Son nom ne nous a été transmis que pour prouver que Dieu ne se laisse pas toujours représenter par des mains profanes, car les artistes, à cette époque, ne marquaient pas encore leurs œuvres de leur ardente personnalité. Leur nom descendait avec eux dans la tombe ; leurs traditions seules étaient recueillies dans les cloîtres par quelques disciples.

---

(1) *Acta S. S. Ordinis Benedicti.* Vol. 11, p. 855-856. — *Les Moines du Der*, par l'abbé Bouillevaux. Chaumont, 1845.

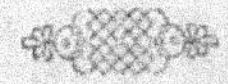

HASTING DE TROYES, OU LES NORMANDS A LUNA.

S'il faut en croire les annalistes de la période carlovingienne, le plus redoutable des Normands qui ravagèrent la Gaule fut Hasting. Fils d'un pauvre paysan des environs de Troyes (1), ce farouche guerrier qui, fatigué de son misérable sort, s'est réfugié dans la Scandinavie, paraît, dès 843, à la tête des bandes qui stationnent à l'embouchure de la Loire. Nantes, Angers et d'autres villes ne peuvent résister aux pirates ; le carnage et l'incendie s'étendent même dans les provinces méridionales jusqu'à ce que le cauteleux Charles appelle les Bretons et recouvre sa bonne ville d'Angers.

Pressé par ses adversaires, Hasting forme la plus bizarre entreprise : il a entendu vanter les richesses et la magnificence de Rome, il veut tenter de surprendre cette métropole dont il ne connaît pas même la position. Mettant donc à la voile avec cent navires, il pille les côtes de l'Espagne, pénètre dans la Méditerranée et se dirige vers l'Italie pour saccager la reine du monde. Ses barques voguent avec rapidité sur les ondes, lorsque la voix des scaldes retentit : Rome, cette métropole que cherchent les barbares, vient d'apparaître dans le lointain. Les Normands entre-choquent leurs armes et frappent en signe de joie leurs boucliers avec leurs épées nues. Malheur aux habitants de Luna, que les pirates, dans leur ignorance, ont pris pour les Romains ! Les navires approchent, les armes des soldats sont aperçues brillantes sur les nefs. Le trouble, l'agitation, la frayeur se répandent dans la ville. Les jeunes hommes vont à leurs armes, les vieillards à leurs trésors, les femmes à leurs enfants, les prêtres à leurs autels, et dans cette agitation, ce mouvement, ce tumulte, cette crainte, cette

---

(1) Raoul Glaber, lib. 1, cap. 5.

frayeur, un cri domine toutes les voix, tous les bruits, tous les tumultes :

Les Normands ! les Normands !

A en croire ces milliers de soldats, il faudrait céder à leur impatience et entrer tout de suite à pleines voiles dans le port; mais Hasting n'a pas seulement le courage du lion, il a la prudence du serpent et la finesse du renard. Son œil habile et expérimenté a déjà mesuré et calculé la force des murailles de la ville baignée de toutes parts par la mer.

Au-dessous des murs qui sont maintenant couverts d'habitants en armes, se dressent des récifs et des rochers; il faut donc autre chose que l'épée, la framée et la lance pour s'emparer de la belle proie qui est là resplendissante pour tenter les pirates.

A quelque distance des murailles, encore assez loin en mer, l'immense flotte s'arrête; on dirait une nuée d'oiseaux abattus dans un champ.... De cette masse noire et blanche, de cette autre ville flottante sur les eaux, une barque se détache et avance seule vers Luna.... Pas un trait ne lui sera lancé, car une branche verte, agitée par un des chefs, a proclamé que ceux qui viennent ainsi ne sont pas ennemis...

L'envoyé a mis pied à terre, et voici ses paroles à l'évêque et au comte de Luna :

« Messeigneurs, nous demandons la paix et congé de nous loger en la ville, ayant de l'argent assez pour payer nos dépenses. Partis du Danemarck, où la terre ne peut fournir à la nourriture du peuple, nous avons, après plusieurs périls, abordé en France; chassés de là par la force des armes, une furieuse tempête nous a portés en votre haure (1). »

Ce discours, prononcé avec un air de simplesse et de bonne foi, n'avait cependant pu vaincre entièrement la défiance de l'évêque et du comte. Les envoyés normands s'aperçurent qu'on hésitait à les recevoir; il leur fallut donc encore user

---

(1) *Haure*, port.

de ruse et de finesse. Les Normands n'en manquèrent pas ;
ils ajoutèrent donc :

« Hasting, notre redouté prince, est cassé de vieillesse et
lassé des travaux de la mer ; il demande à être baptisé avant
de mourir, comme ayant appris les principaux mystères de la
religion chrétienne pendant son séjour en France. »

A ce mot de baptême, l'évêque, ému de piété et d'affection
pour le salut des âmes, n'attendit point la fin de leur discours
et accorda tout ce qu'ils demandaient.

On prépara, alors, dans le temple, tout ce qu'il fallait
pour les cérémonies du baptême de ce prince étranger (1).

Voyez venir Hasting !... Regardez comme il ressemble peu
à Hasting, le lion des batailles. Il est bien vêtu de pourpre et
d'or, mais il ne marche plus en guerrier ; son front ne s'élève
plus superbement vers le ciel comme celui d'un conquérant,
mais il est maintenant humblement incliné vers la terre ; sa main
n'agite plus de flamboyante épée, mais s'appuie sur un bâton
comme ferait un vieillard affaibli par les ans, et souffreteux
de douleurs.

A vieillesse, à souffrance, qui ne ferait bon accueil ? Hasting
fut donc reçu avec égards, respects et honneurs, par le bon
évêque et le crédule comte de Luna.

Après quelques catéchèses, Hasting reçut l'eau de baptême
sur sa tête et non pas l'effet du sacrement en son âme, car,
dit un vieux chroniqueur, son intention ne tendait pas là.
Baptisé, il voit la ville et se fait ensuite porter, en son navire,
sur les bras de ses Normands.

Ce n'était là que le commencement de ses tromperies ; après
avoir feint la piété d'un néophyte, le chef normand va feindre
la mort.

Dans toute la ville de Luna, on répandit le bruit que le
vieux prince qu'on avait vu la veille, si usé de fatigues et de
guerres, venait de trépasser en son navire, et qu'à son dernier
moment il avait montré grande ferveur chrétienne.

----

(1) Dudon, de S.-Quentin. *De moribus norman.* Lib. 1.

Dieu soit loué! disait le bon évêque; Dieu soit loué! répétait la foule, son âme est sauvée; et c'est à Luna, c'est parmi nous que le salut lui est venu.

Du haut des remparts de la ville, on voyait maintenant flotter aux mâts des vaisseaux normands de longs signaux de deuil... et comme il n'y avait plus de défiance, on accorda aux chefs, qui venaient annoncer la pieuse mort du prince, tout ce qu'ils demandèrent.

Les plus nobles de son armée supplièrent l'évêque de lui donner sépulture au lieu le plus honorable du temple, et assurèrent qu'il avait laissé à l'église, par son testament, son cheval, ses armes, quantité d'or, d'argent et de pierres précieuses.

La veille, le peuple s'était porté au-devant d'un vieillard vêtu de pourpre, aujourd'hui il va au-devant d'un mort dans son cercueil.

Ce cercueil, recouvert du drap mortuaire, les prêtres avec cierges, torches, croix et bannière, viennent le chercher sur le port et le portent à l'église toute remplie de foule.

Beaucoup de Normands sont là, mais c'est tout simple, tout naturel, le trépassé était comme leur roi, ce sont ses serviteurs et sujets.

L'office est commencé, les chants sacrés résonnent sous les voûtes; les barbares semblent émus de la majesté de la cérémonie. Dans toute cette immense multitude, les Normands se distinguent par leurs tuniques serrées et étroites, tricotées avec des fils de fer ou d'argent; tous sont armés, c'est la coutume de leur pays, c'est leur manière d'honorer la mémoire d'un guerrier mort.

La messe avance, le *Dies iræ* a été chanté, la foule s'est prosternée au lever-Dieu; le prêtre s'est appuyé sur l'autel, a frappé trois fois sa poitrine avant de consommer l'hostie sainte, la bénédiction a été donnée au peuple. L'évêque, en chape noire, avec toute sa suite, précédé par deux longues files de religieux, est venu près du mort chanter le *Libera* et faire l'absoute à l'entour de la bière avec l'eau bénite et l'encens.

Il allait dire les dernières paroles de l'office, *Requiescat in pace...* quand tout à coup, sur son passage, le drap d'or qui recouvrait le cercueil est jeté au loin !

O surprise ! ô terreur ! la foule se rejette en arrière ; est-ce un mort ressuscité, un réprouvé jugé qu'elle va voir ?

C'est Hasting, le voilà debout tout armé, debout dans sa bière, brandissant sa lourde épée ; il s'est élancé du cercueil comme un lion rugissant, faisant cruellement mourir ceux qui le croyaient mort, mettant à feu, à sang et au pillage la ville qui lui avait donné baptême et hospitalité (1).

Hasting, quelques jours après, s'abandonnait aux flots de la Méditerranée et venait s'établir dans le comté de Chartres, qu'il céda, plus tard, au comte Thibaut, surnommé *le Tricheur* (2).

FAMILLE ET NOM DE JEANNE DARC.

Deux provinces se sont longtemps disputé l'honneur d'avoir donné le jour à cette héroïne, qui sauva le royaume de France et chassa les Anglais au XVᵉ siècle. Des documents authentiques ne permettent plus aux historiens de la proclamer « lorraine », et de ne pas reconnaître en elle une véritable « champenoise ». On sait que Domremy formait, au XVᵉ siè-

---

(1) *Histoires, Contes et Nouvelles*, par le vicomte Walsh. 2ᵉ série. Paris, 1857.

(2) Dudon, de Saint-Quentin, *De Moribus norman.*, cap. I. — Guillaume de Jumiéges, ch. 9 et 10. — Benoît, *Chroniq.*, liv. I, vers 1787. — *Cartulaire de S.-Père de Chartres*, par le moine Paul. — *Bibliothèque des Chartes*, tome I, p. 343. — Villani, Muratori, Albéric ; *Expéditions des Normands*, par Depping, 1844, p. 78.

cle, un hameau annexe de la commune de Greux, et que le seigneur, qui portait nom Pierre de Bourlemont, était un gentilhomme champenois. La portion du territoire et des habitants à laquelle appartenait la famille de l'héroïne relevait en outre directement du roi de France, et ressortissait à la prévôté d'Andelot, bailliage de Chaumont, comté de Champagne.

Des pâtres, des laboureurs et quelques pêcheurs, attirés en ce lieu par la proximité d'une rivière poissonneuse, étaient les seuls habitants de ce séjour champêtre. Un honnête laboureur de Ceffonds, près de Montier-en-Der, s'était établi depuis longtemps, à cette époque, à Domremy. Son nom de baptême était Jacques, *Jacobus ;* les habitants ne l'appelaient que Jacob. Epoux d'Isabelle, ou Zabillet Romée, native de Vouthon, Jacques exerçait l'état de laboureur et possédait une maisonnette avec jardin. « C'étoient, dit une chronique, de fort gens de bien, craignant et aimant Dieu, mais qui avoient peu de moyens et vivoient d'un peu de labourage et de bestial. »

Quel était le nom de famille de Jacques, époux d'Isabelle ? M. Vallet de Viriville croit que cet homme descendait en ligne directe de Jean Darc, drapier-drapant de Troyes, mort en 1575. Le nom de famille de Jacques serait donc Darc, et non point d'Arc. M. Vallet de Viriville cite beaucoup de personnages qui portaient à Troyes ce nom au xve siècle, et veut reconnaître dans ces Darc des membres d'une même famille. Admettre cette hypothèse, ne serait-ce point trop exagérer la gloire de la vieille capitale de la Champagne, qui compte pourtant Thibaut *le Chansonnier*, Urbain IV et Molé ?

Quoiqu'il en soit, les textes primitifs, sans aucune exception, pendant plus d'un siècle, donnent le nom Darc écrit d'un seul mot et d'une seule pièce. Le premier écrit connu qui fournisse la forme d'Arc est un sonnet d'un poète orléanais, imprimé en 1575. A la suite sont venus d'autres ouvrages, dans lesquels on suppose que le père de l'héroïne emprunta son nom de quelque village appelé *Arc*, comme si les écrivains contemporains avaient écrit *Darc, Darcus*, au lieu de *de Arcu*.

Les inventeurs ont même créé à deux pas de Domremy une localité de ce nom pour justifier leur assertion (1).

On sait que l'époux d'Isabelle Romée n'était point noble, mais un simple laboureur. Charles du Lis, descendant de Pierre Darc, frère de la Pucelle, avoue lui-même que la famille de Jacques Darc n'a été anoblie qu'en 1429 par le roi Charles VII.

Jacques Darc et son épouse eurent cinq enfants : Jacquemin ou Jacques, Jean et Pierre, Jeanne et Catherine. Jeanne fut baptisée par Jean Minet, curé de Domremy, dans l'église de Saint-Remi, et reçut son prénom de ses trois parrains et de ses trois marraines. Lorsqu'elle périt sur le bûcher de Rouen, toute sa parenté fut anoblie avec clause « que les femmes, aussi bien que les hommes, non-seulement acquéraient la noblesse en vertu du privilége, mais la transmettaient à leurs époux et à leurs enfants. » Jacquemin la suivit avec son père dans la tombe; Pierre et Jean, plus heureux, portèrent les armoiries et le nom de Lis. Le roi Charles X, par ses lettres patentes du 24 novembre 1827, reconnaissait encore des descendants de cette famille anoblie par le courage d'une jeune fille.

---

(1) *Nouvelles Recherches sur la Famille de Jeanne Darc*, par M. de Viriville. Paris, 1854. — *Opuscules historiques relatifs à Jeanne Darc*, par Charles du Lis. Paris, 1856.

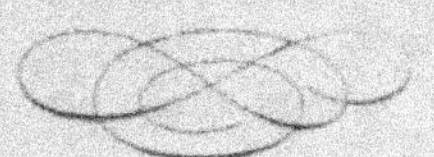

SOUVENIRS DE L'EMPIRE.

I.

Déjeûner de Napoléon près de la muraille des Chartreux, à Troyes.

— 6 Février 1814. —

Après la bataille de Brienne et celle de la Rothière, dont les suites venaient d'être si malheureuses, l'armée française s'était repliée sur Troyes pour y réparer ses désastres et pour y prendre des positions favorables. Vainqueurs sur certains points, vaincus ou plutôt trahis sur d'autres, nos braves, indignés, arrivent par détachements aux environs de la ville, logeant dans les faubourgs et ne trouvant plus cette sympathie que doivent toujours exciter le dévouement et la bravoure. L'Empereur, descendu chez M. Duchâtel (1) avec ses principaux officiers, apprenant que les alliés marchent sur Paris, ordonne, dans la soirée même du 5 février, de porter toutes les forces vers Nogent-sur-Seine. Pour cacher ce mouvement au prince de Schwartzemberg, dont l'avant-garde vient d'être refoulée sur Clérey par le maréchal Mortier, il envoie quelques troupes dans la direction de Bar-sur-Seine, et fait occuper Croncels et Bréviande, pendant la nuit, par des détachements d'infanterie.

Le lendemain, vers neuf heures du matin, les habitants de l'extrémité du faubourg de Croncels sont requis de dresser un foyer pour l'Empereur qui doit déjeûner au bivouac. L'écuyer de service indique même l'endroit le plus conve-

---

(1) Maison du payeur du département de l'Aube, rue du Temple, n° 14

nable, à dix mètres de l'angle de la muraille de l'ancienne maison des Chartreux, qui longeait alors la route. Pierre, habitant d'une chaumière voisine, se hâte d'apporter une table, une chaise et quelques bourrées. Le feu pétille, lorsque l'Empereur paraît. Le prince de Neufchâtel et trois autres officiers s'établissent dans la chaumière de Pierre, pour expédier, sans délai, les ordres de Napoléon. Les officiers de bouche préparent le modeste déjeûner que doit prendre celui qui naguère daignait convier des rois à sa table. Soucieux et inquiet, l'Empereur se fait dérouler des cartes topographiques, les examine silencieusement, s'interrompant souvent pour observer les feux épars dans la campagne.

Tout à coup le bruit se répand que les ennemis approchent, que des éclaireurs sont venus même jusqu'aux avant-postes. Napoléon s'élance sur son cheval, et, suivi de quelques officiers, part comme un trait sur la route des Maisons-Blanches. Trois minutes après, il revient au grand trot et s'arrête dans l'endroit où ses officiers lui ont préparé son déjeûner. Appuyé sur une chaise, il prend à la hâte quelque nourriture, et remarque un jeune garçon de douze ans qui, de la pointe de son couteau, écrit sur la muraille. L'illustre conquérant se lève, s'approche et lit cette inscription :

Napoléon I, Empereur des Français, a déjeûné ici le
6 Février 1814.

L'enfant, que la crainte et le respect ont éloigné, entend bientôt la voix de l'Empereur qui l'appelle et lui remet une pièce d'or. Beaucoup d'enfants, alléchés par cet exemple, chargent aussitôt la muraille d'inscriptions, mais Napoléon vient de reprendre la direction de Troyes, emportant avec lui les vœux et les regrets des habitants de Croncels.

Pierre, que le prince de Neufchâtel récompensa largement de ses bons offices, conserva religieusement la table et la chaise touchées par Napoléon ; il les montrait avec un noble orgueil et s'attendrissait jusqu'aux larmes quand il racontait qu'il avait servi son Empereur.

II.

Napoléon et la Marchande d'eau-de-vie à Troyes.

Napoléon venait de voir défiler devant lui les débris noircis et sanglants de sa grande armée qui battait en retraite. Descendant la Grande-Rue, suivi d'un nombreux état-major, il arrive bientôt devant l'Hôtel-de-Ville, et s'arrête quelques minutes pour lire une dépêche qu'il reçoit d'un fidèle général. La foule, qui depuis longtemps applaudissait aux triomphes du héros, veut le voir, le saluer, lui exprimer toute sa sympathie par de chaleureuses acclamations. De toutes parts retentit le cri qui fait encore battre les cœurs : Vive l'Empereur ! Napoléon, soucieux et les yeux fixés sur la statue de la Liberté qui ornait la façade de l'Hôtel-de-Ville, adresse quelques paroles au porteur de la dépêche et regarde la foule. Les cris redoublent, l'enthousiasme transporte les vieillards et surtout les enfants. L'Empereur, touché de cette manifestation, fait entendre sa voix éloquente : — « Oui, mes amis, s'écrie-t-il, vive l'Empereur ! souhaitez qu'il vive, vous en avez besoin pour repousser l'ennemi ! »

Une pauvre femme, qui par hasard avait établi son estaminet au bas du perron, ne partageait pas cependant l'enthousiasme populaire. Elle craignait que la foule ne vînt d'un flot renverser sa chétive cantine, et déplorait même déjà la perte de ses quatre bouteilles, de sa cuvette et de quelques verres. L'Empereur, monté sur un magnifique cheval blanc, approche bientôt de l'échoppe ; son fier coursier d'un coup de pied heurte la table et fait voler en éclats bouteilles, verres et cuvette. La pauvre marchande n'ose se plaindre, mais l'Empereur a entendu le bruit des verres et des bouteilles et s'est retourné pour voir le dégât. Toujours grand, toujours généreux au milieu des revers, Napoléon remet quelques grosses pièces à un officier d'ordonnance, et le charge de payer les bouteilles cassées.

La pauvre marchande venait de ramasser un flacon échappé

au désastre, lorsque l'officier d'ordonnance lui-présente quelques napoléons. A la vue de ces pièces d'or, la joie brille sur
son visage, et bien consolée de sa perte, elle lâche son flacon,
lève ses deux mains et crie de toute la force de ses poumons :
Vive l'Empereur ! que la foule répète en suivant le cortège.

III.

Napoléon à Pouilly, près Troyes.

Quelques jours après, les alliés occupaient la ville de
Troyes et frappaient la pauvre cité des réquisitions extraor-
dinaires. Napoléon repousse bientôt les bataillons autrichiens
et wurtembergeois, et s'avance jusqu'au faubourg Saint-
Martin. L'alarme se répand parmi les ennemis ; les habitants
tremblent, menacés par l'artillerie française. Le prince de
Wrède, qui commande la place, fait appeler le maire et ses
adjoints et leur ordonne de porter une dépêche à l'Empereur.
Ces magistrats ne veulent pas abandonner la ville, mais l'ordre du prince de Wrède doit être exécuté. Les parlementaires,
précédés d'un trompette, se dirigent vers le faubourg Sainte-
Savine pour exposer le but de leurs démarches au général
Gérard, qui doit les présenter à l'Empereur. Le canon
gronde, des obus lancés de la ville répandent partout la terreur et l'incendie. Les magistrats arrivent cependant jusqu'au
général, lui remettent leur dépêche et le supplie d'épargner
la malheureuse cité. Mais l'Empereur n'est point là ; Gérard
charge un aide-de-camp de porter la missive à Napoléon, et
fait reconduire les magistrats jusqu'à la porte de la ville.

Sur le bord d'un ruisseau que traverse l'ancienne route de
Paris, au fond d'un beau verger, s'élevait alors une habitation
presque bourgeoise et entourée de haies vives. Cette maison
se composait, au rez-de-chaussée, de quelques chambres, et,
au premier étage, de deux belles pièces et de plusieurs cabinets. Cette maison, connue sous le nom de *Château de
Pouilly*, complétement déserte depuis quelques jours, reçut

l'Empereur le 23 février, avec son état-major, sur les sept heures du soir. Napoléon venait à peine de s'y installer, qu'une villageoise se présente, demandant avec instance la faveur de lui parler. Les officiers ordonnent à cette pauvre femme de se retirer, mais l'Empereur, qui a entendu la voix de la villageoise, veut qu'on l'introduise.

— Monsieur l'Empereur, lui dit cette femme, pardon de la liberté que je prends ; mais fière d'avoir un fils à votre service, j'ai voulu voir et saluer celui dont il nous écrit tant de choses.

Ce compliment plut à Napoléon.

— Merci, ma bonne femme,..... reprit-il. Comment se nomme votre fils ?

— Joseph Bouchard, artilleur à la 3ᵉ batterie de la garde.

— Où est-il ?

— Je ne sais pas, Monsieur l'Empereur, mais sa dernière lettre m'est écrite de Nogent, il y a huit jours ; la voici.

Napoléon prend la lettre, la parcourt et remarque un grand dévouement chez ce soldat, que le hasard vient lui recommander.

— Je penserai à Joseph Bouchard, je vous le promets.

— Mais, Monsieur l'Empereur, je ne pourrai pas vous voir tous les jours, voudriez-vous accepter un cadeau en mémoire de moi ? C'est un bon fromage du pays ; oh ! c'est bien bon ; un vrai fromage de Barberey.

— Ma brave femme, j'accepte et vous remercie.

— Je suis contente, Monsieur l'Empereur, mais avant de vous quitter me permettriez-vous de vous demander, pour mon fils, un souvenir de ma visite ?

— Oui, parlez.

— Eh bien ! Joseph voudrait bien être caporal ! Pourrait-il obtenir ce grade ?

A cette modeste demande, Napoléon, que cet entretien fatiguait, se met à rire et répond d'un ton bienveillant :

— Cela demande réflexion, mais j'ai promis de m'occuper de votre Joseph, j'y penserai, et, s'il est aussi bon soldat que bon fils, il vous en dira des nouvelles. Adieu !

Sur ces entrefaites, un officier d'ordonnance apporte une missive. C'est celle du prince de Wrède, que les magistrats de Troyes ont remise au général Gérard. Le prince de Wrède promet d'évacuer la ville et de la rendre au point du jour, menaçant de l'incendier si l'armistice lui est refusé. Il était temps; quelques moments après, Troyes, emporté d'assaut, devait livrer l'arrière-garde des alliés aux braves soldats de l'Empereur, ou l'engloutir sous ses ruines ! Les colonnes autrichiennes et wurtembergeoises sortent silencieusement par la porte Saint-Jacques. Napoléon, vers six heures du matin, pénètre dans la ville et fait poursuivre l'ennemi.

Joseph Bouchard devint successivement caporal, maréchal-des-logis et sous-lieutenant de la 5ᵉ batterie. Cet avancement lui valut le nom de *capitaine-fromage*.

Le château de Pouilly conserva, jusqu'en 1840, le souvenir de l'Empereur. Sur l'entablement de la cheminée de la chambre où coucha l'impérial passager, fut écrite cette inscription :

L'Empereur Napoléon a passé ici la nuit du 23 au
24 février 1814.

Aujourd'hui, du château longtemps habité par l'honorable famille Huez, il ne reste plus qu'un souvenir que le temps effacera avec la génération présente (1).

---

(1) Ces trois anecdotes nous ont été conservées par un habile Troyen, M. Finot, ancien maître de pension.

FIGURES DE LA SAINTE BIBLE,

Avec une Explication très-utile sous chaque Figure.

Troyes, chez Jean GARNIER, imprimeur-libraire, rue du Temple, avec permission du 23 novembre 1742.

Tel est le titre d'un petit in-12 de 168 pages, imprimé sur mauvais papier, orné de 88 figures, et répandu jadis depuis la vieille capitale de la Champagne jusqu'à Quimper-Cotentin. Dans un temps où la plupart des habitants des campagnes étaient dépourvus d'instruction, les imprimeurs qui voulurent étendre leur clientèle, ne publièrent pas seulement de gros volumes à l'usage de quelques savants et des monastères, mais se mirent à exhumer toute une vieille littérature, bien capable d'exciter la curiosité des ignorants. Fréquentée dès le moyen-âge par une foule innombrable attirée par ses foires, Troyes devint, à partir du XVIIe siècle, la ville par excellence des libraires. De ses murs épais sortirent des montagnes de petits livres qui ont inondé le beau royaume de France. Tous ont voulu lire *la grande danse Macabre*, l'histoire si merveilleuse des quatre fils Aymon, de Galien restauré, de Huon de Bordeaux et le roman de la belle Hélène de Constantinople, mère de saint Martin de Tours. Beaucoup d'autres ont voulu connaître *la peine et la misère des garçons perruquiers, la navigation des compagnons à la bouteille*, et tant d'autres farces et joyeusetés connues sous le nom de *Bibliothèque-bleue*. Ces charmants volumes, ornés de vignettes, furent même accueillis avec tant d'empressement que les successeurs d'Oudot durent, au XVIIIe siècle, recourir à des presses étrangères pour servir les provinces affamées de leurs productions. Et pourtant Troyes, en 1738, ne comptait pas moins de onze libraires, Jean Garnier fils, François Bouillerot, Pierre Garnier père, Jacques Febvre père, Pierre Bourgoin, Pierre Michelin, Jean Oudot, la veuve Jacques Oudot, Jacques Febvre l'aîné, Louis-Gabriel Michelin, et Febvre le jeune. Jean Oudot possédait six presses, et son confrère Garnier quatre, fonctionnant toutes le 25 mars 1730, jour de la visite de M. le lieutenant-général Louis-François Morel (1).

Des astrologues vinrent même de toutes parts s'abattre dans les murs de la ville de Troyes; leurs prédictions, imprimées à des milliers d'exemplaires, se vendirent sous le modeste titre d'*Almanach*. Grâce au papier bleu, à des caractères peu lisibles, à de mauvaises vignettes et surtout à de grivoises anecdotes, l'Almanach de Troyes a conservé sa vieille réputation et se débite encore à deux cent mille exemplaires, malgré les tentatives de la maison Paguerre de Paris.

Parmi les livres sortis des presses des Oudot et des Garnier, celui qui obtint plusieurs fois les honneurs d'une réimpression, fut, sans contredit, la *sainte Bible, ornée de 88 figures, accompagnées chacune d'une explication très-utile.* Ce volume, mis à la portée des enfants, excitait la curiosité par ses vignettes et permettait aux faits de l'histoire sainte de se graver facilement dans la mémoire. C'était, si je ne me trompe, après l'*a, b, c,* le premier livre classique de nos écoles, le livre que recherchait l'enfance et qu'aimait encore à parcourir l'âge mûr.

Les figures ont toujours alléché les ignorants et même un peu les savants. On aime la représentation des faits qu'un auteur raconte, et pour qu'un ouvrage médiocre ait quelque succès, il suffit et suffira toujours de l'orner de vignettes et de gravures. Les éditeurs du XIXe siècle l'ont parfaitement compris; l'*illustration* est le grand appas auquel se laissent prendre lecteurs et surtout lectrices. Montrez au villageois tel almanach sérieux, même un peu comique, tel ouvrage composé

(1) **Bibliothèque impériale, Manuscrits relatifs à l'histoire de Troyes, tome 55.**

par un habile écrivain, vous ne pourrez jamais lui vendre ces volumes s'il n'y découvre pas des *images*. Peu importe que ces images soient lithographiées, gravées sur bois ou sur acier ; elles seront toujours assez belles pour amuser ses enfants et pour appuyer son récit dans la veillée.

Je possède quelques-unes des figures de la *Bible* imprimée par les Garnier. Ces vignettes sur bois ne répondent pas toujours à l'explication, mais les éditeurs de la *bibliothèque-bleue* savaient déjà que les bonnes gens ne sont pas difficiles à satisfaire. 88 mauvaises *figures* pour quelques sous, n'était-ce pas avoir atteint les dernières limites du bon marché et rassasier bien largement les gens affamés d'images ? Le succès justifiait trop bien le calcul des éditeurs pour recourir à d'excellentes gravures et s'imposer de grands frais.

La première figure de la Bible représente la création du monde, à laquelle préside la Sainte-Trinité. Le Père éternel, créateur du ciel et de la terre, est représenté en pape, parce que le souverain pontife, évêque de Rome, est le type le plus

élevé de la toute puissance. Le Fils de Dieu tient la croix sur laquelle il doit périr pour la rédemption des hommes. Le

Saint-Esprit a pris la forme d'une colombe, semblable à celle qu'il prendra plus tard pour proclamer la divinité du Verbe fait chair au-dessus des eaux du Jourdain. Deux pages sont consacrées à l'explication de cette figure. L'auteur rappelle que, lorsque la lumière fut séparée des ténèbres, les bons anges furent séparés des mauvais, et que Dieu voulut montrer, par cette séparation, qu'on ne peut être heureux loin de lui et que toute créature doit lui être soumise. Moins coupable que les anges, l'homme, par la croix du Fils de Dieu, pourra reconquérir le ciel.

Les figures qui suivent représentent l'expulsion de nos premiers parents, le meurtre d'Abel, l'arche de Noé, la tour de Babel, la victoire d'Abraham sur cinq rois, l'apparition de trois anges au patriarche, la ruine de Sodome et de Gomorrhe, le sacrifice d'Abraham, la bénédiction donnée par Isaac à Jacob, l'échelle mystérieuse et la lutte avec l'ange.

L'éditeur trompe le lecteur aux pages 27 et 29. Les figures ne sont pas conformes à l'explication. Vous cherchez Joseph au milieu de ses frères et le vénérable Jacob bénissant ses enfants, et vous ne trouvez que joueurs de flûte et de harpe, assistant vraisemblablement à une apothéose, et des personnages qui ne ressemblent nullement à Joseph embrassant ses frères. Le lecteur peut se convaincre par cette étrange figure que la supercherie ne date pas du xixe siècle, et que nos aïeux n'étaient point scrupuleux.

Plus loin, Moïse frappe un Egyptien, reçoit les ordres de Dieu qui lui apparaît dans un buisson ardent, et va trouver le roi Pharaon. L'Egypte est frappée de dix plaies; le monarque endurci se hâte d'appeler Moïse, et le conjure de partir avec son peuple.

Je ne suivrai plus l'éditeur des figures de la Bible, je me contenterai seulement d'exposer la vignette qui représente Moïse devant Pharaon, pour prouver qu'au xviiie siècle, les éditeurs de la *bibliothèque-bleue* se moquaient un peu des lecteurs. Est-ce là le Moïse inspiré, parlant au nom du Très-haut, et non pas un pauvre fugitif qui semble attendre la sentence de son juge? J'aime mieux la figure où Moïse reçoit

les ordres de Dieu pour combattre les Amalécites et pour charger Josué du commandement des troupes.

Les Garnier n'ont pas oublié le Lévitique; trois femmes vont offrir au Seigneur ce qu'exige la loi pour la purification.

Le grand prêtre les reçoit à la porte du tabernacle, sous les yeux de Dieu.

Des juifs ambitieux veulent usurper le sacerdoce réservé à la famille d'Aaron, le feu du ciel foudroie ces hommes sacrilèges.

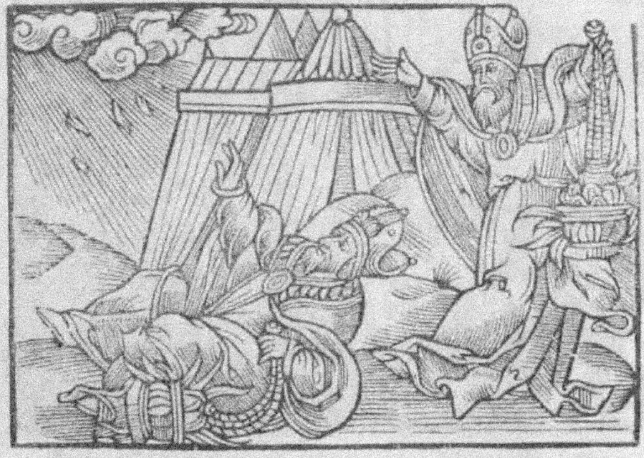

Saül désobéit au Seigneur, Samuel reçoit l'ordre de sacrer

le jeune David de la famille de Jessé. Le petit pâtre couronné, les mains jointes et à genoux, reçoit l'huile sainte des
mains du prophète.

Saül, cependant, conserve toujours son royaume, mais,
attaqué par les Philistins, il veut consulter la Pythonisse.

Samuel lui apparaît, lui reproche ses crimes et lui révèle sa
mauvaise destinée.

Le malheureux roi engage la bataille et se perce de son épée sous les yeux de David qui le pleure.

A David succède Salomon, qu'éclaire l'Esprit-Saint et que vient admirer la reine de Saba.

Les éditeurs des figures de la Bible esquissent à grands traits l'histoire des royaumes de Juda et d'Israël, représen-

tent les principaux miracles du prophète Élie, la vie sainte
de Tobie, et arrivent à Judith, qui, après avoir invoqué le Seigneur dans son oratoire, se rend dans le camp des Assyriens.

Holopherne invite cette courageuse femme à un festin, mais
Judith, n'oubliant pas le peuple de Béthulie, décapite l'ennemi

de ses frères et jette sa tête dans un sac que tient sa suivante.

Aux trois enfants que Jéhova conserve sains et saufs au milieu d'une fournaise, succède l'histoire du saint homme Job,

assis sur son fumier. Dans l'édition que nous avons sous les
yeux, l'éditeur n'a pas été scrupuleux. Au lieu de représenter le

vertueux Arabe supportant avec patience tous les fléaux qui se
déchaînent contre lui, Garnier se contente d'exposer la *figure*
de la Purification d'après le Lévitique. C'est vraiment dom-

mage, car la figure de Job sur son fumier, telle qu'elle était représentée par les Oudot, rehaussait encore l'éclat de la vertu du patriarche. Voyez ce pauvre Job, assis sur son fumier ; ses amis, hommes grossiers et véritables suppôts du démon, ne se contentent pas de lui prodiguer des paroles injurieuses, mais, s'armant de flûtes et d'un tambour, ils viennent l'insulter par un tintamarre à lui percer le cœur.

Telles étaient les *figures de la sainte Bible*, publiées et colportées au xviiie siècle, avec la permission de Sa Majesté, par son bien-aimé Pierre Garnier, imprimeur et libraire à Troyes.

VARIÉTÉS HISTORIQUES.

Le Vin de Champagne.

Probus fit, dit-on, planter la vigne dans les Gaules. Reims, reconnaissant, lui éleva l'arc-de-triomphe de la porte de Mars. Mais le vin de Champagne n'acquit une éclatante renommée qu'au xive siècle. Venceslas VI, dit l'Ivrogne, en dégusta tant et si bien qu'il consentit à tout ce qu'on lui demanda. Cette victoire du vin de Champagne fut remportée le 16 mars 1398 ! Dès ce jour les poëtes le célébrèrent. Le vin de Beaune, si recherché au moyen-âge, perdit sa renommée ; les tables se chargèrent de Champagne au sacre des rois. François Ier, Léon X et Charles-Quint, voulurent posséder des vignes au territoire d'Ay. La Fontaine, Boileau et beaucoup d'autres célébrités du grand siècle, accordèrent à notre vin de justes éloges. La Bourgogne s'émut, des thèses furent présentées dans les écoles, la Champagne triompha.

Malgré ce succès et cette renommée, le vin réellement et franchement mousseux ne remonte guère au-delà du xviiie siècle. On peut évaluer la production moyenne du vin de Champagne à sept millions de bouteilles. Mais combien de pays ne donnent-ils pas un petit vin mousseux avec l'étiquette d'Ay ou de Sillery ? Je ne voudrais pas affirmer que le champagne coule et pétille sur les tables de Pékin et de New-York ! Il est si difficile de juger la qualité, la finesse d'un vin, lorsqu'on est à deux ou trois mille lieues du territoire qui l'a produit (1)!

Le Libraire Cazin, à Reims.

La bibliographie offre peu de renseignements sur la boutique du sieur Cazin, libraire, place Royale, à Reims, dont les jolis in-12 ont mis si fort à la mode les romans, les vers musqués et la petite littérature de ruelle de la fin du xviiie siècle. Il est certain, cependant, que ce célèbre bibliophile était de Reims et qu'il y tenait officine de livres suspects ou prohibés. Sa grande célébrité, comme éditeur de ces livres au papier bleuâtre, aux vignettes de Cochin, aux reliures coquettes et à tranches dorées, commença dans la ville du sacre, mais les sévérités de la justice ne tardèrent pas à lui apprendre qu'il n'était pas encore permis de saper le trône et l'autel par des productions licencieuses. Le roi le destitua de sa qualité de marchand-libraire, le 28 décembre 1764, et condamna ses livres au pilon. Malgré cet arrêt, Hubert Cazin reparut à Reims en 1773. Ses plus célèbres publications, datées de 1776 à 1786, parurent sous la rubrique de Paris, Londres, Genève et La Haye. Les volumes les plus recherchés sont ceux qui portent le nom de H. Cazin.

---

(1) *Essai sur l'histoire des Vins de Champagne*, par Max. Sutaine, Reims, 1845.

Les bibliophiles s'attachent de préférence aux éditions qui portent les millésimes de 1777 à 1782 (1).

———

Le premier Café ouvert à Troyes.

Louis Duhalle, modeste marchand de chanvre du faubourg Saint-Jacques et auteur de précieux manuscrits, était fils de Nicolas Duhalle, homme jovial qui ouvrit à Troyes, en 1698, le premier café, le seul que cette ville ait eu longtemps. La place de l'Etape-au-Vin avait été choisie pour cet établissement, parce que, voisine du Marché-au-Blé, elle était fréquentée par un bon nombre d'acheteurs et de vendeurs. A la sortie du marché, les habitants de la campagne, prenant le café pour une boutique de barbier, y entraient et se mettaient en place pour être servis. Duhalle, accourant avec empressement, leur mettait bien vîte la nappe autour du cou et dans les mains un mortier de marbre. Après avoir savonné son homme, le limonadier sortait de sa boutique sous prétexte d'aller chercher ses rasoirs chez le coutelier et ne rentrait que lorsque le paysan, fatigué du poids du mortier, avait abandonné la place (2).

L'établissement de Nicolas Duhalle était situé dans la maison où existe maintenant le café Battelier. Dans un registre de la fabrique de Saint-Jean, les marguilliers citent un Claude *Duhal, marchand caffetier,* habitant une *maison sise à Troyes, rue de l'Etape-au-Vin.* Son successeur, Pierre Charbonnet, exerçait, dès 1745, la profession de marchand *limonadier* (3).

———

(1) *Remensiana,* par L. Paris. Reims, 1845, pag. 55.

(2) *Troyens célèbres,* par Grosley. (V. Duhalle.)

(3) *Comptes de la fabrique de l'église Saint-Jean de Troyes.* Troyes, Bouquot, 1855, p. 71.

Jean du Coignot dans la cathédrale de Sens.

Au XIVe siècle, Pierre de Cugnières, avocat-général au parlement de Paris, était un jurisconsulte habile, surtout dans le droit canonique. Il défendit avec beaucoup de vivacité les droits du roi contre le clergé. Pierre Bertrand, évêque d'Autun, plaidait pour l'église, secondé par Pierre Roger, archevêque de Sens, et depuis Clément VI. L'avocat du roi devint si odieux au peuple, qu'il reçut, par dérision, le nom de messire Pierre du Coignet, nom d'une petite figure ridicule placée dans un coin de l'église Notre-Dame de Paris, et faisant partie de l'enfer représenté sous le jubé. Cugnières eut encore le désagrément d'être condamné par le monarque même, pour lequel il plaidait. S'il faut en croire Grosley, le nez de ce marmouset, jusqu'au pontificat du cardinal de Noailles, aurait servi d'éteignoir aux chandelles que les bonnes femmes allumaient devant l'image de Notre-Dame. A Saint-Étienne de Sens, Jean du Coignot joint les mains et semble faire amende honorable. Sa petite figure bizarre est placée entre les colonnettes qui forment le premier pilier de gauche, en entrant par le grand portail. Hommes, femmes et enfants, tous le connaissent et racontent, en le montrant aux voyageurs, sa triste destinée.

FONDATION DE L'ABBAYE DE MONTIER-EN-DER.

Au VIIe siècle de notre ère, la Champagne, presque entièrement couverte encore de bois séculaires, offrait un aspect sauvage et pittoresque. La forêt du Der s'étendait par ses ramifications jusqu'aux Ardennes, depuis les bords de l'Aube jusqu'au-delà des champs catalauniques, où, en 451, le fléau de Dieu, le féroce Attila fut vaincu par les armées combinées des Romains, des Francs, des Burgundes et des Wisigoths. Sur les confins, on rencontrait, à de grandes distances les unes des autres, quelques demeures isolées qui ressemblaient à autant de forteresses. L'intérieur n'était parcouru que par des bûcherons ou des pâtres, dont l'existence mystérieuse ne pouvait rassurer les voyageurs égarés, et que les rois Francs, dans leurs chasses, poursuivaient souvent comme des bêtes fauves.

Le 20 mai 671, le jour avait été sec et ardent. Lorsque le soleil descendit derrière les grands chênes du Der, des nuages lourds tachèrent peu à peu l'azur du ciel, comme de larges écueils noircissent çà et là les vagues bleues de l'Océan. Des oiseaux criaient dans les arbres ; d'autres s'élevaient aussi rapides qu'une flèche, puis, planant immobiles sur leurs ailes blanches étendues, semblaient des croix d'argent dessinées au fond des nuages, dont quelques-uns reflétaient encore les dernières lueurs du soleil couchant. Les bois avaient des bruits étranges, et grondaient sous le vent qui s'élevait comme les flots sous l'ouragan. La nuit venait poussée par la tempête.

Un homme, jeune encore, vêtu d'une robe de bure blanche et la tête rasée à la façon des moines, s'avançait lentement, sans paraître occupé de ce désordre de la nature. A travers le calme et la sérénité de son visage, rayonnaient l'inspiration et l'enthousiasme. Cependant, quand la foudre se fit entendre, il chercha quelque sentier plus fréquenté. Après d'inextricables détours, il allait s'engager dans des marais couverts de grosses touffes de plantes marines, de petits joncs et de roseaux nains, lorsqu'une voix rauque se fit entendre dans les broussailles d'une clairière : « Par ici, mon frère, par ici ! »

Celui qui prononçait ces mots était couvert d'un sayon de peaux de brebis. Le religieux se dirigea aussitôt vers cet homme, lui demanda l'hospitalité et le suivit dans l'épaisseur des bois, où il aperçut bientôt quelques cabanes habitées par des bûcherons. En entrant dans celle de son hôte, la famille se leva respectueusement, et la place d'honneur fut donnée à l'étranger.

— Dieu soit loué ! dit-il, vous êtes venu comme mon bon ange pour me guider, qu'il vous récompense en donnant sa bénédiction à cette demeure !

Et le religieux bénit la cabane et ses habitants qui s'inclinèrent en faisant un signe de croix. Seul, un jeune homme de quatorze à quinze ans ne semblait point prendre part à ce pieux recueillement ; il fixait des regards curieux sur le voyageur.

— Mon ami, dit le religieux, n'êtes-vous pas un enfant du Christ?

Le jeune homme resta muet.

— Pas encore, dit l'hôte, mais nous l'instruisons autant que cela nous est possible, et notre intention est de le conduire à quelque abbaye voisine pour le faire baptiser.

— Ce n'est donc pas votre fils ?

— C'est un enfant que j'ai rencontré comme vous un soir dans la forêt. Il n'a pu me dire le lieu de sa naissance; abandonné sans doute, il ne se rappelle que son nom.

— On me nommait Dagnin, dit le jeune homme ; j'étais confié aux soins d'anciens serviteurs de mon père, non loin de Metz. Leur maison a été pillée ; ceux qui les ont emmenés esclaves les ont vendus près de cette forêt; j'ai pris la fuite sans savoir où aller, et ce second et excellent père m'a recueilli.

Le bon religieux, en entendant cela, parut bien heureux d'être chez un pareil hôte. En ce moment, arriva un autre bûcheron, qui, à la vue de l'étranger, s'inclina, puis sortit avec précipitation. Il revint bientôt, apportant dans ses bras un enfant dont le visage était déjà couvert de la pâleur de la mort, et il le déposa aux pieds du religieux.

— Seigneur Berchaire, dit-il, dites un seul mot et mon enfant sera guéri.

A ce nom de Berchaire, si connu dans le pays par ses bienfaits, tous s'agenouillèrent. — Que faites-vous, mes enfants? s'écria Berchaire, je ne suis qu'un pauvre serviteur de

Dieu. Relevez-vous et ne faites pas pour moi ce qu'on ne doit faire que pour notre Sauveur.

Il prit ensuite l'enfant dans ses bras, et l'élevant vers le ciel : « Seigneur, dit-il, considérez la foi de cet homme, et prenez en pitié l'innocence de cet enfant! » — Puis, le remettant aux mains du père affligé : — Vous demandez un miracle, ajouta-t-il, et qui sommes-nous, mon ami, pour que Dieu daigne changer ainsi pour nous les lois de la nature? Allez et priez.

Le voyageur était bien le célèbre Berchaire, ami de Wulfande, de saint Réole et de saint Nivard, archevêque de Reims ; Berchaire, descendant des anciens chefs de l'Aquitaine, qui avait renoncé à toutes les gloires du monde, abandonnant aux pauvres ses immenses patrimoines, et n'employant ce qui lui restait de ses richesses qu'à racheter les esclaves et à les convertir à la religion du Christ. Ses derniers bienfaits avaient enrichi l'abbaye de Hautvilliers, sur les bords de la Marne, construite au penchant d'une riante colline, presque en face de la ville d'Epernay.

Les archives chrétiennes nous apprennent que saint Nivard, faisant la visite de son diocèse à pied, selon l'usage des saints évêques, arriva sur cette colline, et, accablé de fatigue, se reposa sous un arbre, la tête appuyée sur les genoux de saint Berchaire qui l'accompagnait. Pendant son sommeil, il vit descendre des cieux une colombe qui se plaça d'abord sur cet arbre, puis, dans un vol mystérieux, décrivit un large cercle et remonta lentement vers le ciel. Saint Berchaire, qui ne dormait pas, vit, en réalité, ce que l'archevêque de Reims apercevait en songe. Fondés sur une telle vision, ces deux saints résolurent de bâtir, en cet endroit, un monastère. Leur projet s'exécuta l'année même, et ils firent dresser le maître-autel de la chapelle au lieu où était l'arbre sur lequel la colombe s'était reposée.

Berchaire, principal bienfaiteur de ce monastère, en fut le premier abbé. Ayant, en 671, hérité de vingt-un villages et d'autant de seigneuries, il voulut de nouveau en faire profiter les pauvres et les esclaves, et conçut le projet de fonder un monastère dans la forêt du Der. Il cherchait un lieu favorable à ses projets lorsqu'il fut surpris par la nuit et l'orage. Le lendemain, le père de l'enfant moribond vint se jeter à ses genoux et le remercier; son enfant le suivit bientôt, accompagné de pâtres et de bûcherons, accourus pour voir le saint abbé. Il fut alors rejoint par deux moines, chargés d'une partie de ses aumônes, en distribua à ceux qui l'entouraient et leur fit part de ses projets. Les pâtres lui dirent qu'ils connaissaient un lieu qui semblait avoir quelque chose de miraculeux, parce qu'ils y apercevaient souvent, la nuit, dans les arbres, des feux en forme de croix.

— Conduisez-moi de ce côté, dit Berchaire.

À peine avaient-ils fait quelques milles, qu'ils rencontrèrent, dans un chemin assez fréquenté, nommé *Cantille*, des marchands d'esclaves qui en traînaient seize, huit jeunes gens et huit jeunes filles. Les marchands étaient à cheval ; les esclaves, tristes et abattus, indiquaient par leur marche qu'ils étaient bien fatigués et bien malheureux. Berchaire fit arrêter les marchands et ne craignit point de blâmer leur cruauté. Les pauvres esclaves le regardèrent avec une telle expression de prière, qu'il les acheta sur-le-champ, et, levant ses mains vers le ciel, il s'écria : je vous remercie, mon Dieu, de m'avoir envoyé de l'or pour rendre mes frères plus heureux !

Et vous, mes enfants, bénissez le Seigneur, puisqu'il a eu pitié de vos souffrances, en me conduisant vers vous !

— Nous avons promis à Dieu, dirent les jeunes hommes, de lui consacrer notre liberté, si jamais elle nous était rendue.

— Et nous aussi, dirent les jeunes filles.

— Ce n'est pas moi, répondit Berchaire, ce n'est pas moi qui ai recherché depuis longtemps ce doux esclavage, qui vous détournerai de votre sainte entreprise. Vous ne serez plus que les esclaves de Dieu : je partagerai mes biens avec vous, et, esclave comme vous du souverain maître de toutes choses, nous fonderons ensemble un monastère dans le lieu où me conduisaient ces braves gens, lorsque je vous ai rencontrés.

Près de *Cantille*, demeurait une dame riche et de haute

naissance, nommée Valtide (1). Prévenue de ce qui venait de se passer, elle envoya ses serviteurs vers Berchaire pour l'engager à venir dans son château. Le saint ne garda, pour le guider, que le père de l'enfant auquel Dieu avait miraculeusement rendu la santé, alla chez Valtide, acheta d'elle la ferme de Mangevilliers, lui confia les huit jeunes filles, qui s'établirent, sous la direction d'une sainte religieuse, dans cette ferme, dont plus tard Berchaire fit augmenter les bâtiments, et qui fut appelée *Puellemonstier* (2).

Le lendemain, un bruit de cor retentit vers l'endroit miraculeux où les croix de feu paraissaient la nuit dans les arbres.

— C'est le roi Khilderic, dit le guide, n'avançons pas plus loin, attendons qu'il soit passé avec ses chasseurs.

— Nous n'avons rien à craindre, dit le religieux, du fils de Khlovis et de la sainte reine Bathilde, hâtons le pas au contraire.

Mais le cor cesse de se faire entendre : Berchaire et ses compagnons étaient arrivés dans l'endroit désiré. Une belle prairie, coupée par une pièce d'eau vive, s'offrit bientôt à leurs regards ; une foule d'oiseaux voltigeaient sur les arbres qui les entouraient, et non loin de là, perçaient à travers les rameaux les pointes des deux tours du château de Khilderic. Pendant que Berchaire admirait ce lieu, où un monastère serait si heureusement placé, Khildéric survint avec quelques seigneurs, et interrogea l'abbé sur les causes qui l'avaient amené si près de *Putéole* (3). Le prince était en ce moment dans un de ces accès de mélancolie qui suivaient ordinairement les vifs plaisirs de la chasse, ou les emportements aux-

---

(1) Épouse de Vaimer, persécuteur de saint Léger, puis évêque de Troyes.

(2) *Puellarum monasterium*, monastère de jeunes filles.

(3) Le château de *Puteolus* s'élevait dans le lieu où est situé aujourd'hui le hameau de Billory. *Les Moines du Der*, par l'abbé **Bouillevaux**, 1845, pag. 36.

quels il se livrait trop souvent. Il cherchait alors à réparer par de bonnes actions toutes les fautes qu'il se reprochait.

— C'est bien à vous, seigneur Berchaire, d'imiter ma sainte mère, qui bâtit des monastères et rachète les esclaves.

Berchaire répondit :

— La voix des pauvres et des orphelins est puissante auprès de Dieu pour ceux qui les arrachent à leurs souffrances.

— Oui, dit le roi, et qu'elle soit aussi puissante en ma faveur.

Puisque Dieu a marqué ce séjour par des signes miraculeux, je vous le donne, Seigneur Berchaire, je vous donne aussi mon palais de Putéole, et venez m'y recevoir comme votre hôte aujourd'hui, demain je retournerai à mon palais d'Attigny.

Et tous suivirent le roi en répétant des vivats et des chants religieux.

Putéole devint *Montier-en-Der* (1) ; les huit esclaves et Daguin furent les premiers moines de cette nouvelle abbaye.

Là se terminèrent les fondations du fils d'un chef des Aquitains, dont la glorieuse vie devait être couronnée par le martyre. Daguin, l'enfant adoptif du bûcheron, et ensuite de Berchaire, ne répondit point aux soins qu'on prit de son enfance abandonnée. Sa nature sauvage et indomptable ne pouvait se plier à la discipline. Souvent il sortait du monastère et passait plusieurs jours à errer dans les solitudes du Der. Libre de quitter le couvent, il aimait cependant à y revenir, et cherchait alors à réparer ses fautes par la pénitence. Toujours bon et facile à pardonner, Berchaire le recevait en père et le baignait de ses larmes, espérant toujours un changement de vie. Mais une fois on prévint le saint abbé que Daguin, lié avec des bandits, méditait sans doute le pillage du monastère. Berchaire le menaça publiquement d'une punition exemplaire, lui ordonna de passer la nuit à prier Dieu, fit veiller aux portes du monastère les serfs que le roi Khilderic avait

---

(1) *Monasterium Beatorum Apostolorum Petri et Pauli*, dès 680.

laissés sous sa dépendance, et qu'il avait à peu près tous affranchis.

La nuit, lorsque le saint commençait à prendre quelque repos sur son lit de jonc et de feuilles desséchées, Daguin entra et le frappa de trois coups de couteau, puis alla jeter l'instrument de son crime dans un petit vivier creusé dans l'enclos du monastère. Mais le couteau remonte à la surface de l'eau et y trace comme un cercle de sang. Daguin le retire et veut le briser, mais un nouveau miracle s'opère. Cet assassin, béni par le sang du martyr, tombe à genoux, implore la miséricorde divine, et, décidé à mourir pour expier son crime, vient lui-même se livrer aux religieux qu'il éveille et conduit près de Berchaire, qui respirait encore. Le saint, aux pieds duquel Daguin se roule, implorant sa bénédiction, se soulève et dit :

Que personne ne lui fasse de mal, que sa tête vous soit sacrée ! Mon fils, faites votre paix avec Dieu ; pour moi, je vous pardonne de tout mon cœur. Allez à Rome, pour que celui qui a le pouvoir de lier et de délier sur terre vous absolve de tous vos péchés.

Berchaire bénit les religieux, et mourut, en posant la main sur la tête de Daguin, le 27 mars 685 (1).

Le meurtrier partit et ne revint plus (2).

---

(1) On voit encore, à Montier-en-Der, le couteau que Daguin s'efforça vainement de briser et dont il ne put que courber la lame jusque sur le manche. *Les Moines du Der*, pag. 59.

(2) Victor Boreau, l'*Ange gardien*, t. III.

DANTON ET LE DERNIER COMTE DE BRIENNE.

Quelle que soit l'opinion de ceux auxquels ce livre parviendra, pour peu qu'ils aient vu les saturnales de 1848, la révolution de 1793 sera toujours cette fatale époque où nos belles institutions disparurent, emportées par le plus furieux ouragan qui se soit jamais déchaîné sur une nation. On a parlé de priviléges; mais fallait-il, pour les abolir, jeter la noblesse dans les fers et la décapiter? Fallait-il, pour quelques légers abus dont profitaient nos pauvres, envahir les biens du clergé et chasser Dieu de nos temples? C'est là une de ces taches qui auraient terni l'éclat de notre gloire, si, dans ces jours d'oppression, Dieu n'avait point suscité parmi nous cette race de héros qui firent trembler l'Europe !

D'Arcis-sur-Aube était sorti Danton, qui, de jeune élève turbulent du collége de Troyes, s'était élevé par sa popularité aux premières fonctions de la République. Ce terrible membre de la Convention n'oublia jamais sa ville natale; il quittait souvent Paris et sa formidable légion pour venir passer quelques *décades* à Arcis. L'histoire rapporte que dans une de ces excursions il se rendit au château de Brienne, et que, touché des vertus et de la simplicité de celui qui le reçut, il lui promit secours et appui dans la tempête. Rousselin, qui remplissait *dignement* sa mission dans le département de l'Aube, voulut à son tour visiter le château de Brienne. Cet imberbe proconsul, coiffé du bonnet rouge, se présente donc en robe de chambre, pantoufles vertes et pantalon blanc. M. de Brienne, qui commençait à redouter les agents farouches du club des Jacobins, le reçut non pas avec courtoisie, mais avec cette urbanité qui avait toujours été la vertu de ses ancêtres. Rousselin mange avec l'appétit d'un gastronome distingué, fait une partie de chasse, prend son thé et dénonce le comte de Brienne à ses *frères* de Paris, qui le font arrêter par trois envoyés du comité du Salut-Public. Les nobles habitants de la ville protestent. M. de Brienne peut fuir avec son garde-général et gagner la frontière ; les forêts favoriseront son évasion, mais le noble comte ne veut point abandonner son épouse et Mmes de Loménie. — « Qu'ils m'égorgent, qu'ils s'abreuvent de mon sang, s'écrie-t-il, il ne sera pas dit que j'ai exposé la vie des autres pour sauver la mienne ! »

Trente-deux communes avec celle de Brienne s'empressent d'envoyer à Paris une députation pour réclamer sa liberté. Ces députés, porteurs d'une pétition revêtue de plusieurs milliers de signatures, s'adressent à cet affreux comité du Salut-Public et se rendent chez Danton, qui va promptement chez Robespierre pour appuyer la demande des pétitionnaires.

— Voudrais-tu, Robespierre, dit Danton, me dire pourquoi le ci-devant comte de Brienne est incarcéré ?

— Il est bien étrange, répond Robespierre, qu'un républicain tel que toi vienne me faire une semblable question. Néanmoins, pour te complaire, je vais y répondre : Loménie est détenu, parce que le comité du Salut-Public le regarde comme un très-dangereux ennemi de la république.

— La réclamation qui est sous tes yeux, reprend Danton, fournit la preuve que le comité est dans l'erreur sur son compte. Je connais Loménie et j'ai remarqué depuis long-temps que sa bienfaisance et ses vertus le font chérir de tous les habitants qui furent ses vassaux : fais-lui rendre la liberté, je te garantis qu'il n'en abusera pas, parce que c'est un homme de bien.

— Les considérations que tu fais valoir en faveur de Loménie, réplique Robespierre, sont précisément celles qui ont déterminé son incarcération ; car étant aimé de ses ci-devant vassaux et possesseur d'une grande fortune, il n'aurait qu'un mot à dire, et tout-à-coup nous aurions à l'Est de Paris une Vendée dont il serait le chef, et qui augmenterait prodigieusement l'embarras que nous cause la Vendée de l'Ouest.

— Je soutiens, s'écrie Danton, que nous n'avons rien à redouter de la part de Loménie, attendu qu'il est plein de sagesse, de justice et d'honneur ; il est incapable de nuire à la république.

— Je ne partage point ta manière de voir à l'égard de ce ci-devant noble, répond froidement Robespierre ; sa mort étant résolue, il faut de toute nécessité qu'il porte sa tête sur l'échafaud.

A ces mots, Danton, furieux, met le poing sur la gorge de Robespierre et s'écrie d'une voix de Stentor : Puisque tu es inflexible, on verra qui de nous deux l'emportera !!

Dès lors, la guerre fut déclarée entre eux (1).

M. de Brienne, gardé dans son château, écrivit à Robespierre ; ce vertueux gentilhomme ne croyait pas qu'un tribunal dût poursuivre l'innocence. Cette lettre le perdit ; le tigre qui recommandait sa propre sœur au plus féroce de ses exécuteurs, n'oublia point le *citoyen Loménie*. Il le fit conduire à Paris et paraître devant son tribunal, le 10 mai 1794. Le dernier comte de Brienne monta sur l'échafaud avec ses neveux et sa nièce, le même jour et à la même heure que Madame Elisabeth.

Danton avait déjà porté sa tête sur le même échafaud, victime des tempêtes de cette révolution qu'il chérissait et pour laquelle il avait sacrifié son repos et son honneur !

Le souvenir tendre et douloureux de son mari inspira à Mme de Brienne l'idée de le faire modeler en cire, revêtu de ses insignes, et de lui consacrer comme monument funèbre la grotte du parc du château. C'est là qu'elle venait s'agenouiller devant cette image chérie, et prier pour le comte infortuné qui avait protégé les malheureux. On y voyait plusieurs inscriptions, dont l'une portait : *Il ne me répond pas, mais il*

---

(1) Note manuscrite de M. Dubois, de Troyes, citée par M. Bourgeois, auteur d'une *Histoire des comtes de Brienne*.

m'entend. Sur la tombe, placée dans l'intérieur du monument, était gravée l'épitaphe suivante :

> O vous, infortunés, dont il sécha les pleurs,
> Voyez ce monument et que vos pleurs l'arrosent !
> Aux regrets de sa veuve unissez vos douleurs ;
> Mais ne demandez pas où ses cendres reposent.

Ce monument n'existe plus (1).

VARIÉTÉS ANECDOTIQUES.

I.

Dialogue entre Philippe-Auguste et Pierre le chantre, doyen de la cathédrale de Reims.

Philippe-Auguste aimait à converser avec les hommes sages et éclairés. S'entretenant un jour avec Pierre le chantre, doyen de la cathédrale de Reims, sur les qualités que doit avoir un grand roi, le savant abbé lui fit le portrait d'un bon monarque et lui exprima le désir de le voir se modeler sur le type idéal qu'il venait de lui dépeindre.

Seigneur chantre, reprit Philippe, si jamais vous faites un roi, vous le ferez tel que vous venez de le décrire ; mais, en attendant, contentez-vous de celui que vous avez. Maintenant, dites-moi pourquoi les anciens évêques, comme saint Marcel de Paris, saint Germain d'Auxerre, et beaucoup d'autres ont été des saints, tandis que parmi les évêques de notre temps il n'en est pas un seul qui le devienne ?

---

(1) *Histoire des comtes de Brienne,* par M. Bourgeois, Troyes, 1848, page 177.

— Seigneur roi, reprit Pierre, c'est que le sage ne se présente point pour donner un conseil s'il n'y est invité, tandis que le sot se montre toujours, même lorsqu'on ne l'appelle point.

— Par la lance de saint Jacques, s'écria Philippe-Auguste, quel rapport y a-t-il entre votre réponse et ma demande ?

— Le sage, répondit Pierre, c'est le Saint-Esprit, qu'on invoquait jadis dans les élections ecclésiastiques, par de longs jeûnes, avec beaucoup de larmes et un cœur contrit. Aussi dirigeait-il le choix des électeurs et les déterminait-il en faveur de saints personnages. Le sot, au contraire, c'est le diable toujours prêt à intervenir partout, même sans être invoqué, mais qu'appellent aujourd'hui l'orgueil, l'envie, la cupidité, l'amour du pouvoir et d'autres vices innombrables. Il faut donc que les prélats gouvernent sous la fatale influence qui a présidé à leur élection (1).

II.

Fausse renommée, ou les Almanachs de Troyes.

On connaît la grande réputation qu'avaient autrefois les prédictions des almanachs de Troyes. Cette réputation doit pourtant son origine à une coïncidence assez bizarre. La célèbre veuve Oudot tenait, en 1756, dit Grosley, « le sceptre des oracles qui réglaient le cours des saisons et des météores. » Son astrologue disparut un jour de la ville et laissa les compositeurs sans copie. La veuve Oudot déplorait cette mésaventure, lorsque son gendre, M. Truelle, homme spirituel et jovial, se proposa pour remplir les fonctions de l'absent, mais à la condition qu'on lui laisserait carte blanche. La proposition fut agréée et M. Truelle se mit aussitôt à la besogne. Le voilà donc, véritable Mathieu Laensberg, à faire l'horoscope

---

(1) **Extrait d'un cartulaire de Bourges**, par M. Raynal. *Bibliothèque de l'école des Chartes*, t. 2, p. 398.

de ses concitoyens et à débiter une foule de prédictions à l'usage des ignorants. Le 5 janvier 1757 lui semble une date funeste ; sa main écrit : HORRIBLE ATTENTAT, COUP MANQUÉ ! Le hasard voulut que précisément à cette date Louis XV fut frappé par Damiens d'un coup de couteau. De là, grande rumeur dans la capitale de la Champagne. La veuve Oudot décidément avait fourni l'arme au meurtrier et conspirait contre l'Etat ! Le lieutenant-général de la police de Troyes reçut l'ordre d'arrêter cette femme, de faire fermer son imprimerie, et d'instruire son procès. Mais ce lieutenant-général, homme sage et prudent, fit appeler la veuve, et, satisfait des explications de M. Truelle, révoqua l'ordre d'arrestation. Depuis cette époque, les almanachs de Troyes ont toujours excité l'appétit des hommes crédules, et à l'heure même où vous lisez cette anecdote, mon cher lecteur, il y a encore bien des gens qui n'oseraient s'embarquer que sur la parole du GROS BAVARD.

III.

SOUVENIRS DE L'INVASION.

—

L'Empereur d'Autriche et le père Martin, à Bar-sur-Aube.

François II aimait beaucoup la musique. Quelques jours après son arrivée à Bar-sur-Aube, ce monarque, voulant sans doute se distraire, s'informa s'il existait dans la ville un musicien capable de jouer du violon. Quelques personnes nommèrent le père Martin. L'Empereur d'Autriche sonne aussitôt un de ses gentilshommes, et lui ordonne de faire chercher le violoniste et de le lui amener. Celui-ci, croyant qu'il s'agissait d'une arrestation, appelle un officier et lui communique l'ordre qu'il vient de recevoir. Deux soldats parcourent donc les rues de la cité, demandent la demeure du père Martin, et voient fuir devant eux ceux qu'ils interrogent.

Arrivés cependant devant la porte de celui qu'ils cherchent, ils aperçoivent sa femme toute tremblante de peur qui se hâte de leur dire que son mari n'est pas à la maison. Craignant de ne point exécuter les ordres de l'Empereur, nos deux soldats pénètrent dans la demeure du père Martin, ouvrent et renversent les meubles, et trouvent le pauvre homme blotti sous un lit. Martin veut résister, appeler ses voisins, mais les soldats le saisissent, lui lient les mains derrière le dos et l'entraînent malgré lui jusqu'à la demeure de l'Empereur. Un gentilhomme l'introduit bientôt auprès d'un personnage d'un âge avancé qui lui adresse ces paroles :

Vous êtes le père Martin ?

— Oui. Monseigneur, répond le pauvre homme tremblant.

— Vous êtes musicien ? m'a-t-on dit.

— Oui, Monseigneur.

— Eh bien, s'il en est ainsi, reprend le personnage en désignant un violon, prenez cet instrument, approchez un siége, jouez-moi d'abord un air, et nous exécuterons ensuite quelques morceaux ensemble.

Le père Martin, rassuré par cet ordre, s'empresse de prendre le violon, et s'acquitte si bien de son rôle que François II le garde quelques heures et lui donne sa bourse pour le remercier.

La séance terminée, l'Empereur appelle son chambellan et lui ordonne de reconduire le violoniste dans sa maison. Le père Martin, satisfait du dénonement de son aventure, veut s'en retourner seul, mais sur un signe du chambellan, deux soldats, munis d'une corde, lui lient une seconde fois les mains derrière le dos et le reconduisent, l'arme au bras, jusqu'à son logis.

Le père Martin mourut le 19 février 1844, à l'âge de 78 ans. Concierge de l'Hôtel-de-Ville et chantre à Saint-Maclou, il racontait souvent en tremblant cette étrange aventure, et se plaignait amèrement de l'étiquette autrichienne (1).

---

(1) *Histoire de Bar-sur-Aube*, par L. Chevalier, Bar-sur-Aube 1851, pag. 263.

IV.

Madame Nancey.

Madame Nancey de Troyes, dont le mari avait réalisé une assez bonne fortune par son travail et son économie, était une brave femme qui, ayant conservé la simplicité de ses premières habitudes, parlait avec la plus naïve franchise et surtout avec une bonhommie toute naturelle. Ayant remarqué plusieurs fois l'Empereur d'Autriche, qui venait se promener devant son logis, accompagné de deux ou trois officiers, elle l'aborde un beau matin, lui fait une profonde révérence et entame le dialogue suivant :

Bonjour, Monsieur l'Empereur !

— Bonjour, ma bonne femme ; que puis-je faire pour vous ?

— Dites donc, Monsieur l'Empereur, aurons-nous bientôt la paix ?

— Si cela dépendait de moi, vous l'auriez déjà, car je la désire de tout mon cœur.

— Cela n'est pas vrai, Monsieur l'Empereur, puisque vous nous faites la guerre. Ce n'est pas bien, voyez-vous ; notre Empereur, c'est votre gendre, et sa femme c'est votre fille. J'en ai sept, moi, des filles ; je les soutiens, tandis que vous, vous venez détruire la vôtre..... Vous êtes un mauvais père.

A ces mots, l'Empereur d'Autriche quitta son interlocutrice sans en entendre davantage, et dit à ses officiers : Que le sort des monarques est à plaindre ! Sourds à la voix de la nature, il faut qu'ils sacrifient tout à la politique.

DÉCOUVERTE DU TOMBEAU DE BOSSUET DANS LA CATHÉDRALE DE MEAUX.

Les restes mortels de Bossuet avaient été déposés dans un petit caveau placé près du maître-autel de la cathédrale de Meaux. Sur la pierre sépulcrale qui recouvrait le caveau, les fidèles et les voyageurs lisaient autrefois une inscription qui rappelait les principaux titres et les éminentes qualités de ce génie, que la voix du monde a surnommé l'aigle de Meaux. Mais, plus tard, lorsque cette pierre fut enlevée et reléguée derrière l'autel, parce qu'elle gênait la symétrie du carrelage du sanctuaire, on perdit le point précis de l'emplacement du tombeau de Bossuet.

Monseigneur de Meaux, auquel nous devons une *Monographie* si savante de son église, ne voulut pas que la dépouille mortelle de son illustre prédécesseur demeurât plus longtemps ignorée, et ordonna des recherches le 8 novembre 1854. A l'aide des lumières fournies par des mémoires manuscrits et par l'histoire de Bossuet, une ouverture, pratiquée entre l'estrade du trône épiscopal et les marches qui forment la limite du chœur, laissa bientôt voir un cercueil de plomb hermétiquement fermé, portant une plaque de cuivre à la hauteur de la poitrine. On y lut, à la lueur d'un flambeau, la date MDCCIV, qui rappelle précisément celle de la mort de Bossuet. Il n'y avait plus à chercher : le corps de l'éloquent évêque de Meaux reposait dans ce cercueil. La plaque de cuivre, soumise à un examen complet, présentait, gravée très-lisiblement en caractères majuscules, une inscription latine que nous traduisons :

« Ici repose, en attendant la résurrection, le corps de Jacques-Bénigne Bossuet, évêque de Meaux, conseiller d'état, précepteur du sérénissime dauphin, premier aumônier de la sérénissime duchesse de Bourgogne, conservateur des priviléges apostoliques de l'université de Paris, et supérieur du collége royal de Navarre. Il mourut l'an du Seigneur MDCCIV, le XIIe jour d'avril, âgé de LXXVI ans VI mois et XVI jours. — Qu'il repose en paix ! »

L'opération devait-elle s'arrêter à ce résultat précieux? Le respect que commande la cendre des morts n'inspirait-il pas le devoir de laisser inviolable le secret de cette illustre tombe?... Cinq jours entiers, sa Grandeur flotta dans une indécision facile à comprendre. Mais des désirs si nombreux et si pressants lui furent exprimés, la conformation du cercueil permettait si facilement de découvrir la tête, que Monseigneur n'hésita plus. Nous ne chercherons pas à décrire avec quelle anxiété, quelle émotion, les assistants, penchés silencieusement sur le cercueil, attendirent la minute solennelle qui devait leur révéler tout ce que la mort avait laissé de Bossuet.

Le couvercle enlevé n'offrit d'abord qu'un amas confus de plâtre et de tan, qu'on enleva avec des précautions infinies. Bientôt, sous une quadruple enveloppe de toile épaisse et forte, on vit se dessiner vaguement les formes du visage. Oh ! comme alors, dit un des assistants (1), les mains qui touchaient ces nobles reliques étaient tremblantes ! Comme les cœurs battaient avec violence ! Lorsque le visage de Bossuet parut, tel que la mort l'avait fait après un siècle et demi, tous les assistants tombèrent à genoux. Cette tête, où Dieu avait placé une si grande lumière, était conservée beaucoup plus qu'on ne l'avait espéré. Elle gardait encore des cheveux brunis par le temps et par les préparations chimiques, mais non plus ces cheveux blancs qui avertissaient le grand orateur dans l'oraison funèbre de Condé et dans son allocution pastorale de la dernière assemblée synodale. Le front dégarni offrait la trace des incisions que l'embaumement avait

____

(1) M. Rabotin, chanoine honoraire de Meaux. — Voyez l'*Illustration*, 1855.

rendues nécessaires ; les sourcils se remarquaient encore, mais à la place des yeux, dans les cavités orbitaires, ce n'était plus que matière coagulée et noirâtre. La bouche, doucement entr'ouverte, a laissé voir bien conservées les incisives de la mâchoire supérieure. Le menton conservait une barbe assez longue perdue dans les chairs desséchées ; la moustache et la mouche n'avaient point disparu.

La portion du couvercle de plomb qui avait été enlevée fut remplacée par une glace artistement ajustée au cercueil. Tout le monde fut alors admis à venir jeter un respectueux regard sur les restes du plus illustre évêque de la ville.

Le 15 novembre, Monseigneur fit placer le cercueil au milieu du haut-chœur, et officia pontificalement au service funèbre. M. l'abbé Réaume lut un éloge de Bossuet dans lequel il esquissa rapidement les prodigieuses qualités de ce génie si vaste, si complet et si chrétien. Mais

> Tous les yeux regardaient le catafalque noir,
> Et tous cherchaient Bossuet pour l'entendre et le voir...

LÉGENDE DE LA CROIX,

**D'après les verrières des églises de Troyes,
la Légende dorée de Jacques de Voragine,
et le VITA CHRISTI imprimé à Troyes chez Jean Lecoq, en 1517.**

> « La croix est plus qu'une figure ; elle est, en
> iconographie, le Christ lui-même ou son symbole.
> Aussi lui a-t-on créé une légende comme à un
> être vivant. »
>
> DIDRON, *Iconographie chrétienne*, p. 375.

I.

Lorsque notre premier père fut banni du paradis terrestre, il vécut dans la pénitence, cherchant à racheter sa faute par la prière et le travail. Arrivé à une vieillesse avancée et sentant la mort venir, il appela Seth son dernier né, ce fils chéri qui remplaçait le juste Abel tué par Caïn, et lui dit :

« Va, mon fils, au paradis terrestre; tu demanderas à l'archange qui en défend l'entrée un baume salutaire qui adoucisse mes derniers moments et me prépare au long voyage que je vais faire. Tu trouveras facilement le chemin qui conduit d'ici au paradis, car, après notre désobéissance, lorsque nous en sommes sortis avec ta mère, nos pieds brûlèrent la terre et le sol a dû garder l'empreinte de nos pas. Tu supplieras l'archange de prendre en pitié mes larmes et de m'accorder ce baume qui doit me purifier et me sauver à la mort, comme plus tard à leur naissance l'eau sauvera les enfants que le Rédempteur aura reçus dans le baptême. »

Seth se hâta d'obéir aux ordres de son père dont la mort engourdissait déjà les membres et voilait les yeux. Il trouva la route qui menait au paradis, marquée de taches noirâtres et charbonneuses qu'avait laissées autrefois l'empreinte des pas d'Adam et d'Eve. Le chemin qu'il suivait était aride et pour ainsi dire maudit; l'œil n'y apercevait qu'une végétation rare, triste et malsaine. Cependant, à mesure que Seth s'éloignait du séjour de son père et se rapprochait du paradis, l'air semblait s'épurer, la campagne s'embellir, la végétation grandir et se multiplier. Quand il entrevit les murs du paradis, la nature éclatait en couleurs et en fleurs merveilleuses ; les fleurs étaient plus grandes et plus vives, et les animaux plus harmonieux de mouvements. L'air, entièrement transparent, résonnait comme s'il eût été du cristal, sous les coups du gosier des oiseaux chanteurs. L'oubli de la terre natale et le regret du paradis à jamais perdu s'emparèrent de Seth lorsqu'il vit flamboyer à quelques pas devant lui un serpent de feu. L'apparition se tenait debout, en l'air, à cinq pieds du sol. Le jeune patriarche eut peur d'abord, car les pointes de la flamme vivante étaient dardées contre lui. Mais il vit bientôt que ce serpent était l'épée étincelante mise par Dieu à la main droite du chérubin qui gardait l'entrée du paradis et le chemin conduisant à l'arbre de vie. L'ange, vêtu d'une lumière éclatante, étendit, d'un jambage à l'autre de la porte, ses deux ailes de neige.

A la vue de la blanche créature qui défendait l'entrée du bienheureux séjour, Seth fut saisi d'un sentiment de respect et de crainte. Il se prosterna aux pieds de l'archange sans avoir la force de lui expliquer son message. Mais l'être céleste lut dans son âme mieux qu'un mortel dans un livre les paroles que le vieil Adam y avait comme imprimées, et dit à Seth :

« Le temps du pardon n'est pas encore venu pour ton père, il faut qu'il attende quatre mille ans, jusqu'à l'arrivée du Rédempteur, pour entrer dans le ciel qu'il s'est fermé par sa désobéissance. Mais le Christ de Dieu, qui mourra pour racheter le monde perdu par Adam, veut, en signe du pardon futur, que le gibet où il laissera sa vie mortelle sorte de la tombe même de ton père. Regarde, continua l'archange, tout ce qu'Adam a perdu par son péché. »

A ces mots, l'archange fit rouler sur ses gonds la porte de feu et d'or qui fermait le paradis, et alors Seth vit une fontaine luisante comme de l'argent, transparente comme du cristal, de laquelle tombaient quatre sources d'eau vive. Devant la fontaine mystique, s'élevait un arbre immense, énorme de tronc, touffu de branches, mais sans feuille et sans écorce. Autour du tronc, s'enroulait un serpent hideux, chenille monstrueuse qui paraissait avoir brûlé l'écorce et rongé les feuilles. Seth contemplait avec effroi toutes ces choses, lorsqu'un précipice se creusa tout-à-coup autour de l'arbre. Le fils d'Adam vit que l'arbre prolongeait sa racine dans les enfers : là, tout au fond, son frère Caïn voulait s'accrocher à l'arbre pour remonter dans le paradis ; mais les racines s'enlaçaient autour des membres du fratricide, comme les fils d'une toile d'araignée autour d'une mouche. Les fibres de l'arbre entraient dans le corps de Caïn et le traversaient comme si elles avaient été vivantes, et arrachaient des hurlements affreux au damné.

Affligé de ce spectacle, Seth porta ses regards au sommet de l'arbre, mais toutes choses avaient changé. L'arbre avait cru démesurément et atteignait le ciel. Ses branches s'étaient même chargées de feuilles, de fleurs et de fruits. Mais le plus beau de ses fruits était un petit enfant, un vrai soleil vivant qui semblait écouter la mélodie des sept colombes blanches comme la neige qui entouraient sa tête. Une femme, plus belle que la lune et presque aussi resplendissante que l'enfant, portait dans ses bras la divine créature.

« Tout ce que tu vois, dit l'archange au jeune patriarche, c'est le paradis de la terre et du ciel. Voilà l'arbre de la science du bien et du mal qui, par le crime du serpent et par la désobéissance de tes parents, a perdu son écorce et ses feuilles. Mais il reverdira plus grand et plus touffu, lorsque le Fils de Dieu, qui possède les sept dons des sept blanches colombes du Saint-Esprit, naîtra d'une femme qui sera la Vierge-Marie. Prends ces trois graines que j'ai tirées de l'arbre et mets-les dans la bouche de ton père, lorsque dans trois jours tu l'enseveliras. De cette semence sortiront trois arbres, l'un de cèdre, l'autre de cyprès, et le troisième de pin. Ces trois arbres figurent la Sainte-Trinité : le cèdre, c'est le Père, parce qu'il monte plus haut ; le cyprès, c'est le Fils, parce que Jésus mourra et que le cyprès est l'arbre de la mort ; le pin, c'est le Saint-Esprit, qui donne des fruits si utiles et si nombreux. Ces arbres, d'un bois odorant, incorruptible, se réuniront pour ne former qu'un seul arbre, comme les trois personnes ne font qu'un seul Dieu. Lorsqu'il portera des fruits, le salut du monde sera accompli et les générations proclameront heureux Adam ton père. »

L'archange parlait du Christ, fruit divin qui devait pendre à l'arbre de la croix et sauver le genre humain.

Seth s'en alla donc, lançant à travers la porte entr'ouverte un dernier regard sur les merveilles du paradis, portant les trois graines cueillies à l'arbre, dont la naissance avait précédé celle de l'homme, et, s'éloignant à regret des délices entrevues, il revint tristement trouver son père.

Adam se réjouit en entendant tout ce que Seth lui raconta, et bénit Dieu. Le troisième jour, le père du genre humain resta étendu sans vie sur la terre, comme l'archange l'avait

prédit. Seth enveloppa pieusement les membres d'Adam dans
les vêtements de peau de bêtes que le Seigneur avait donnés
à nos premiers parents en les exilant du paradis. Il porta sur
ses épaules le mort chéri jusqu'au sommet du Golgotha, et le
déposa dans une fosse après lui avoir mis dans la bouche les
graines que l'archange lui avait données (1). Quelque temps
après, on vit sortir trois rameaux, dont l'un était de cèdre,
l'autre de cyprès, et le troisième de pin. Les trois branches
grossirent et s'élevèrent avec une force prodigieuse, lançant
à droite et à gauche des rameaux nombreux. Ce fut un de
ces rameaux que Dieu mit entre les mains de Moïse pour
opérer les miracles sur la terre de Pharaon, pour faire sortir
l'eau des rochers et guérir ceux que les serpents tuaient
dans le désert. Ce rejeton de l'arbre de vie avait la puissance
dont fut douée la croix du Christ, c'était l'image de la croix
à venir. Bientôt, en grossissant l'une près de l'autre, ces
trois branches, qui sortaient de la bouche d'Adam sur le
Golgotha, finirent par se toucher, par se presser, par s'in-
corporer, par se confondre enfin en un seul tronc. On dit
même que David vint s'asseoir sous cet arbre merveilleux
pour y pleurer ses péchés (2).

---

(1) *Vita Christi*, imprimé à Troyes, chez Jean Lecoq, 1517. —
Légende dorée, Invention de la sainte Croix. — Verrières de
Saint-Martin-ès-Vignes et de Saint-Pantaléon à Troyes. L'archange donne à Seth une branche et non des graines de l'arbre
de vie, dans quelques légendes suivies par les peintres-verriers de Champagne.

(2) La vertu de la Croix est telle qu'une simple allusion
faite à ce signe, même dans l'Ancien Testament, a sauvé de la
mort le jeune Isaac, a racheté de la ruine tout un peuple dont
les maisons étaient marquées de ce signe, a guéri des morsures
venimeuses ceux qui regardaient le serpent attaché à un pieu
ayant la forme d'un T, a rappelé l'âme dans le corps du fils de
cette pauvre veuve qui avait donné du pain au prophète.... Didron, *Iconographie chrétienne*, pag. 577. — Verrière de Sainte
Madeleine.

II.

Au temps de Salomon, c'était le plus bel arbre de tous les plus beaux du mont Liban. Il avait surpassé ceux des forêts du roi Hiram, comme un roi élevé domine la foule prosternée à ses pieds. Aussi, lorsque le fils de David éleva son palais, appelé la forêt du Liban, c'est à ce rejeton puissant de l'arbre de vie, qui n'avait cessé de croître depuis quatre mille ans, qu'il songea pour en faire le support principal sur lequel devait reposer le monument entier. Il le fit donc couper par le faîte, au milieu de l'édifice, pour lui donner la voûte à porter ; mais le grand roi fit d'inutiles efforts. La colonne refusa de se laisser faire et fut d'abord trop longue, puis trop courte, lorsque les ouvriers l'eurent coupée. Surpris de cette résistance, Salomon fit baisser de nouveau tout le monument ; mais la colonne, grandissant tout à coup, jaillit au-dessus du palais et le creva comme une flèche qui passe au travers d'une toile, comme un oiseau captif qui recouvre la liberté. Salomon irrité, lui qui destinait ce bois à la place d'honneur dans le plus beau monument qu'on eût jamais élevé, ordonna de le porter sur les deux rives du torrent de Cédron, pour qu'il servît de pont et fût foulé par les pieds impurs des passants et des bêtes de somme (1).

Cependant le palais fut achevé, et, non moins que le temple, porta aux extrémités du monde la gloire de Salomon. La reine de Saba accourut du fond de l'Arabie pour voir le grand roi dont parlait l'univers. Elle lui apportait les plus riches présents, produits par la nature ou fabriqués par l'homme, des diamants, des parfums et des étoffes du plus haut prix. Salomon accueillit la reine avec toutes sortes de distinctions,

---

(1) *Légende dorée*, Invention de la sainte Croix. — *Vita Christi.* — *Sermo de Inventione sanctæ Crucis et de Exaltatione*, par J. Hérolt, fol. 21 et 35, Nuremberg, 1481. — Verrière de Saint-Martin-ès-Vignes.

et, après lui avoir fait admirer les merveilles de Jérusalem et du Temple, il la conduisit hors de la ville pour lui montrer la beauté des campagnes environnantes. Déjà croissaient alors dans le jardin de Gethsémani les oliviers qui devaient plus tard être témoins de l'agonie de Jésus et de la trahison de Judas. En quittant ce lieu, où la reine de Saba éprouvait un sentiment confus de ce qui devait arriver un jour, on passa le torrent de Cédron pour rentrer dans Jérusalem. Mais subitement inspirée de Dieu, la reine refusa de marcher sur le pont fait avec la colonne mystérieuse. Elle se jeta à genoux sur la rive, et s'écria : « Ô bois divin, tu causeras la ruine de Jérusalem et le salut du monde !.... » A ces paroles, Salomon, qui avait tout fait pour la gloire de Jérusalem, fut enflammé de colère et ordonna d'enfouir ce bois maudit dans les plus profondes entrailles de la terre, afin qu'il y pourrît honteusement, en démenti de l'étrange oracle prononcé par la reine de Saba. L'arbre fut donc enterré, mais Dieu veillait sur lui (1).

Longtemps après Salomon fut creusée la piscine probatique. Cette piscine était entourée de deux galeries où venaient s'étendre les aveugles, les malades, les paralytiques et les boiteux, qui attendaient leur guérison. Les eaux de la piscine avaient réellement une grande vertu, et elles devaient cette merveilleuse propriété au bois qui avait crû sur la tombe et dans la bouche d'Adam, et qui n'avait point voulu servir de colonne au temple de Salomon. En creusant la piscine, on avait déterré la poutre, de sorte que le bois sacré gisait au milieu de l'eau. C'était sur cette poutre que descendaient les malades, lorsqu'ils venaient se laver pour obtenir leur guérison. C'était sur ce bois précieux qu'ils se purgeaient de leurs immondices, que les Nathanéens lavaient les victimes destinées aux sacrifices. Mais Dieu ne permit pas que les souillures pûssent profaner un objet qu'attendait

---

(1) *Légende dorée.* — Verrières de Saint-Martin et de Saint-Pantaléon.

une destinée extraordinaire. Toutes les nuits il envoyait deux anges qui, de leurs ailes, balayaient les impuretés que les malades et les Nathanéens avaient pu déposer sur la poutre, de sorte que le matin le bois brillait aussi pur, aussi clair que l'eau même de la piscine (1).

III.

Les temps étaient accomplis, Dieu le Père avait envoyé son Fils sur la terre s'incarner dans le sein de la Vierge-Marie. Jésus, qui répandait les bienfaits sur les malheureux, qui éclairait les aveugles et instruisait les ignorants, qui confondait les hypocrites et appelait à lui les petits enfants et les humbles de cœur, Jésus, après son agonie de sang au jardin des Oliviers, fut trahi par un de ses apôtres, saisi par les Juifs et condamné à être crucifié. Les bourreaux cherchèrent un arbre convenable pour faire une croix à ce Dieu qui s'appelait le Messie. Ils n'en trouvèrent pas de plus facile à approprier que le bois de la piscine probatique. L'ayant coupé en deux parties inégales, de la plus longue moitié, ils firent le montant de la croix, et, avec la plus petite, la traverse où furent attachés les bras. Jésus porta sur ses épaules meurtries, le long de la voie douloureuse, ce bois qui avait poussé dans le tombeau d'Adam, ce bois tiré de l'arbre de vie et qui allait servir d'instrument de mort à un Dieu. Le Christ y fut attaché et y rendit l'esprit, après avoir prié pour ses meurtriers, et en s'écriant que tout était consommé. Le contact du corps divin communiqua une vertu nouvelle à cet arbre merveilleux et déjà il était facile de prévoir que sa destinée n'était pas finie même après la mort du Christ.

Joseph d'Arimathie et Nicodème ensevelirent le corps du Rédempteur dans un sépulcre nouvellement taillé dans le roc ; la croix fut enfouie en terre avec celles des deux larrons, avec les clous, la couronne d'épines et l'écriteau qui procla-

---

(1) Verrière de Saint-Martin.

mait Jésus roi des Juifs. En mourant, le Christ avait enfanté l'Eglise ; mais ce grand vaisseau qui devait, à travers les écueils et les orages, porter au ciel toute l'humanité, ne fut, jusqu'à Constantin, qu'une humble nacelle de fragile apparence et que les persécutions menacèrent de faire sombrer plusieurs fois. Jésus s'était envolé au ciel se rasseoir à la droite de Dieu le Père, mais la croix restait toujours enterrée sur le Calvaire.

Constantin arriva sur le trône des empereurs romains ; sur le point d'en venir aux mains avec Maxence, il priait Dieu de lui envoyer du secours. Pendant son sommeil, il vit à l'orient dans le ciel briller en traits de feu le signe de la croix, et entendit des anges, debout à ses côtés, lui adresser ces paroles : « Tu vaincras par ceci. » L'empereur restait dans l'étonnement, lorsque le Christ, la nuit suivante, lui apparut avec la croix qu'il avait vue dans le ciel, et lui ordonna de faire une représentation de ce signe qui lui viendrait en aide pour l'issue des combats. Le lendemain, vers midi, on entendit, à Jérusalem, comme un bruit sourd sur le Calvaire, et immédiatement après, une nappe de feu se déchira en deux bandes inégales ; l'une de ces bandes se superposa en travers de l'autre, pour figurer une croix qui monta dans l'air et s'envola dans l'occident. A la même heure, Constantin, qui s'apprêtait à combattre Maxence, vit au ciel le météore lumineux qu'il connaissait déjà et qui avait la forme d'une croix avec ces mots écrits en lettres de feu : « *Ex hoc signo vinces.* » En conséquence, Constantin, plein de joie et sûr de la victoire, se marqua au front du signe qu'il avait vu dans le ciel, transforma en croix les étendards militaires, et prit à sa main droite une croix d'or. Maxence fut attaqué avec impétuosité, se noya dans le fleuve et laissa la victoire à Constantin, qui proclama, l'an 313, par un édit, la fin des persécutions (1).

Baptisé par le pape Sylvestre, l'empereur chrétien envoya

---

(1) **Verrière de Sainte-Madeleine.**

sa mère Hélène à Jérusalem pour chercher la croix. Rien, durant près de trois siècles, si ce n'est le jour de la vision de Constantin, n'avait révélé son existence, ni le lieu où elle était enfouie. Aussitôt arrivée, Hélène fit réunir tous les juifs instruits de la contrée. La frayeur s'empara de ces hommes, ignorant le motif de la convocation. L'un d'eux, nommé Judas, leur dit qu'Hélène voulait apprendre de leur bouche où était la croix sur laquelle le Christ était mort, mais qu'il ne fallait pas le lui faire connaître, parce que la religion des Juifs serait anéantie. Arrivés en présence d'Hélène, les juifs ne voulurent rien révéler et se rejetèrent sur Judas, qui était un homme d'esprit.

— Montre-moi, lui dit l'impératrice, le lieu qu'on nomme Golgotha, pour que je puisse découvrir la croix. Voici la vie ou la mort! Choisis.

Judas se défendit de rien savoir, se retrancha derrière le grand nombre d'années écoulées depuis la mort de Jésus.

— Par le Christ, lui dit Hélène, tu périras de faim, si tu ne me dis pas la vérité. Et elle le fit jeter dans un puits desséché. Luttant six jours entiers contre la mort, il déclara le septième qu'il allait dire où était la croix. Retiré du puits, il monte au Calvaire et se met en prières. Tout-à-coup la montagne s'agite, une fumée de parfums d'une odeur admirable s'en exhale, et Judas, émerveillé, applaudit des deux mains en disant : En vérité, Christ, tu es le Sauveur du monde (1).

Dans ce lieu s'élevait un temple à Vénus, bâti par l'empereur Adrien, afin que les chrétiens parussent adorer la déesse en adorant le Christ. Hélène fit raser le temple et en fit labourer l'emplacement. Judas se mit courageusement à l'œuvre, creusa vingt pieds, et trouva trois croix qu'il fit déposer devant l'impératrice. Comme on ne pouvait distinguer celle du Christ de celles des Larrons, on les plaça au milieu de la ville en invoquant le secours de Dieu. Vers la neuvième heure, lorsqu'on portait en terre un jeune homme, Judas fit poser

---

(1) Verrières de Sainte-Madeleine et de Saint-Nizier.

successivement le cercueil sur la première et sur la seconde
croix. Rien ne se manifesta, mais à peine le mort eût-il touché la troisième, qu'il revint à la vie. Hélène et la foule s'agenouillèrent devant la vraie croix, et rendirent grâces à Dieu.
Judas, touché de ce prodige, se fit baptiser, prit le nom de
Quiriace, et devint évêque de Jérusalem (1).

IV.

Quelques siècles après, la croix fut subjuguée et emmenée
en captivité par Cosroës, roi des Perses. De retour dans sa
capitale, ce monarque, voulant se faire adorer, fit construire
une tour d'or, d'argent et de pierres précieuses, et y plaça
les images du soleil, de la lune et des étoiles. Fatigué bientôt
du trône, il abandonne à son fils les rênes du gouvernement,
se retire dans sa tour, s'entoure de la vraie Croix et de saintes
reliques, imite la pluie et simule le tonnerre par des moyens
artificiels, et reçoit les honneurs de la divinité. Sur ces entrefaites, Héraclius, levant une puissante armée, marche contre le fils de Cosroës, et l'atteint sur les bords de l'Euphrate.
Les deux souverains conviennent de terminer la bataille
par un combat singulier qu'ils se livreront sur le pont. Héraclius s'offre à Dieu, se recommandant à la vraie Croix, et
parvient à remporter un tel triomphe que le fils de Cosroës
se convertit avec son peuple. Le vieux roi ignorait cependant
l'issue du combat. Héraclius vint à lui et lui dit : Puisque tu
as honoré la vraie Croix selon ta manière, si tu veux recevoir
le baptême et la foi de Jésus-Christ, tu conserveras la vie et
tes états, en me remettant quelques otages. Si tu refuses, je
te frapperai de mon glaive et te couperai la tête. Cosroës ne
voulut point accepter les propositions et fut décapité. Héraclius s'empara de ses trésors et reprit le chemin de Jérusalem
avec la sainte Croix. Lorsque, descendant le mont des Oliviers,

(1) Verrière de Saint-Nizier. — *Histoire de Provins*, par Félix
Bourquelot, t. I. Légende de Saint-Quiriace.

il voulut passer, à cheval et revêtu de ses ornements impériaux, sous la porte par laquelle le Seigneur était entré pour se rendre au Golgotha, les pierres de la porte tombèrent et formèrent une muraille qui ferma le passage. L'étonnement s'empara de tous les assistants ; mais un ange, portant une croix, apparut sur la muraille et dit : Lorsque le roi des cieux est entré par cette porte avant sa Passion, il n'était pas revêtu des ornements impériaux, mais il était monté sur un âne, voulant laisser un exemple d'humilité. L'empereur, versant des larmes, ôta sa chaussure, se dépouilla de ses vêtements jusqu'à la chemise, prit la croix et la porta jusqu'à la muraille. Les pierres cédèrent et la porte laissa bientôt, en se relevant, le passage libre à tous les fidèles (1).

Dispersée quelque temps après dans l'univers en une multitude de parcelles, la Croix opéra de nombreux prodiges, rendant les morts à la vie et les aveugles à la lumière, guérissant les paralytiques et les lépreux, chassant les démons et brisant la fureur des flots (2).

Telle est cette légende naïve que tout le moyen-âge racontait et dont les touristes peuvent admirer la représentation sur les verrières des églises élevées à la gloire de Dieu jusqu'au XVIIe siècle.

---

(1) Verrière de Saint-Martin.

(2) Didron, journal l'*Univers*, 1842.

PUREMENT BIBLIOGRAPHIQUE.

LES SONGES AU XIXe SIÈCLE.

Au XVIe siècle, quelque temps après la découverte de l'imprimerie, de la capitale de la Champagne sortirent des milliers de beaux in-quarto composés par des bergers et ornés d'un grand nombre de vignettes. Ces grands volumes étaient des *calendriers* à la suite desquels les pasteurs champenois débitaient mille prédictions, donnaient mille conseils et prescrivaient différents régimes.

Pleins d'*entendement*, comme ils avaient la modestie de le dire, ces doctes pâtres se vantaient de juger les personnes sur la mine et de les analyser depuis les pieds jusqu'à la tête. Vous aimez un bon feu, tant pis ; au XVIe siècle, on vous eût pris pour un homme d'une complexion *colérique*, prêt à dégainer la dague contre le premier venu. — Aimer l'eau dénotait un homme flegmatique, et aimer la terre, un personnage mélancolique. — Vous ne travaillez pas, ce n'est point votre faute, mais celle de ceux qui ont donné de grands yeux. — Pourquoi buvez-vous avec excès, oubliant que l'ivresse cause quelquefois de grands ravages? Ne vous en prenez qu'à vos yeux enfoncés. — Vous avez le nez long et délié, c'est bon signe, vous êtes un homme de cœur et de résolution; votre nez est camus, c'est fâcheux, car, entreprenant beaucoup, vous pourrez vous ruiner. — Vos cheveux sont noirs et votre barbe est rousse, vous êtes un médisant et un homme peu loyal ; vos cheveux sont blonds, vous êtes un bon vivant, le royaume de la terre est à vous, si vous pouvez le conquérir (1).

---

(1) *Grant Kalendrier et Compost des Bergiers*, Troyes, Nicolas Lerouge, 1510.

Ainsi parlaient, au XVIe siècle, les bergers de la Champagne. Vous avez ri, cher lecteur du XIXe siècle, de la simplicité de nos bons aïeux. Ouvrons le *Dictionnaire des Songes*, imprimé de nos jours à Paris, ce foyer des lumières ; suivez-moi, je vous prie, dans cette petite excursion, et vous avouerez que les pâtres Champenois ont trouvé bien des successeurs.

Voir se dresser devant soi pendant son sommeil une abbaye du moyen-âge, pour les auteurs du recueil que nous venons de citer, c'est déclarer qu'on aime le repos, car l'abbaye n'était-ce point jadis le paradis terrestre, le refuge de ceux qui aspiraient à la vie paisible ? — Votre bouche effleure des abricots verts, c'est fâcheux, vous aurez de ces rencontres malheureuses qui vous jetteront dans une noire mélancolie. — Un anglais trouble votre sommeil, tremblez de tous vos membres, car un de vos créanciers que vous croyiez enseveli sort de la tombe et vient frapper à votre porte. — Vous avez vu se glisser dans votre logis un avoué, le dossier sous le bras, vous êtes dans un guet-apens ; vous en avez vu deux causant ensemble, vous serez ruiné.

Voir un boudin suspendu à la porte d'un charcutier, c'est mécompte ; mais en manger, c'est avoir le bonheur d'hériter. — Vous buvez du cassis, vous aurez l'humeur noire en vous réveillant. — Le diable vous apparaît armé d'une corne, heureux présage. Malheur à vous, s'il en montre deux, votre porte sera bientôt assiégée par deux huissiers.

Vous n'éternuez qu'une fois, mauvaise nouvelle ; trois fois, des fonds vous arriveront à votre insu. — Vous portez un fusil, les voleurs vous salueront, lorsqu'ils ne seront pas trop nombreux. — Vous avez vu une girouette au-dessus de votre lit, vous deviendrez un fidèle et constant ami. — Vous écrasez un hanneton, bon augure, votre ennemi subira le sort de ce pauvre animal. — Voulez-vous que vos espérances se réalisent, mangez un jambon, mais ne faites pas ce jour-là la lessive, car vous pourriez vous réveiller dans un autre monde.

Vous aimez la moutarde, votre santé sera florissante. — Vous achetez des oranges, les préceptes de la morale et de l'hygiène ne s'y opposent pas ; mais n'égarez pas ce jour-là vos pantoufles, car votre négligence finirait par vous attirer la poursuite de vos créanciers.

Vous jouez aux quilles, vos jambes s'useront et la vie s'éteindra promptement pour vous. — Vous riez, prenez garde, vous pleurerez en vous réveillant. — Vous mettez des sabots, ne passez point devant la boutique de votre bottier, car ce fabricant criera partout que vous êtes ruiné. — Vous rencontrez souvent votre tailleur, votre bourse tôt ou tard s'épuisera. — Votre ventre grossit, votre fortune prendra quelque embonpoint. — Vos yeux sont vifs et perçants, vous découvrirez un secret important et les nations reconnaissantes vous dresseront des statues (1).

Tel est le docte enseignement qui de Paris se propage dans les départements au milieu du XIXe siècle, comme si les songes n'étaient point le résultat plus ou moins incohérent de nos impressions et de nos habitudes, et pouvaient avoir plus d'autorité que les paroles d'un insensé !

UNE GRANDEUR DE PARIS MÉCONNUE EN CHAMPAGNE.

Tous les grands hommes n'ont pas leur tombe au Panthéon. Tous les chevaux célèbres n'ont pas leur page dans l'histoire à côté de Bucéphale et d'Incitatus, ce cheval quasi-consul, qui buvait dans des coupes d'or à la table d'un empereur romain. Je vous le dis : il y a dans ce monde bien des vertus cachées, comme les parfums de la violette ; bien des gloires inédites et bien des grandeurs méconnues, avec lesquelles la réclame ne pourrait rien gagner.

Ces réflexions très-philosophiques m'ont été suggérées par

---

(1) *Le grand Livre du Destin*, par Frédéric de La Grange. Paris, 1857, 4e édition.

la simple nouvelle que voici, publiée dans un journal d'Arras en 1847 :

« Il vient de mourir à Lederzeele (Pas-de-Calais) un cheval qui était né en 1814, et avait par conséquent 33 ans. En 1842, il avait encore fait le labour. M. Vanhaek, qui en était le propriétaire, n'avait pas voulu le faire abattre, bien que depuis quelques années il fût hors de service. »

Cela m'a rappelé une autre belle vie de cheval et une belle mort. Ce cheval mourut à Troyes ; il avait nom *Bimbin*. Je vais vous raconter son histoire, c'est une impression de voyage qui n'est pas comme une autre ; elle mériterait d'être gravée en lettres d'or à la porte de l'Hippodrome, pour y être exposée aux respects des centaures, des *sportsmen* et de tous les grooms de France et d'Angleterre.

Le cheval Bimbin appartenait à un honorable habitant de Troyes, M. Baudin, propriétaire à l'entrée du faubourg Sainte-Savine, et c'est là qu'il est mort dans sa quarante-deuxième année. Je m'attends bien que l'on va se récrier : « Des chevaux de trente-trois ans ! des chevaux de quarante-deux ans ! cela ne s'est jamais vu. Ces chevaux-là sont de la famille du grand serpent marin du *Constitutionnel !*

Ne confondons pas, je vous prie. Mon cheval a vécu quarante-deux ans, et je n'y ajoute rien. J'en prends à témoin la ville de Troyes tout entière. Je ne fais point comme Hésiode, qui, dans sa libéralité touchant la vie de l'homme et de quelques animaux, dit positivement :

« La vie de l'homme finit à quatre-vingt-seize ans ; celle de la corneille est neuf fois plus longue. Le corbeau vit trois fois plus que la corneille, et le cerf quatre fois davantage. »

Ce qui, pour peu qu'on veuille se donner la peine de faire le compte, donnerait :

Pour l'homme	96 ans.
Pour la corneille, 96 multipliés par 9. . .	864
Pour le corbeau, 864 multipliés par 3 . .	2,592
Pour le cerf, 864 multipliés par 4. . . .	3,456

De sorte que, d'après le calcul d'Hésiode, et le monde

n'ayant que 6,000 ans d'existence, vous pourriez trouver aujourd'hui dans la forêt de Fontainebleau ou de Compiègne un cerf dont le père serait né 800 ans avant la création du monde, ce qui me paraît difficile à croire, sans vouloir manquer de respect au savant poète Hésiode.

Le cheval *Bimbin* vécut donc neuf ans de plus que le cheval de Lederzeele. C'est un âge de cheval très-peu usité, j'en conviens, mais ce n'est point un âge impossible. Buffon dit qu'on a vu des chevaux vivre de 35 à 40 ans ; mais cette longévité chez le cheval, ajoute-t-il, est extrêmement rare. Aussi est-ce à cause de cette rareté que je veux vous faire connaître ce que fut Bimbin dans sa longue et belle carrière de cheval et d'artiste.

Quand Bimbin naquit en 1794, Bonaparte n'était encore que chef de bataillon ; Bimbin était taillé pour la course ; il a fait bien du chemin dans sa vie. Cependant Bonaparte, qui n'avait pas ses jambes, a été plus vite que lui. Le nom de Bimbin, qui n'est qu'une corruption de *Bambin*, indique assez que le cheval dont il s'agit était de petite taille. Mais il en est des chevaux comme des hommes : les plus hauts ne sont pas les plus grands. Alexandre allait à peine à l'épaule de Darius, et Napoléon-le-Grand n'avait pas cinq pieds deux pouces.

L'intelligence, la vigueur, la légèreté de Bimbin, cheval aux formes andalouses, l'avaient fait remarquer de Franconi père qui se chargea de son éducation. Emerveillé de l'aptitude de son jeune élève pour les exercices de l'esprit et du corps, pour les mathématiques, et pour la danse, Franconi engagea Bimbin dans sa troupe d'artistes quadrupèdes.

Je vous ai dit que Bimbin n'avait pas été aussi vite que Bonaparte, et cela est vrai, car, en 1805, Bonaparte était déjà premier consul de la république et Bimbin n'était que *premier sujet* du Cirque-Olympique. Ce n'est pas que le courage manquât au cheval Bimbin, Franconi lui tirait des coups de pistolet près des oreilles sans qu'il bronchât ; mais sa vocation l'appelait au théâtre. Il fit comme Talma, il devint un grand artiste. Le consul devint empereur.

Bimbin fit longtemps les beaux jours du Cirque-Olympique et eut les honneurs du feuilleton de l'abbé Geoffroy dans le *Journal de l'Empire*. Le premier des chevaux, il sut trouver des mouchoirs qu'on avait cachés et compter avec son pied aussi bien que le plus habile fermier de son temps avec ses doigts. On dit même que, la serviette au cou, il mangeait à la table de son maître avec tant de dignité qu'il mérita une note flatteuse de l'auteur dans le poëme de l'*Art de dîner en ville*, par le bon et spirituel Colnet.

Bimbin dansait aussi fort joliment la gavote, qui était tout à la fois le menuet du vieux temps et la polka d'aujourd'hui. Comme tous les grands artistes, il donnait des représentations en province, et il y recueillit des suffrages et des recettes qui auraient fait envie à beaucoup de nos pensionnaires du Théâtre-Français.

Cependant, comme dans ce monde il n'y a rien de plus fugitif que la vogue des artistes, ni de plus ingrat que le public et les directeurs de théâtre, Franconi vendit Bimbin à un marchand de chevaux, lequel le vendit à M. Baudin, son dernier maître.

Rentré dans la vie privée, le savant cheval sut se faire aimer par sa modestie, par sa docilité et son travail; lui qui naguère encore recevait les brillantes ovations du théâtre, les couronnes de fleurs, l'encens des feuilletons et des poëtes, il conduisit gaiement la charrue. C'était, sans comparaison, comme Cincinnatus après ses victoires, ou bien comme le bon acteur Chapelle, qui, après avoir été couvert d'applaudissements, rentrait le soir chez lui pour laver les choux avec sa femme et faire la soupe à ses enfants.

Bimbin, alors, n'avait plus, il est vrai, la même légèreté, la même souplesse de jarret, la grâce, la beauté nerveuse et toutes les qualités brillantes qui l'avait rendu l'idole du public parisien au cirque de Franconi; mais, dans sa vie agreste, le cheval n'avait rien perdu de l'aménité de son caractère, ni de la distinction de son esprit. Quand il y avait compagnie de dames à la maison, son maître, M. Baudin, le faisait venir :

« Bimbin, disait-il, il faut que tu me désignes laquelle de ces dames est à ton avis la plus aimable et la plus jolie. » Et tout aussitôt on voyait le petit cheval gambader, sautiller, hennir gentiment et poser un genou à terre devant une de ces dames, puis devant une seconde, une troisième, ce qui voulait dire que toutes étaient bonnes, aimables et jolies. Ces procédés délicats avaient mérité à Bimbin l'estime de tout le beau sexe champenois.

Mais le mérite, l'esprit, le talent, la beauté, les grâces, pour tout cela, le temps est sans pitié et sans merci. Les membres souples et gracieux de l'ancien sujet du Cirque-Olympique, ses jambes de gazelle si flexibles, si déliées à la course, étaient engourdies, enraidies par l'âge. Arriva bientôt la paralysie, cette froide messagère de la mort ; Bimbin avait alors trente-huit ans.

Entre les mains de tout autre maître, le pauvre cheval aurait été livré à l'écorcheur, car c'est surtout pour les chevaux qu'il n'y a qu'un pas du Capitole à la roche Tarpéienne, c'est-à-dire à l'écorcherie. Le cheval Bimbin fut plus heureux ; lui aussi avait trouvé un ami dans son maître, ami bon et compâtissant pour les infirmités de sa vieillesse. Les soins les plus attentionnés lui furent prodigués. Mais si chaque jour l'aimable cheval trouvait litière fraîche, combien de fois ne le vit-on pas lever doucement sa tête affaissée par les ans, flairer son bienfaiteur et lécher ses mains? Combien de fois ses yeux ne retrouvèrent-ils pas avec la vivacité de la jeunesse une expression mélancolique de joie et de reconnaissance impossible à décrire?

Le 10 janvier de l'an 1836 devait sonner la dernière heure du cheval Bimbin. Mais quand Bimbin eut rendu le dernier soupir, c'était, je vous le jure, une affliction sincère et générale parmi les gens de la maison. Le cheval Bimbin, dans son quartier, était connu et estimé de tout le monde. Il emporta en mourant les regrets de son maître, l'admiration des vétérinaires et le respect des postillons.

Le squelette du cheval Bimbin a été donné par son maître

au Musée d'histoire naturelle de la ville de Troyes, où ceux
de nos lecteurs qui s'arrêteront dans cette capitale chérie des
comtes de Champagne pourront voir et considérer les restes
de ce qui fut bon, spirituel et grand.

Bimbin aujourd'hui n'est plus qu'un beau modèle d'ostéo-
logie (1).

<hr>

LES ÉCOLES DE TROYES AU XVe SIÈCLE.

Fermées ou peu fréquentées pendant la longue lutte que
les Français eurent à soutenir contre les Anglais, les écoles
de Troyes furent rouvertes par l'évêque Jean Lesguisé, celui
même qui reçut Jeanne Darc, et qui eut le bonheur de dédier
solennellement sa cathédrale aux apôtres saint Pierre et saint
Paul. Ce prélat renouvela, l'an 1436, un réglement général
qui nous a été conservé et qui fut approuvé par des gens
d'église, des officiers publics et des citoyens notables. On y
voit, dans ses détails les plus minutieux, l'organisation des
grandes et des petites écoles. L'ordre, le choix des études,
l'emploi du temps, le nom des auteurs et la désignation des
exercices, y sont l'objet de renseignements très-circonstanciés.

Les grandes écoles étaient dirigées par le *grand-maître*,
qui confiait à des hommes choisis par lui les fonctions de
maîtres, *régents* ou *bacheliers*. La dignité de *grand-*
maître appartenait au chantre de la cathédrale et à l'écolâtre
de Saint-Etienne. L'un des régents remplissait l'office de
prévôt. Il convoquait le conseil des maîtres, conduisait les
écoliers à la messe, veillait au luminaire et désignait les
chanteurs aux fêtes classiques de Sainte-Catherine et de
Saint-Nicolas. Il devait encore pourvoir les écoles de balais,

---

(1) Jules Béliard, *Journal des Villes et des Campagnes*, 1847.

de paniers et de pelles, pour le maintien de leur propreté. Il percevait, en récompense, par chaque enfant, une somme annuelle de six deniers tournois, payables en deux termes.

Au-dessous du prévôt venaient les *primitifs* et le *portier*. Les premiers étaient des écoliers pauvres, mais vigoureux, qui balayaient l'école, s'obligeaient à certaines corvées, et, moyennant ce travail, étaient exempts de la taxe scolaire. Le portier avait soin de la porte ; il donnait le congé, le matin, après une certaine messe, et le soir, après vêpres. Lorsque les élèves devaient revenir, il frappait sur la porte avec son bâton, et donnait le signal du départ en criant : Allez dîner (1) ! Mais les jours de fête, lorsqu'il y avait congé, il se contentait de dire : allez ! Au portier appartenait encore le droit d'interroger les élèves et de fournir à chaque maître des verges pour la correction des paresseux. Pour son salaire, il percevait six deniers, payables trois à Noël, et trois à la Nativité de saint Jean-Baptiste.

Les écoliers devaient être de mœurs douces et pures, apprendre surtout *à craindre* et à aimer Dieu, se conduire dignement dans l'église, éviter tout bavardage, réciter les Heures de la Sainte-Vierge ou les sept Psaumes, chanter, s'ils le pouvaient, et se rappeler que la messe est le sacrifice du corps et du sang de Jésus-Christ, offert à Dieu par le ministère des prêtres. Il leur était de plus recommandé de se confesser la veille des grandes fêtes, et de ne point profaner les saints jours par le jeu des dés ou celui des cartes. La semaine sainte devait être surtout consacrée au recueillement et à la prière ; de pieux élèves étaient chargés, dans chaque paroisse, de surveiller les délinquants et de faire exactement leur rapport. Ceux qui s'étaient permis quelque jeu illicite ou qui s'étaient livré quelque combat, subissaient un dur châtiment. Les maîtres ne frappaient point avec un bâton et ne pouvaient se servir ni de leur pied ni de leur main dans les corrections, mais en revanche ils avaient les verges dont les

---

(1) *Archives historiques du département de l'Aube,* par A. Vallet de Viriville, Troyes, 1841, pag. 525. Bouquot, éditeur.

écoles étaient toujours abondamment pourvues (1). Si des parents trop indulgents s'opposaient aux punitions, l'élève était exclu de la classe jusqu'à ce qu'il ait subi sa peine avec humilité (2).

Au milieu de l'été les maîtres redoublaient de vigilance, parce que quelques écoliers, après dîner, préféraient un bain dans l'eau de la Seine aux leçons de leurs professeurs. Chaque soir l'appel était fait, et les absences le lendemain devaient être légitimées. Le *grand-maître* et le *prévôt* accompagnaient les élèves aux processions générales ; ceux-ci marchaient deux à deux, récitant les Heures de la Sainte-Vierge ou les sept Psaumes de la pénitence.

L'étude du latin était singulièrement recommandée, bien qu'il ne s'agît pas de la latinité de Cicéron ni de celle de Virgile, si l'on en juge par l'idiôme dans lequel le réglement est conçu. Les écoliers, même entre eux, ne devaient jamais parler français, mais toujours latin. Des élèves avancés étaient chargés d'interroger les faibles élèves, de leur expliquer les auteurs et de leur faire réciter leurs leçons. Les régents visitaient les cahiers tous les samedis, et exigeaient que l'écriture fût soignée.

Le grand-maître recevait, de chaque écolier, six sous tournois par an, trois à Noël et trois à la Saint-Jean-Baptiste, somme assez ronde à l'époque du réglement.

---

(1) Sed tantum virgis, quibus nunquam in scolis eos carere oportet.

(2) Archives du département de l'Aube, liasse 40, pièce D.

UN JUIF DE CHAMPAGNE AU MOYEN-AGE.

Protégés par les comtes de Champagne qui percevaient sur eux de gros impôts, les juifs s'établirent de bonne heure dans la ville de Troyes, et occupèrent un quartier connu sous le nom de *Juiverie*. Parmi ces pauvres bannis, plusieurs acquirent quelque renommée par leur profonde érudition. Mais le plus célèbre fut, sans contredit, Salomon Isaaki, dont les écrits sont encore classiques chez ses coreligionnaires. Né vers 1040, ce docte rabbin parcourut l'Allemagne, étudia sous les maîtres les plus célèbres, et commenta si parfaitement les livres saints, qu'il mérita le glorieux surnom de *lumière de Juda*. Salomon mourut, en 1105, à Worms, après avoir déploré, dans de touchantes élégies, l'édit qui bannissait ses frères des terres de France. L'histoire n'a conservé presque aucune trace de sa vie si pleine et si active ; on sait seulement que la mère de notre rabbin descendait d'une famille de savants, que Isaaki fut reçu à Troyes ou à Lhuistre, qu'il se maria jeune et qu'il eut trois filles dont les maris occupent également un rang distingué parmi les Talmudistes (1).

Mais si l'histoire ne cite pour ainsi dire que le nom de Salomon, la légende s'est chargée d'étendre sa renommée, de lui donner la connaissance d'une foule de langues, et de lui faire parcourir tout le monde civilisé du XIe siècle. Non contente de nous le montrer partout accueilli comme un véritable prophète, comme un habile médecin, elle le conduit à Jérusalem quelque temps après la prise de cette ville par les croisés, et l'introduit auprès de Godefroi de Bouillon, qui apprend de la bouche même de Salomon sa malheureuse destinée (2).

---

(1) *Documents pour servir à l'histoire du rabbin Salomon, fils d'Isaac*, par M. Clément-Mullet. Mémoires de la Société Académique de l'Aube, t. VI, 2e série, n°s 35 et 36.

(2) *Annuaire de l'Aube*, 1857.

Après avoir visité la Pologne, cet illustre rabbin, dit la légende, voulut traverser la Bohême pour retourner dans son pays natal. Lorsqu'il vint à Prague, ville célèbre par ses synagogues, les juifs l'accueillirent avec tant d'empressement que le bruit de son arrivée se répandit dans la ville. Descendu chez le plus vénérable de ses coreligionnaires, Isaaki, dont la réputation s'était propagée dans toutes les contrées habitées par les descendants d'Abraham, fut conduit à la synagogue le jour du sabbat. Le rabbin Jochanan lui céda la parole ; l'éloquence du commentateur des livres saints transporta tellement les juifs assemblés, que des acclamations retentirent et que plusieurs crurent à la venue du Messie. Mais cette joie, cette ivresse d'un peuple méprisé éveilla de justes soupçons parmi les chrétiens. Le duc Wadislas, qui craignait une sédition et qui voulait surtout rançonner les juifs, fit saisir, vers le soir, Isaaki et son hôte, et les fit jeter en prison. Quelques jours après, assisté de l'évêque d'Olmutz, de son conseiller Narzered et de quelques seigneurs, il les fait comparaître devant son tribunal, les accuse de graves méfaits et se lève pour prononcer la sentence, lorsque l'évêque d'Olmutz, qui depuis quelque temps considérait le visage d'Isaaki, adresse ces paroles au malheureux captif :

N'as-tu point parcouru la Palestine ?

— Oui, seigneur, répond Isaaki, j'y ai même opéré quelques guérisons.

— Qu'importe, mécréant, qu'importe ta science, fils de Juda, si tu es un traître à Prague, ajoute Narzered d'une voix basse et farouche.

— Que l'évêque l'interroge, murmure Wadislas, pour qu'il soit convaincu de toutes ses trahisons et de tous ses abominables forfaits !

— Puisque tu as opéré des guérisons en Palestine, reprend le prélat, tu dois te rappeler sans doute d'avoir sauvé les jours d'un prêtre allemand. Est-ce bien toi qu'on appelle Isaaki ?

— Oui, seigneur, mon nom même s'est répandu dans presque toutes les contrées du monde.

A ces mots, l'évêque raconte au duc Wadislas que cet infortuné lui a sauvé la vie dans une maladie dangereuse pendant son pélerinage à Jérusalem, et demande la grâce des deux accusés. Narzered, qui devait beaucoup d'argent aux juifs, se récrie, parle de la colère du peuple ; mais le duc, malgré les frémissements de la foule, déclare libres et innocents les deux israélites.

Isaaki sauvé, n'oublie point sa malheureuse nation, dont les chrétiens de Prague demandent à grands cris la mort et dont ils menacent d'incendier les maisons.

— O magnanime souverain, s'écrie-t-il, je vous en supplie par le Dieu d'Israël, sauvez de la fureur du peuple cette pauvre nation qui n'a que les lois à réclamer et les magistrats à invoquer. Sauvez-la ou faites-moi mourir avec elle.

Le duc Wadislas, ému par ces paroles, promet de protéger les juifs et leur accorde un sauf-conduit.

Munis de ce document, les deux israélites sortent du château, et vont répandre la joie parmi les juifs menacés d'un bannissement perpétuel.

Jochanan avait une fille d'une beauté remarquable, nommée Rébecca. Cette juive, reconnaissante du salut qu'elle devait au rabbin de France, voulut partager son sort. Isaaki ne resta pas insensible aux soins empressés de Rebecca ; le vieux Jochanan l'unit bientôt au seul enfant qu'il possédait.

« Que le Dieu d'Israël bénisse votre mariage, dit-il, comme il a béni celui d'Abraham, d'Isaac et de Jacob. Fidèle israélite, je vous donne ma fille Rébecca, soyez pour elle un autre Isaac ; et toi, ma fille, sois pour ton époux une autre Rébecca. Ne craignez rien, les méchants vous calomnieront, vous persécuteront et vous chasseront de leurs terres, mais Dieu veillera sur vous. Le cèdre superbe n'élèvera pas toujours sa tête au-dessus des sommets du Liban ; frappé par la colère du Tout-Puissant, il ressemblera au térébinthe dépouillé de ses feuilles. »

Quelque temps après son mariage, Isaaki voulut revoir son pays natal. La fête pascale approchait, le vieux Jochanan le pria d'attendre quelques jours, et de célébrer la Pâque avec ses frères de Prague. Le lendemain de la fête, Isaaki disposait tout pour le départ, lorsqu'il fut frappé dans sa demeure par un inconnu. Tous les juifs consternés accusèrent Narzered de cet attentat ; mais, craignant les vexations du cruel conseiller de Wadislas, ils répandirent le bruit de la mort d'Isaaki, lui firent de magnifiques funérailles, et descendirent un cercueil vide dans la tombe. Sauvé par ce stratagème, l'illustre rabbin sortit secrètement la nuit de Prague, et s'enfuit avec sa jeune épouse Rébecca. Tel est cet étrange épisode de la vie de Salomon Isaaki, dont le tombeau fut longtemps vénéré dans la capitale de Bohême (1).

LE BON VIEUX TEMPS, OU LES VIEILLES MAISONS DE TROYES.

Lorsqu'on bâtissait, au moyen-âge, un palais, une maison bourgeoise, ou qu'on élevait une misérable échoppe, on implorait la bénédiction du ciel par de ferventes prières. Le clergé de la paroisse venait en procession jeter de l'eau bénite sur la nouvelle demeure, et récitait les paroles touchantes prescrites par le *Manuel*.

La foi même du propriétaire éclatait en inscriptions tirées de la sainte Bible, comme celle qui se lit encore sur l'architrave d'une maison située à l'angle de la rue du *Mortier-d'Or* :

Visita . Domine . Ihesv . habitationem . hanc . et . omnes . insidias . inimicorvm . a . longe . repelle . et . angeli . tvi . sancti . habitent . in . ea . qvi . nos . in . pace . cvstodient .

« Visitez, Seigneur Jésus, cette demeure, et repoussez

____

(1) Depping, *les Juifs au moyen-âge*, 1842.

loin d'elle les piéges des ennemis ; que vos saints anges habitent avec nous et nous conservent dans la paix ! »

Plus loin, dans la rue de la *Petite-Tannerie*, au-dessous des figures de la Vierge et de saint Bernard, les passants pouvaient lire ces belles paroles de l'illustre fondateur de Clairvaux : « *Monstra te esse matrem*, montre-toi notre mère ! »

Quelquefois des maximes parlaient comme celle de la rue des *Lorgnes* :

En . toy . te . fie . escorte . voy . considère . et . te tais . 1532 .

Ou comme celle de la rue *Moyenne* :
Contre . mal . pacience . 1533 .

Les images des saints ornaient presque toujours la façade des maisons. Les chroniques constatent ce pieux usage et lui assignent pour date l'an 1524, si célèbre par le terrible incendie qui dévora presque un tiers de la ville.

A l'angle d'une maison de la rue du *Bois*, au coin de celle des *Quinze-Vingts*, on voit encore un pilastre d'ordre dorique, surmonté d'un ange qui fait sentinelle en laissant échapper de ses mains un ruban sur lequel sont gravés ces mots : *Vndique cestos*. Sur la cheminée d'une salle basse, le propriétaire a fait écrire : *Sanitas et libertas*, santé et liberté ! non point cette effrénée que nous avons surprise dans les orgies de 93, ou les saturnales de 1848, mais cette noble vertu dont parlent saint Anselme et saint Thomas, et que les grands artistes dressaient, au XIIIᵉ siècle, aux portails des cathédrales.

Dans la rue de la *Tannerie*, dans une niche coiffée d'un petit dôme, la figure de saint Jean-Baptiste occupe encore sa place depuis le XVIᵉ siècle. Saint Nicolas et la vierge Marie décorent deux maisons de la rue du *Temple* (1). Mais où sont

---

(1) *Voyage archéologique et pittoresque dans le département de l'Aube*, par Arnaud, Troyes, 1837.

ces belles statues de sainte Mathie, de sainte Madeleine, de saint Loup et de tant d'autres bienheureux dont les reliques étaient vénérées dans nos églises, et que les fidèles regardaient à juste titre comme « la gloire et la gemme de la cité ! » *Le bon goût* les a fait disparaître !

Sur les ruines de nos maisons historiées se sont élevées des boutiques décorées d'une corniche de plâtre (1), et de fastueuses enseignes ont pris la place des statues des saints protecteurs de Troyes.

UN SACRE A REIMS AU XII° SIÈCLE.

Louis VII, atteint d'une grave maladie, convoque les principaux prélats et les grands barons de France, et leur annonce qu'il veut associer Philippe, son fils, au royaume dont il a reçu de Dieu le gouvernement. Les nobles applaudissent à cette résolution, et promettent de se rendre à Reims pour assister au couronnement de leur nouveau suzerain. L'époque est fixée, le jour de la fête de tous les saints est choisi pour l'accomplissement de cet acte solennel. Louis, malade, se retire dans l'abbaye de Saint-Denis, mais il envoie ses chartes, revêtues de son scel, à Guillaume, archevêque de Reims, pour lui annoncer que Philippe, son fils, et les barons de France, arriveront dans la métropole de son diocèse la veille de la fête de tous les saints. Les chanoines de la cathédrale font d'immenses préparatifs pour recevoir le jeune prince. Un échafaud se dresse dans l'église; autour d'un siége, couvert

(1) *Notice sur les vieilles Maisons historiées de Troyes*, par A. Aufauvre, Congrès archéologique de France, XX° session, 1854.

de drap rouge, sont placés des bancs moins élevés et destinés aux principaux seigneurs du royaume.

Philippe quitte la capitale des Etats de son père, et arrive bientôt à quelque distance de Reims, suivi d'une brillante escorte. L'archevêque Guillaume et tout le clergé, précédés des serfs de l'église, des bourgeois de la ville et de tous les vassaux de la métropole, viennent processionnellement à sa rencontre. Le jeune roi descend de cheval, se prosterne devant l'archevêque et se joint au nombreux cortége qui est venu le recevoir. Le soir même, des hommes d'armes, au blason de France, prennent possession de l'église, selon l'usage, et la gardent avec ceux de la métropole. Le roi n'entre point, ce jour-là, dans l'enceinte sacrée, mais il va dans le manoir de l'archevêque, et y fixe sa résidence en vertu du droit « de gîte. »

Le lendemain, dès que matines sont sonnées, les bourgeois se réunissent en armes pour veiller au maintien de leurs priviléges, tandis que les archers de Philippe occupent le parvis de Notre-Dame. Le son des cloches se mêle bientôt au chant des chanoines et des clercs, et dans toute la ville règne la plus vive allégresse.

Avant l'aspersion de l'eau bénite, le jeune prince sort du manoir de l'archevêque, accompagné des prélats et des barons, les uns en chappes et en mitres, les autres portant sur la tête la couronne d'or à fleurons. Le vieux roi d'Angleterre, Henri II, marche dans ce cortége royal, élevant sur ses mains, en sa qualité de duc de Normandie, la couronne destinée au fils de Louis VII, son suzerain. Le comte de Flandre porte la *bonne joyeuse*, la vieille épée de Charlemagne ; le duc de Bourgogne tient les éperons, le comte de Champagne porte l'étendard de la guerre, et à leur suite chaque baronet, chaque prélat remplit son office selon les lois féodales. Des hommes d'armes précèdent le jeune Philippe et font retentir de leur forte voix ces paroles : « Que ceux des barons qui ont été convoqués et qui ne se sont point rendus sans excuse légitime, soient condamnés par le jugement de leurs pairs. »

Tandis que le brillant cortége s'avance vers la métropole de Reims, une députation de barons et de chevaliers désignés par le roi se rend, précédée de gonfanons et de penonceaux, à l'église de Saint-Remi, pour y demander la sainte ampoule. L'abbé vient, selon l'usage, sur le parvis de l'église.

— Sires chevaliers, dit-il, que requerez-vous de Saint-Remi ?

— La sainte ampoule, répondent les envoyés, pour notre sire le roi de France, qui vous supplie d'octroyer sa demande.

— Nous vous l'octroyons, continue l'abbé, mais jurez sur le saint Evangile que vous la reconduirez en sa sainte châsse.

— Nous le jurons, ajoutent les barons.

Ce serment fait et les chartes scellées, les religieux de Saint-Remi accompagnent processionnellement la sainte ampoule que porte l'abbé sous une draperie de soie, soutenue par quatre moines vêtus en aube.

Lorsque l'abbé de Saint-Remi vint dans la métropole avec la sainte ampoule, le jeune prince y était déjà arrivé, et tous ses suivants avaient pris les places qui leur étaient réservées autour du trône. L'archevêque de Reims, accompagné de ceux de Sens, de Bourges et de Tours, vint recevoir la précieuse ampoule des mains de l'abbé, et jura de la restituer lorsque les cérémonies du sacre seraient terminées. Les chants commencèrent aussitôt ; le prélat, revêtu des habits pontificaux et du pallium, s'avança devant l'autel, et se tournant vers le jeune roi, lui dit d'une voix éclatante :

« Philippe, nous te demandons de conserver à chacun de nous et aux églises qui nous sont confiées les priviléges dont nous sommes en possession. Nous te demandons, en outre, de veiller à notre défense comme le doit, à chaque évêque, un bon roi dans son royaume. »

— Je le promets, répondit Philippe, et m'engage de plus, au nom de Jésus-Christ, à maintenir la paix dans l'Eglise de Dieu, à réprimer toute rapine et toute iniquité, et à faire observer la justice et la miséricorde dans les jugements, afin que Dieu, qui est la source de la clémence, daigne en répandre sur vous et sur moi.

En même temps, le roi mit la main droite sur l'Evangile et confirma par serment ce qu'il venait de dire. Les chants, interrompus, recommencèrent, tandis que les barons plaçaient sur l'autel la couronne royale précieusement conservée à Saint-Denis, l'épée de Charlemagne dans son fourreau, les éperons d'or, le sceptre, la main de justice, les bottines de soie, la tunique, la dalmatique et le manteau royal, sur lequel des lis d'or étaient parsemés. L'abbé de Saint-Denis se plaça devant ces ornements, propriété de son abbaye, pour les garder *à vue*, comme l'abbé de Saint-Remi gardait la sainte ampoule (1).

Philippe, s'approchant de l'autel, se revêtit des habits royaux. Son sénéchal lui chaussa ses bottines, le duc de Bourgogne lui mit les éperons, tandis que l'archevêque de Reims lui ceignit l'épée, et lui dit en la tirant de son fourreau :

« Prends ce glaive, et qu'il te serve pour repousser tes ennemis et tous les adversaires de l'Eglise. »

Le comte de Flandre, qui remplissait les fonctions de connétable, prit l'épée des mains du roi et la tint devant lui durant toute la cérémonie.

Bientôt commencèrent les onctions, au milieu des chants et des oraisons des prélats ; à chaque onction, l'archevêque adresse au roi Philippe ces paroles :

« Je te sacre d'une huile sanctifiée, au nom du Père, du Fils et du Saint-Esprit. »

Le sénéchal remet ensuite au prince la dalmatique et le manteau, où brillent les lis d'or, tandis que l'archevêque lui présente le sceptre et la main de justice. Les hérauts d'armes appellent alors à haute voix les barons convoqués, et annoncent trois fois le grand acte qui va s'accomplir. La couronne

----

(1) *Histoire de la ville, cité et université de Reims*, par don G. **Marlot**, t. III, pag. 788.

est posée sur la tête du roi, les prélats et les grands font entendre de vives acclamations et promettent fidélité et hommage
à leur suzerain, qui a pris place sur un trône élevé.

Les cérémonies terminées par le chant du *Te Deum*, Philippe se rendit chez l'archevêque, et y passa trois jours avec
toute sa maison. Les dépenses du sacre furent si considérables, que Guillaume fut obligé de s'endetter envers des
italiens et des juifs. Les chanoines de la métropole lui concé-
dèrent quelques revenus et exigèrent que cette concession
gratuite fût regardée comme un simple don et non comme
une redevance.

PIERRE LE BÉ, PAPETIER DE TROYES,

A Fontainebleau.

Parmi les principaux industriels dont s'honorait la ville de
Troyes au XVe et au XVIe siècle, on remarquait particulièrement la famille des Le Bé. Ces manufacturiers ne furent dans
l'origine que de simples papetiers établis au hameau de
Vannes, paroisse de Sainte-Maure, à huit kilomètres de
Troyes. Ils tenaient par bail emphytéotique les moulins de
Vannes du Chapitre de Saint-Pierre qui en était propriétaire
et qui leur avait accordé, en 1486, l'autorisation d'en construire de nouveaux, s'ils le jugeaient nécessaire à leurs intérêts.

Les Le Bé eurent d'abord quatre moulins à papier, qu'ils
dirigèrent eux-mêmes si habilement que leurs produits ne
suffirent pas aux demandes qu'ils recevaient de toutes parts.
Encouragés par le succès, ils érigèrent de nouvelles usines,
et finirent par occuper quarante moulins sur les divers bras
de la Seine, depuis Bar-sur-Seine jusqu'à Vannes, c'est-à-dire
sur une étendue de 30 kilomètres.

Pendant près de deux siècles, les Le Bé fournirent exclusivement les papiers employés par les presses renommées des Coline, des Bienne, des Vascosan, des Henri et des Robert Estienne. On les voit même dès le xv° siècle occuper le premier rang parmi les papetiers-jurés de l'Université de Paris, et figurer *en très grant pompe* à l'entrée du roi Charles VIII dans sa bonne ville de Troyes.

Pierre Le Bé, qui remplissait, en 1588, les fonctions d'échevin, résidait à Vannes pendant la belle saison, et avait été détaché de la Ligue par le prieur Thévignon, qu'Henri IV avait nommé son grand aumônier.

Le calme rétabli, notre papetier, voyageant, en 1596, pour son commerce, descendit un jour dans une maison, près de Fontainebleau, pour y prendre quelques rafraîchissements. Il s'était à peine mis à table que survint un nouveau personnage qui paraissait exténué de fatigue et désirait surtout réparer ses forces épuisées par les plaisirs de la chasse. Le Bé, sans examiner ce nouveau venu, continuait son modeste repas, lorsque celui-ci lui demanda ce qu'on disait du roi dans la province. Le papetier, qui ne s'attendait pas à une semblable question, répondit sans façon :

« On dit en Champagne que *la coque sent toujours le hareng.* »

Mais il avait à peine achevé ces mots, que l'arrivée des seigneurs de la cour lui fit apercevoir l'indiscrétion de sa réponse. Il se jette aux pieds du roi qu'il vient de reconnaître et s'empresse d'implorer son pardon. Henri souriant le relève avec bonté et lui demande son nom, son pays et sa profession.

— Sire, je m'appelle Pierre Le Bé. Je suis papetier à Vannes, près de Sainte-Maure en Champagne.

— Je te félicite de ta franchise, lui répond Henri... Tu as pour curé un de mes bons amis, le prieur Thévignon. Le connais-tu ?

— Oui, Sire, et c'est à ses pressantes instances que je dois l'avantage d'avoir embrassé votre parti.

— Eh bien ! reprend Henri, pour te prouver que je ne t'en

veux pas de ta naïveté, demande-moi quelque chose, je tiens à ce que tu aies un souvenir de notre rencontre.

— Ordonnez, Sire, repart Le Bé, que la lettre B, dont sont marqués les papiers de ma fabrique, soit surmontée de votre couronne.

— Soit, dit le roi, j'y consens, Ventre-saint-gris ! une couronne sur le B ! ce sera un beau b..... couronné.

De toutes les usines des Le Bé, il ne reste plus que la papeterie des Trévois, à 3 kilomètres de Troyes (1).

UN DESCENDANT DES VALOIS EN CHAMPAGNE.

Henri II eut de Nicole de Savigny un fils auquel il donna son nom et des terres dont la plus considérable fut celle de Saint-Remy. Ce fils, qui fut comblé de tous les biens, forma souche ; mais ses descendants décrurent progressivement en grandeur et en puissance. Pendant que les Valois-Angoulême, enfants de Charles IX, les Vendôme, enfants de Henri IV, pendant que le duc du Maine et les autres bâtards de Louis XIV, jouissaient de magnifiques apanages, occupaient les plus

---

(1) *Almanach de la Champagne et de la Brie* 1859, p. 66. — Grosley, *Troyens célèbres* (Le Bé). — *Mémoires sur la paroisse et le prieuré-cure de Sainte-Maure*, par E. Audra, bibliothèque de Troyes, manuscrit 2297, pag. 172.

grandes charges de la couronne, s'alliaient aux princes du sang et aux souverains étrangers, les Valois Saint-Remy étaient devenus si pauvres et si obscurs, que personne ne soupçonnait leur existence, si ce n'est peut-être quelque érudit habitué à pâlir sur ces énormes in-folio où le père Anselme et d'Hozier ont enregistré des généalogies.

Un jour, cependant — c'était sous Louis XVI, — la marquise de Boulainvilliers, femme du prévôt des marchands, passant sur la route qui va de Reims à Fontette en Champagne, vit une petite fille aux jambes nues qui, une gaule à la main, faisait paître sa vache le long des talus verdoyants. La dame remarqua la jolie figure de cette enfant et l'appela pour lui faire l'aumône. La petite Jeanne se redressa avec autant d'orgueil qu'un hidalgo d'Espagne, et jeta à la tête de la marquise sa généalogie, la seule chose avec son *Pater* qu'elle sût par cœur. Questionnée en détail, elle fournit sur ce sujet des indications dont l'exactitude fut vérifiée plus tard. Madame de Boulainvilliers estimait d'autant plus une grande naissance qu'elle était elle-même la bru du traitant Samuel Bernard ! Elle fit monter auprès d'elle la petite gardeuse de vaches, et fouette cocher ! le carosse roula jusqu'à Paris.

La jeune villageoise, décrassée par sa protectrice, reçut une éducation sommaire et fut produite dans le monde de la noblesse et du parlement, et même à la cour, où bientôt elle fut regardée comme une curiosité. Le roi la pensionna, et dès qu'elle fut nubile, elle épousa le comte de la Motte. On sait plus tard comment la malheureuse se servit du nom de la reine pour commettre ce vol du collier qui fit mettre à la Bastille tant de gens considérables, et donna lieu à tant de calomnies déversées par les adversaires de la royauté sur l'infortunée Marie-Antoinette.

La petite Jeanne de Valois avait à Troyes, en Champagne, un oncle, chef de famille. Dans un carrefour de cette ville, à l'ombre de la cathédrale, une maison en bois s'adossait au mur des jardins de l'évêché. Il s'en échappait une joyeuse chanson que le bruit du marteau accompagnait tout le long du jour. L'oncle de Jeanne de Valois savait aussi sur le bout du doigt sa généalogie ; il l'avait apprise de son père Jacques mort à l'Hôtel-Dieu de Paris, en 1759 ; mais il n'en était pas plus fier. Les grandeurs humaines ne lui inspiraient ni orgueil, ni regret ; il n'avait pour elles qu'une indifférence philosophique. Sans songer à réclamer les droits de sa naissance, les grandes entrées à Versailles, le manteau et tant d'autres privilèges enviés, il dormait bien, chantait mieux, buvait comme pas un, et paraissait si heureux qu'on eût pu croire, d'après le dicton proverbial, que réellement le *roi n'était pas son cousin.* Cette gaîté n'était pas sans mérite, si l'on considère que Henri de Valois, issu de la dynastie des Capétiens, c'est-à-dire de la plus illustre famille régnante de l'Europe, était... savetier.

En 1778, un détachement de gardes du corps de la compagnie de Luxembourg, qui était allé conduire Madame Royale à la terre de Châteauvillain, reçut l'ordre de revenir par Troyes, et en passant, de saluer l'illustre artisan et de se mettre à ses ordres. On causait à Versailles des descendants de Henri II, seuls représentants vivants de la branche dont François Ier fut le chef. La petite vachère de Fontette, protégée du cardinal de Rohan et même de la plus belle comme de la plus infortunée des reines de France, avait mis les Valois à la mode ; les gardes obéirent. En approchant du carrefour qu'on leur avait indiqué, ils entendirent une voix encore fraîche qui chantait, tandis qu'un marteau battait activement la mesure. Une branche de fer, fixée dans les parois de l'échoppe, soutenait une enseigne blanchie à la chaux : au-dessous d'une botte peinte en noir, on lisait : « *Henry, réparateur de la chaussure humaine.* » C'était bien là... Les gardes du corps qui étaient en petit uniforme, c'est-à-dire, dans leur plus élégant costume, se découvrirent, mirent leurs chapeaux sous le bras, et s'avancèrent respectueusement, conduits par leur lieutenant.

Quand ils furent sur le seuil de l'échoppe, le savetier, qui n'était pas habitué à de semblables pratiques, les considéra d'abord avec quelque surprise, puis ses yeux prirent natu-

rellement la direction des pieds du lieutenant, et alors, apercevant des souliers de maroquin noir à boucles rehaussées de
brillants :

— Vous faites erreur, Monsieur, dit-il, je ne travaille que
dans le vieux. Adressez-vous à maître Christophe, première
rue à droite.

Le lieutenant, qui était le marquis de Nantouillet, se
nomma, expliqua avec force compliments la cause de sa
présence. Le savetier porta la main à son bonnet de coton,
d'un coup de poing, jeta par terre trois antiques paires de
bottes placées sur un escabeau poudreux, et fit signe au lieutenant de s'asseoir. Deux cornettes, trois brigadiers et quatre
gardes pour lesquels il n'y avait pas de place, restèrent en
dehors et eurent la faculté de contempler l'auguste visage
par quelques carreaux de papier qui, grâce à un heureux hasard, se trouvaient crevés.

— Le roi vient d'apprendre, Monsieur, dit le marquis en
s'asseyant, que vous êtes dans une position qui n'est point
en rapport avec votre illustre naissance. L'intention de sa
Majesté est de changer cet état de chose ; Mademoiselle votre
nièce éprouve déjà les effets de la sollicitude royale.

— Et j'ai grand' doutance, répondit le savetier en secouant
la tête, que la sollicitude royale fasse quelque chose de cette
petite nièce ! quant à moi, Monsieur, je sais bien que si Henri
II avait fait appeler un prêtre et un notaire, ce tabouret qui
me porte serait un trône, et ce marteau un sceptre moins dur
à mes sujets qu'à cette semelle ; qu'enfin, au lieu d'un bonnet
de coton, je porterais une coiffure brillante d'or et de diamants, mais aussi plus pesante !

Le marquis, surpris de cette liberté de langage, s'inclina et
cacha son étonnement sous un sourire. Le savetier reprit :

Eh bien ! Monsieur, je n'ai point regret de voir nos cousins
de Bourbon arrivés à la couronne de France : que puis-je en-
vier à Louis XVI ? Je suis maître chez moi ; personne n'a intérêt à me tromper : je contente tout le monde... Le roi peut-il
en dire autant ? Cela me rappelle que j'ai un travail pressé ;
vous permettez !

Et le malicieux vieillard, qui semblait prendre à tâche de traiter sans cérémonie le roi de France et son envoyé, prit un morceau de cuir et se mit à frapper à cœur joie.

— Veuillez réfléchir, Monsieur, insista le marquis de Nantouillet.

— C'est tout réfléchi, je n'ai besoin de rien.

— Mais, Monsieur, vous avez des enfants. Acceptez les bienfaits du roi pour Messieurs vos fils; qu'il leur soit permis de replacer votre maison au rang qui lui appartient.

Le savetier suspendit son travail et se gratta l'oreille d'un air indécis; enfin, rabattant son bonnet de coton sur son oreille et sur ses cheveux grisonnants, il répondit :

— Tenez, Monsieur, franchement, m'est avis que les garçons ne feront guère plus d'honneur à la famille que ma petite nièce ; mais c'est leur affaire, j'accepte pour eux. Il ne faut point renverser la sauce avec le pied. Vous ne savez pas à quoi je pense? reprit Henri de Valois en fixant ses yeux railleurs sur l'officier. Je pense que le roi va faire ce que je fais tous les jours dans mon état.

— Et quoi donc?

— Un remontage sur une vieille tige.

— Très-joli ! très-joli ! dit en riant bruyamment l'officier des gardes.

— Et cela ne dure guères.

— Permettez-moi, Monsieur, pour continuer votre comparaison, de penser que l'ouvrage du roi sera solide. Je vais avoir l'honneur d'instruire sa Majesté de vos dispositions.

— J'irai moi-même, répondit le savetier d'un air dégagé, remercier le *cousin* un de ces jours. Mais vous voyez, ajouta-t-il en montrant un monceau de chaussures éventrées et éculées, l'ouvrage presse, et je dois satisfaire avant tout mes clients...

M. de Nantouillet se leva et salua profondément. Les deux cornettes, les trois brigadiers et les quatre gardes, vinrent chacun à leur tour, s'incliner devant le bonhomme qui, sans se lever de son tabouret, ôta à demi son bonnet de coton pour le lieutenant, et se contenta de saluer les subalternes d'un signe de tête protecteur. Un incident comique faillit troubler cette grave cérémonie. L'escabeau sur lequel s'était assis l'envoyé de Louis XVI était enduit de poix et adhérait si fortement à la culotte de drap de soie de M. de Nantouillet, qu'il le suivit jusqu'à la porte de l'échoppe : ce qui fit rire le savetier à gorge déployée.

Dès que les illustres visiteurs furent partis, le marteau recommença sans relâche, accompagnant une vieille et joyeuse chanson.

On était dans un temps où ces choses étaient de mode, où toutes les impertinences étaient permises, pourvu qu'elles eussent un faux air philosophique ; le roi pensionna Henri de Valois sur sa cassette et le fit comte. Ses fils entrèrent au service ; l'un d'eux, devenu le baron de Saint-Remy, fut capitaine de corvette. Mais, comme l'avait prédit le savetier, aucun d'eux ne fit honneur à la famille. L'affaire du collier vint jeter un sinistre éclat sur le nom de Valois. La parenté de la comtesse de la Motte est une de ces choses dont on ne se relève pas. (1)

______

(1) *Journal de l'Aube*, 9 et 10 février 1846. Cette histoire racontée par M. *du Molay Bacon* diffère beaucoup de celle que j'ai lue dans le manuscrit 2297 de la bibliothèque de Troyes. La scène se passe en 1786 ; le cordonnier habitant du faubourg Croncels se rend à Versailles, fait reconnaître ses titres et reçoit des terres et de l'argent. Les intrigues de Jeanne et la révolution replongent dans l'obscurité cette illustre famille dont les derniers rejetons habitent encore Troyes.

GRAND-JEAN DE TROYES, FOU DE SA MAJESTÉ CHARLES VI, ROI DE FRANCE.

Charles VI, qui régnait en démence, se plaisait avec ses fous dont les noms ne sont pas venus jusqu'à nous comme ceux de sa petite reine Odette de Champdivers et de son peintre de cartes, Jacquemin Gringonneur. L'un de ces officiers burlesques fut *Grand-Jehan* de Troyes, dont la tombe se voyait naguère à Saint-Germain-l'Auxerrois comme nous l'avons rapporté dans un article précédent. Rabelais ne l'a point oublié ce *fol insigne de Paris*, et en a fait le héros d'une aventure digne des jugements de Sancho dans l'île de Barataria.

Devant la boutique d'un rôtisseur du Petit-Châtelet, un faquin ou portefaix mangeait son pain à la fumée succulente du rôt; le rôtisseur le laissait faire sans mot dire. Mais quand tout le pain fut mangé, le rôtisseur happe au collet l'amateur de fumée et le somme de payer ce qu'il a pris. Grande altercation : le portefaix s'écrie que la fumée qui s'échappe dans la rue appartient à tout le monde; le rôtisseur réplique avec menaces que la fumée de son rôt n'appartient qu'à lui et qu'il est seul maître de la vendre ou de la donner.

Le peuple de Paris accourt de toutes parts, et avec lui Grand-Jean *le fol, citadin de la ville.*

« Faquin, dit le rôtisseur au portefaix, veux-tu dans notre différend accepter pour juge ce noble *Grand-Jean ?* »

Le portefaix y consent, et Grand-Jean, après avoir entendu les parties, ordonne au portefaix de tirer de son escarcelle quelques pièces d'argent. Celui-ci soupire d'abord et présente un tournoi de douze deniers. Grand-Jean prend le tournoi, le pèse sur son épaule gauche pour juger s'il est de poids, le fait sonner dans la paume de sa main gauche pour vérifier s'il est de bon aloi, et l'approche de la prunelle de son œil droit pour voir s'il est bien marqué. Le peuple attendait en silence le résultat du jugement, qui d'avance réjouissait le rôtisseur et désespérait le portefaix. (1)

Grand-Jean, tenant sa marotte au poing, tousse deux ou trois fois, et rend son arrêt en ces termes : « La cour déclare que le portefaix qui a mangé son pain à la fumée du rôt a payé civilement le rôtisseur avec le son de l'argent. La dite cour ordonne que chacun se retire en sa chaumine, sans dépens et pour cause. » (2)

Un immense éclat de rire accueillit cette sentence ; le portefaix reprit son tournoi, tandis que le pauvre rôtisseur rentrait bien confus dans sa boutique.

———o———

CE QUE COUTAIT UN SACRE AU XIVᵉ SIÈCLE.

Rien de plus majestueux, de plus imposant que le sacre d'un roi de France dans l'antique basilique de Reims. Non seulement les nobles pairs y accouraient pour remplir chacun leur office, mais à leur suite venait une foule innombrable de seigneurs, de prélats, d'abbés et de hauts personnages. Cette nombreuse réunion occasionnait de grandes dépenses que la ville hospitalière était contrainte de payer.

Jean Rogier nous a conservé dans ses mémoires de curieux détails sur les denrées qui furent consommées le jour et la veille du sacre de Philippe de Valois en 1328. Les pannetiers

---

(1) *Curiosités de l'histoire de France*, par P. L. Jacob. Paris, 1858, pag. 95.

(2) *OEuvres de Rabelais*, Paris, Charpentier, 1845, in-12, page 281.

n'employèrent pas moins de 47 muids ou 752 setiers de froment pour la confection du pain. Gringoire *l'oubleer* fit plus de quinze mille oublies, et Pierre d'Avaus fournit trente et un setiers de moutarde et douze de vinaigre. Des nappes furent envoyées de Paris par Erembour de Monterueil, d'autres empruntées à des particuliers et enregistrées par un clerc pendant sept jours.

Les vins blancs et les vins rouges du pays coulèrent abondamment sur les tables ainsi que celui de Beaune, vendu par les épiciers de Reims. De Malines arrivèrent à grands frais 243 saumons et 6 barils d'esturgeons. Toutes les contrées du royaume furent mises à contribution pour la fourniture du poisson d'eau douce. Châlons-sur-Marne envoya des *poissons à fendre*, des brochets et des brèmes ; Marfontaine et la Ferté-Milon, des perches ; Compiègne, Noyon et Saint-Quentin, des anguilles et des tanches ; Soissons et Vitry, des carpes ; Vassy et Betheniville, des écrevisses.

Les épices furent achetées à Paris et consistaient en « gingembre, canelle, poivre, poivre-long, clous de girofle, grains de paradis, noix muguettes, safran, sucre, amandes, et pommes grenates. » Les repas durent se prolonger à une heure bien avancée de la nuit si l'on en juge par l'énorme quantité de cire qui brûla la veille et le jour du sacre. Les nobles conviés ne mangèrent pas moins de 82 bœufs, 289 moutons, 85 veaux, 78 porcs, 345 butors et héronneaux, 850 chapons, 1825 oisons et 10,700 poules et poussins.

La pâtisserie ne fut point oubliée dans ces festins : sur les tables furent servis « 1600 pâtés de porc et 3342 pâtés d'autre chair. »

Trois grandes salles avaient été construites pour recevoir le roi, la reine et les nobles invités. Philippe de Valois avait fait transporter par eau de Paris « au bac à Béri » les pavillons du Temple et sa royale vaisselle. D'habiles ouvriers, charpentiers, serruriers et maçons travaillèrent plusieurs jours et firent de vastes cuisines et de nombreuses écuries. Le roi qu'avaient suivi les principaux officiers du palais, maréchaux, sergents d'armes, maîtres des requêtes, physiciens, maîtres-d'hôtel et barbiers, ne comptait pas moins de 60 chevaux.

Les dépenses totales s'élevèrent à 13,343 livres 10 sous 7 deniers. Il paraît que les officiers de la couronne rançonnaient impitoyablement les pauvres habitants de Reims, car des procès avaient été intentés contre ces pillards sous les règnes précédents. Les échevins de la ville pour la première fois, en 1328, se chargèrent de subvenir aux frais du sacre de leur monarque, et tinrent bonne note des contribuables. Mais s'ils veillèrent scrupuleusement à l'emploi de leurs deniers, les habitants de Reims n'en furent pas moins appauvris par les dépenses. Il fallut que Philippe de Valois, quelques mois après, diminuât le subside qu'il leur avait imposé pour soutenir la guerre contre les Flamands. (1)

VAUBAN A SAINTE-MENEHOULD,

ou

LE PREMIER ACTE D'UN GRAND HOMME.

Le 9 novembre 1652, Sainte-Menehould était, depuis dix jours, assiégée par l'armée du prince de Condé, qui mérita dans la suite le surnom de *Grand*, mais qui, mécontent du gouvernement de Mazarin, portait alors les armes contre la France et s'était allié aux Espagnols et au duc de Lorraine. Les batteries assiégeantes avaient ouvert déjà plusieurs brèches entre les portes *Florion* et *Royon*; mais un bras de

---

(1) *Archives administratives de la ville de Reims*, par P. Varin. T. II, 1ʳᵉ partie, pag. 484. Paris, 1843.

l'Aisne, dont la largeur s'était considérablement accrue par des digues et par l'eau des étangs, protégeait encore la ville.

Ce jour-là donc, vers le soir, un jeune homme de dix-huit ans, portant l'uniforme du régiment de Condé, à la physionomie ouverte et intelligente, aux membres robustes et dont tout l'extérieur dénotait la vigueur et la détermination, examinait les brèches dont les décombres poussaient leurs talus jusqu'au bord opposé de la rivière. Après cette reconnaissance attentive :

— Voilà bien l'occasion, se dit-il, de payer M. le prince de la bienveillance avec laquelle il m'a reçu dans son régiment. Et si Son Altesse veut m'en octroyer la permission, j'espère, Dieu aidant, lui donner bonnes nouvelles des Champenois renfermés dans Sainte-Menehould.

Cet observateur était un jeune orphelin du Nivernais qui, huit mois auparavant, s'était éloigné de son pays sans dire adieu à personne et n'emmenant avec lui qu'un seul villageois qui brûlait également du désir de porter les armes. Incorporé dans la compagnie du capitaine d'Arcenay, Leprestre se fit bientôt remarquer par son activité et son exactitude, et se concilia l'estime de tous les hommes du régiment. Voulant donc justifier par une action éclatante la faveur dont l'honoraient ses supérieurs, Leprestre se rendit à la tente de M. d'Arcenay et lui témoigna le désir de surprendre pendant l'assaut qu'on devait donner le lendemain à la brèche principale, une de celles qu'il venait de reconnaître, afin d'attirer sur ce point une partie de la faible garnison et des bourgeois qui défendaient la ville. D'Arcenay, qui depuis longtemps aimait le jeune volontaire, le conduisit au quartier du prince :

— Monseigneur, dit-il, voici Leprestre, qui m'a prié de requérir de Votre Altesse une grâce à laquelle il paraît tenir beaucoup.

Le prince de Condé approuve avec joie le projet de Leprestre, lui remet le soin de choisir des hommes, et lui recommande de ménager sa vie, ajoutant avec un sourire que des hommes de sa trempe sont trop nécessaires pour être prodigués à tout propos.

Congédié par cet encouragement flatteur, Leprestre court à son logis et rencontre son jeune compatriote.

— Bénigne, lui dit-il, tu connais parfaitement les hommes de la compagnie, va m'en choisir cinquante-neuf de bonne volonté, vigoureux et solides, et surtout bons nageurs, des braves à poil, tu seras le soixantième. Qu'ils se tiennent prêts au petit jour pour une expédition commandée par M. le prince et de laquelle, s'il plaît à Dieu, nous adviendra honneur et profit.

Bénigne exécute ponctuellement les ordres de son compagnon d'armes, et le lendemain au point du jour, lorsque les colonnes d'assaut sont lancées sur la grande brèche, on voit déboucher de la tranchée, derrière *Gergeau*, ces soixante *enfants perdus* qui, précédés par Leprestre, se précipitent dans l'Aisne qu'ils traversent à la nage sous le feu des assiégés. Parvenus au pied de la brèche la plus voisine, ils se reforment dans un *angle-mort* et gravissent le talus. Mais ils trouvent au sommet de nombreux défenseurs qui leur opposent une résistance si vigoureuse que, forcés de redescendre le talus de la brèche, ils franchissent de nouveau la rivière et se retirent dans les tranchées.

Trente-trois seulement restaient, couverts de boue, ruisselant d'eau, découragés par le mauvais succès de leur expédition, et presque tous blessés.

Leprestre, soutenant son fidèle Bénigne atteint de deux blessures, ramène ses hommes dans leurs quartiers, et regrette les vingt-huit braves qu'il a perdus ou laissés au pouvoir des Champenois. Blessé lui-même, il craint le mécontentement de M. le prince et s'entretient tout bas avec Bénigne.

— Pourvu que la nouvelle de cet échec, dit-il à son compagnon, ne parvienne pas avec nos noms à notre village de Saint-Léger ; il ne manquerait que cela à notre déconfiture et à la semonce que j'attends de Son Altesse.

— L'homme propose et Dieu dispose, répond Bénigne ; nous serons peut-être plus heureux dans quelques jours.

— Mon pauvre Bénigne, je le souhaite, car c'est moi qui

suis cause de tes blessures et de la perte de tant de braves compagnons.

— Un bon soldat ne doit point craindre quelques éclaboussures.

— Cela est vrai, répond vivement Leprestre, mais si Dieu me prête vie, et si jamais je suis appelé à diriger de pareilles expéditions, par le martyre de Saint-Sébastien, je te promets bien de trouver le moyen d'épargner le sang des soldats.

Peu de temps après, Leprestre est appelé par son capitaine et conduit au quartier du prince de Condé. Le jeune aventurier se préparait à recevoir une sévère réprimande, lorsque le prince le félicite de son dévouement, s'informe du nombre des braves qu'il a perdus, et le console de son échec en lui promettant l'occasion de prendre une éclatante revanche dans quelques jours. Leprestre malheureusement n'eut pas le bonheur de donner une nouvelle preuve de sa valeur, car la ville et le château capitulèrent le 13, et lui-même fut désigné pour garder Sainte-Menehould sous les ordres du capitaine de Montal. Profitant de son paisible séjour dans cette petite place, Leprestre se mit à tracer des plans et à étudier la géométrie. Il fit de si rapides progrès que l'année suivante il dirigeait le siége de Sainte-Menehould et s'en emparait. Mais cette fois il s'appelait *Sébastien Leprestre de Vauban*, et servait dans l'armée de Louis XIV ! Surpris par des troupes françaises et conduit devant Mazarin, il avait promis de combattre pour son roi et de créer le nouvel art des siéges dans lequel il fut, comme on le sait, le législateur de l'Europe. (1)

---

(1) *Chroniques barroises du* ıv^e *au* xıx^e *siècle*, par B., ancien élève de l'École polytechnique, in-8. Bar-le-duc, 1847, pag. 291.

LE PLAT D'OR DE LA CATHÉDRALE DE LANGRES.

Ne convoitez jamais les richesses, car il pourrait vous arriver ce qui advint à Guillaume, marchand, résidant à Langres.

Sur le territoire de Voisines à quelque distance de l'ancienne cité des Lingons, s'étend le beau vallon de Bersey, jadis habité par de notables personnages dont les habitations ont été détruites par les barbares. D'immenses débris jonchaient encore le sol au XIIIe siècle ; mais un bon chrétien n'osait alors fouiller ces ruines, parce que le bruit s'était répandu que le prince des ténèbres en avait fait sa demeure. Le vallon était donc désert, et ses riches débris inspiraient tant d'effroi que personne n'était assez téméraire pour les fouiller.

Guillaume de Langres, que la soif de l'or tourmentait, résolut un beau matin de pénétrer dans le vallon maudit et de remuer les débris. Armé d'un instrument tranchant, il soulève quelques pierres et découvre une immense dalle qui servait sans doute à fermer un caveau. Excité par la passion qui le dévore, il frappe à coups redoublés : la dalle cède, le caveau s'ouvre ; mais une odeur infecte qui s'échappe de ce repaire le fait reculer de frayeur. — C'est bien là la demeure de Satan, se dit-il, et d'affreuses images passent devant ses yeux. Il croit voir le diable, cet esprit séducteur, s'emparant de son âme et se riant de sa folie. Il veut se retirer, se contenter de son modeste gain et étouffer les mauvaises pensées qui surgissent dans son cœur.

Mais un pâle rayon de soleil perce les nuages épais qui voilaient le ciel, pénètre dans le caveau et fait scintiller sa lumière sur des monceaux d'or. A cette vue, Guillaume n'hésite plus, l'or qu'il convoite de toutes les forces de son âme le jette dans un tel aveuglement, qu'il jure de vendre ce qu'il a de plus cher pour la possession de ce métal. S'élançant donc dans le sombre caveau, Guillaume s'approche des monceaux, les contemple et se réjouit de sa découverte, lorsque tout-à-coup Satan se montre sous son hideux aspect et s'assied sur l'or comme sur son trône. Le mécréant stupéfait pousse un cri, chancelle et sent courir sur son front une sueur de mort. « Choisis, lui dit Satan, prends et sors de mon domaine. Mais souviens-toi que dans huit jours tu m'appartiendras. »

Guillaume, que la soif des richesses ranime, saisit un plat d'or et regagne son logis à pas précipités comme un criminel qui craint les regards des hommes et qui fuit la lumière. Le voilà dans sa maison bien close contemplant cet or qu'il a reçu de Satan, formant mille projets et rêvant de belles entreprises. Mais bientôt les remords pénètrent dans son cœur et à leur suite le désespoir. Le malheureux se rappelle qu'il a vendu son âme, qu'il est perdu sans aucune ressource. Plein de terreur, redoutant son cruel ennemi, il veut encore toucher son trésor, mais ce plat lui semble tout en feu. Il n'ose y porter la main et pousse d'affreux gémissements. Des voisins accourent, lui demandent la cause de sa douleur ; mais dans son délire, il murmure des paroles étranges et jette la terreur parmi ceux qui l'entourent.

Quelques jours après, la maison du maudit parut embrasée. Le lendemain, personne ne vit reparaître Guillaume, et tous les habitants de la ville crurent que Satan s'était emparé de sa proie. (1)

Ne convoitez jamais les richesses, car il pourrait vous arriver ce qui advint à Guillaume, marchand, résidant à Langres.

---

(1) *Annuaire ecclésiastique et historique du diocèse de Langres.* Langres. 1838, p. 544 Tome I.

LES SAINT-SIMONIENS A TROYES.

Un jour de l'année 1832, par un ciel gris de décembre, quinze hommes drolatiquement vêtus, bariolés d'étoffes rouges et bleues, portant sur la tête le béret et la barbe longue au menton, s'acheminaient en chantant des hymnes vers les portes gothiques de l'ancienne capitale des comtes de Champagne, Troyes, la ville aux vieilles basiliques aux mystérieuses ogives, aux toits noirs et pointus, la demeure chérie du comte Thibaut, le poëte-roi et le roi des poëtes de son temps.

Ces hommes étaient des apôtres Saint-Simoniens. Les hymnes qu'ils chantaient étaient en l'honneur de la *femme libre*. Ils avaient encore un autre chant, de tous les chants le plus suave, le plus mélodieux et le plus mélancolique ; celui-là avait été composé pour célébrer la *danse des étoiles*. David, charmant et bon jeune homme, tout plein d'excentricités poétiques, artistiques et mystiques, Félicien David dont le nom alors ignoré est aujourd'hui européen, David était l'auteur de la musique et des paroles.

A la tête de ces hommes, il y en avait un au front haut et découvert. Ses cheveux retombaient sur ses épaules, ondoyants et roux ; son air était grave et pensif. Dans ses gestes, dans ses poses, il semblait chercher des ressemblances avec le Christ. Cet homme, pasteur du troupeau, le chef des apôtres en voyage, le grand vicaire du père Enfantin pour le moment en prison, cet homme enfin était M. Emile Barrault, ancien professeur d'éloquence au collége de Sorrèze, l'auteur d'*Eugène*, livre-roman. Ses frères, les saint-simoniens Duveyrier, Félix Tourneux, Rigaud et plusieurs autres se rendaient avec lui à Lyon pour s'y mêler aux *canuts* et recevoir, comme ils disaient, le baptême du salaire.

Par une rencontre bizarre, se trouvait en ce moment à

Troyes un conseiller de la cour royale de Paris, et ce même magistrat, peu de jours auparavant, avait prononcé l'arrêt qui envoyait le Père Suprême en prison.

M. Emile Barrault vit là un avertissement du ciel, un quasi-miracle, ayant une haute signification saint-simonienne et religieuse. Il écrivit donc au magistrat M. Naudin, cette lettre curieuse :

A M. Naudin, conseiller à la cour royale de Paris,
président des assises.

Monsieur le Président,

Je suis arrivé hier à Troyes, précédant quatorze de mes frères qui y entrent aujourd'hui, et j'ai appris que vous vous trouviez dans cette même ville, comme président des assises, closes depuis hier.

J'ai cherché le sens religieux de cette rencontre du *juge* et des *condamnés.*

Rassurez-vous; je ne veux point me livrer à d'amères récriminations. Mais je vous le dis, Monsieur le Président, et ne refusez pas aujourd'hui de croire à ma parole :

Dieu, en vous plaçant sur le passage de ces hommes qui, frappés par votre arrêt, et plus dévoués que jamais à leur œuvre et à leur père, vont vivre de la vie *de travail* et *de salaire* du peuple afin de le *moraliser,*

Dieu, sans doute, a voulu que vous puissiez apprécier les actes de ces hommes dont vous avez condamné les idées.

Dieu a voulu que le juge ne restât pas enfermé dans le respect aveugle de la chose jugée et que sa conscience fût avertie, et c'est pourquoi, au nom de Dieu qui est la bonté infinie, au nom du Père en prison, je fais auprès de vous cette démarche afin que vos yeux commencent à s'ouvrir à la lumière en attendant le jour où la femme achèvera de les dessiller, en jugeant en dernier ressort, d'accord avec l'homme, la question d'une *morale nouvelle.*

Agréez, Monsieur le Président, l'assurance de mes sentiments dévoués.

E. BARRAULT.

A cette lettre de M. E. Barrault, il y eut réponse de M. Naudin. Le juge ne voulut pas vis-à-vis du condamné demeurer en reste de moralisation et de politesse.

A M. Emile Barrault.

Monsieur,

En passant à Troyes, pendant que je m'y trouve pour la présidence des assises, vous cherchez un sens religieux à cette rencontre du juge et du condamné, et vous souhaitez que j'y voie la volonté divine pour ouvrir mes yeux fermés à ce que vous appelez la *lumière*.

Sans vouloir découvrir les secrets de la Providence dans tous les accidents et les hasards de la vie, ne pourrais-je pas, Monsieur, aussi être amené, par vos réflexions mêmes, à considérer sous un point de vue tout opposé cette circonstance fortuite qui vous conduit, vous et vos compagnons, à Troyes, pendant la tenue des assises que je viens d'y présider, sur les pas du même magistrat qui fut l'organe de la justice, alors qu'elle s'est prononcée contre vos doctrines et ne semble vous replacer ainsi incessamment en présence de cette même justice que pour mettre sans cesse la vérité en place de l'erreur, la raison à côté de l'égarement. Pourquoi donc, quand trois jours sont à peine écoulés, depuis qu'un nouvel arrêt d'un tribunal souverain est venu, en quelque sorte, appuyer d'une sanction nouvelle celui que les hommes du pays ont rendu après de solennels débats, s'obstiner à ne pas le suivre dans ses décisions auxquelles l'opinion publique prête sa puissante autorité, mieux encore que dans la rencontre fortuite à laquelle vous attachez en ce moment un grand enseignement salutaire, pour me servir de l'une des expressions qui vous sont familières, qui devrait vous avertir de quitter la voie d'égarement et d'erreur dans laquelle vous cherchez à entraîner le monde qui ne veut pas vous suivre?...

J'ai l'honneur d'être, etc.

NAUDIN.

Cette correspondance édifiante fut publiée à Troyes, dans le journal du département, et fit pendant plus d'un mois les frais de conversation des sacristies, des cafés, des boudoirs, du palais de justice et des salons du chef-lieu. C'était vraiment une bonne aubaine pour l'antique et paisible capitale de la Champagne.

Quant à M. Emile Barrault et à ses co-apôtres, après avoir dîné mieux que ne dînaient ceux de l'Evangile, dans un banquet pique-nique qui leur avait été offert par les amateurs de religions nouvelles, ils procédèrent, entre la poire et le fromage, au baptême d'un honnête tisserand champenois, lequel était venu au milieu du banquet se jeter aux pieds du maître, en abjurant ses erreurs à peu près comme fit Madeleine repentante aux pieds du Seigneur.

La cérémonie du baptême, administré sans rire par le frère Barrault au brave tisserand, ne fut pas la scène la moins curieuse de cette représentation saint-simonienne. L'apôtre Barrault se leva gravement ; — il me semble encore le voir, — il fit une harangue au catéchumène, lui remit ensuite le béret et la cravate rouge, deux symboles de la communion saint-simonienne, puis il baisa le tisserand au front et se remit à table après s'être essuyé un peu aristocratiquement la bouche avec sa serviette. Le banquet religieux se termina par les chants de la *femme libre* et de la *danse des étoiles*.

Le lendemain, les quinze apôtres saint-simoniens reprenaient la route d'Auxerre et de Dijon, entonnant au milieu de la foule, dans les rues de Troyes, leurs hymnes saintes et les moutards qui ne se doutaient point que tous ces beaux jeunes gens, bellement vêtus, frais, rosés et barbus, étaient de pauvres apôtres allant à Lyon recevoir des ouvriers canuts le baptême du salaire, ces bambins-là qui n'avaient pas appris au catéchisme de leur curé que la *danse des étoiles* formât avec une autre hymne singulière la bonne et véritable religion, prenant la mission apostolique de M. Barrault pour quelque mascarade, et les quinze apôtres pour des farceurs, s'avisaient de mille propos irrévérencieux et goguenards. A quoi M. Barrault et les apôtres répondaient avec un sérieux qui ajoutait au comique :

« Enfants, je vous le dis : un jour vos yeux s'ouvriront à

la lumière comme cela est arrivé à Thibaud le tisserand. »

Or voici comment, deux jours après, le néophyte Thibaud apostolisait ses camarades les tisserands, et comment il les convertissait à la foi de M. E. Barrault :

« Camarades, disait-il, si vous avez besoin d'une cravate et d'une casquette neuve, n'allez plus chez les marchands et les chapeliers, vous paieriez trop cher. Faites comme moi : je n'avais pas de casquette, je me suis fait saint-simonien. C'est économique. M. Barrault donne des casquettes pour des baptêmes. Cela n'engage à rien. » (1)

PRIVILÈGES DES BOURREAUX CHAMPENOIS AU XVIIe SIÈCLE.

L'exécuteur des hautes œuvres était autrefois un des rouages nécessaires de cette machine judiciaire qui commençait par la question et finissait par la roue, le bûcher, la croix de Saint-André, ou par la potence.

L'exécution, son grand rôle, avait pour intermèdes les pendaisons en effigie, le carcan, le fouet, les langues des blasphémateurs à percer d'un fer rouge, les poignets à trancher, les toilettes variées comme les détails des exécutions et des punitions, et la fourniture des torches de cire jaune servant aux amendes honorables. Sa besogne était immense dans les siècles qui nous ont précédés, car, que d'aliments lui fournissaient les luttes politiques et les luttes religieuses, les mesures de police et surtout le code barbare qui frappait d'un grave châtiment les plus légers délits !

---

(1) Jules Bélard, *journal des Villes et des Campagnes*, 1847.

Relégué sans cesse dans la chambre des tortures et dans les cachots, redouté par le peuple comme un être qu'il croyait sorti d'un autre monde, le bourreau, dès le XVe siècle, avait obtenu de nombreux privilèges. Les magistrats payèrent à Troyes, assez cher, comme nous allons le voir, les campagnes et l'isolement forcé de cet homme.

Chaque semaine, l'exécuteur prélève une chopine de blé de chaque marchand de grains. Qu'un char de bois à quatre roues se présente aux portes de la ville, depuis Pâques jusqu'à la Saint-Remi, il prend une bûche pour se chauffer gratuitement l'hiver.

Les paniers contenant des comestibles sont visités par ses hommes qui, sur dix œufs, ne vous en laissent que neuf. Fromages, noix, pommes, oignons, pelles de bois, pots de fer, pots de terre, balais même, rien n'échappe à sa juridiction; ses collecteurs sont là, recevant de beaux deniers, tant pour une panerée, tant pour une hotte, tant pour une charrette, et les mettant sournoisement dans leur escarcelle.

Il est vrai que les habitants de la ville et ceux de la banlieue ne lui donnent qu'un œuf à Pâques, mais il a de temps en temps, pour le dédommager, des cuillerées de pois, de fèves et des fruits nouveaux. De plus, les pâtissiers dont les étaux sont placés aux Changes et au marché de Notre-Dame, lui fournissent chaque samedi du carême deux *maillées* d'échaudés. Les revendeurs, moins opulents sans doute, se cotisent pour lui donner ses étrennes. Les filles mal famées sont inscrites sur ses registres et lui doivent cinq sous ainsi que les ladres qui se « pourchassent » en ville. (1)

Ces belles aubaines n'empêchaient pas l'exécuteur des hautes œuvres de percevoir des droits sur les châtiments qu'il infligeait. Les échevins de Rethel lui firent, en 1619, le tarif suivant :

« Pour battre de verges et fouetter sur les carrefours. . . . . 40 sous parisis ;

---

(1) *Archives de l'Aube.*

> Pour percer la langue ou fendre les lèvres,   20 sous ;
» Pour donner la question ordinaire ou extraordinaire, ... 40 sous ;
» Pour pendre, étrangler, brûler le corps et le réduire
en cendres. . . . . 8 livres ;
» Pour trancher la tête, puis transporter le corps au
gibet. . . . . 8 livres ;
» Pour pendre, étrangler, trancher la tête et mettre
le corps en quatre quartiers pour les mettre aux portes
de la ville. . . . . 8 livres ;
» Pour exécuter sur la roue et rompre le délinquant sur
un échafaud. . . . . 8 livres ; (1)

Malgré ces nombreux priviléges, les fonctions d'exécuteur ne furent jamais recherchées chez nos bons aïeux. Le XIXᵉ siècle a rencontré bien des hommes qui ne se sont point montrés si dédaigneux !

LES CAMPAGNES D'UN ENFANT DE CHŒUR CHAMPENOIS.

— Vois-tu bien, mon garçon, les rois et les empereurs sont frères ; cela a été convenu et arrangé ainsi de tout temps dans la politique. Les rois et les empereurs des quatre coins de l'Europe ont donc fait dire à Napoléon, en manière d'ambassade : « Comme frères, nous vous aimons de tout notre cœur, ce qui n'empêche pas que depuis que vous êtes devenu, de petit caporal, empereur et roi, vous continuez à nous casser bras et jambes pour dompter l'Angleterre, si bien que nous

---

(1) *Archives de la ville de Rethel.*

ne savons plus sur quel pied danser. Cela ne peut pourtant pas durer *usque ad vitam æternam*. » Napoléon a répondu : « Vous n'êtes point des braves, je vais vous le prouver ! sur ce, que Dieu vous ait en sa sainte et digne garde ! » Sitôt dit, sitôt fait ; le voilà qui marche sur le ventre des plus voisins pour écraser les plus éloignés. Mais les autres se sont regimbés et alors...

— Alors, père Raingaux, mon grand père a été tué à la frontière, mon frère Jean a perdu une jambe, et mon oncle Antoine a reçu dans les reins une balle qui n'était pas morte, la preuve que nous allons lui porter le bon Dieu, vu que M. le curé, qui est chirurgien, croit qu'il n'en reviendra pas.

C'était dans la sacristie de la petite église de Marchais, près Montmirail, que ce colloque avait lieu le 11 février 1814, entre le sacristain Raingaux et l'enfant de chœur Lucien Blaisois, jeune garçon de treize ans, à la chevelure blonde, au teint luxuriant, à l'œil vif et noir. Tous deux se disposaient à accompagner le curé chez Antoine Blaisois, le garde-champêtre de la commune, vieux soldat retraité qui, deux jours auparavant, avait été dangereusement blessé dans une rencontre avec un poste de Cosaques. Le sacristain venait d'endosser son surplis, Blaisois avait revêtu son aube et coiffé sa calotte empourprée, lorsque le curé arriva et prit les saintes huiles.

On se mit en marche, le sacristain en tête, portant sa lourde croix de cuivre argenté, l'enfant de chœur ensuite, armé d'une sonnette qu'il agitait de temps en temps pour inviter les passants au recueillement, puis le curé, beau vieillard d'une physionomie franche et ouverte, d'une taille élevée et d'une allure énergique et digne.

Les passants auxquels s'adressait la sonnette de Lucien étaient rares, car les habitants de Marchais avaient été réveillés ce jour-là au bruit du canon qui semblait se rapprocher à chaque instant. Tous les hommes en état de porter les armes s'étaient réunis en avant du village, et les femmes, les enfants et les vieillards se tenaient renfermés dans l'attente de ce qui allait se passer. Une partie de l'armée française avait pris position près de Marchais, et l'on savait que les alliés s'avançaient du côté opposé.

— Blaisois, dit le curé à l'enfant de chœur qui de temps en temps marchait sur les talons du sacristain, tu vas trop vite, mon enfant...

— Vous ne savez peut-être pas, Monsieur le curé, que je n'ai pas encore déjeûné et que ma mère cuit aujourd'hui et m'a promis une miche au beurre...

— Tu as donc oublié, mon enfant, que la gourmandise est un des sept péchés capitaux.

En ce moment, le bruit du canon qui se rapprochait de plus en plus devint terrible ; les coups se succédaient avec une effroyable rapidité, les vitres des maisons frémissaient, et la terre semblait trembler.

— L'ennemi gagne du terrain, dit le curé en accompagnant ces paroles d'un profond soupir ; que Dieu protége la France !

— Si ces gueux-là allaient manger ma miche ! pensa Blaisois, et il recommença à marcher sur les talons du père Raingaux qui tremblait de tous ses membres.

On arriva à la maison de l'oncle Antoine, située à l'une des extrémités du village. Le pauvre blessé était bien bas, mais il avait conservé toute sa tête : il répondit avec lucidité aux questions de l'homme de Dieu qui lui administra l'extrème-onction en hâtant un peu la cérémonie, car on entendait la fusillade, et les boulets commençaient à tomber dans le village.

— Partons, mes enfants, dit le curé, nous allons avoir de la besogne : les blessés ne nous manqueront pas.

Raingaux s'empressa de tourner les talons, et déjà il baissait la hampe de sa lourde croix pour franchir la porte de la maison lorsqu'au bruit du canon et de la fusillade se mêlèrent le retentissement du galop des chevaux, le cliquetis des sabres, et dans le lointain la clameur d'affreux hurrahs.

— Les Cosaques ! fit le sacristain d'une voix qui révélait la terreur.

— Et ma miche au beurre! dit l'enfant de chœur en serrant les poings.

— Sortons! cria le curé d'une voix ferme; tâchons d'arriver jusqu'à l'église.

Mais déjà la maison était entourée de Cosaques. Raingaux, refoulé à l'intérieur par quelques-uns de ces hideux maraudeurs, tomba à la renverse et s'évanouit sur le seuil; le curé, toujours grave et calme, s'avança pour le secourir. Au même instant, Blaisois, stimulé à la fois par la faim, par la colère, par le sentiment de la conservation, lança de toutes ses forces l'énorme sonnette qu'il portait contre un des cosaques qui, recevant l'étrange projectile en plein visage, tomba étourdi sous le coup. Le courageux enfant, saisissant alors la lourde croix échappée aux mains débiles du sacristain, et s'en servant comme d'une masse d'armes, se précipita tête baissée sur le groupe de pillards, frappant, renversant ceux qui étaient parvenus à pénétrer sous le vestibule et qui, surpris, effrayés par cette attaque imprévue, se retirèrent en désordre. Il ferma ensuite la porte et l'assura en tirant les verroux.

— Bravo! bravo! Lucien, disait l'oncle Antoine, qui au bruit du combat avait recouvré assez de forces pour se dresser sur son séant, bien, mon garçon! tiens, prends ma carabine et ma giberne, il s'y trouve encore quatre paquets de cartouches; j'entends la charge, voilà du secours. Vive la France!

Et le vieux soldat expira en disant ces mots.

L'infanterie française entrait dans le village; les Russes reculaient, et le curé, le sacristain et l'enfant de chœur purent retourner à l'église où se trouvaient déjà un grand nombre de blessés que l'homme de Dieu s'empressa de secourir. La carabine de son oncle sur l'épaule, la giberne en sautoir, Blaisois essaya de regagner le toit maternel où devait l'attendre la fameuse miche au beurre. Mais déjà l'ennemi avait repris l'offensive et une grêle de balles et de boulets tombait sur l'église. L'enfant s'élance alors au milieu d'un groupe de tirailleurs de la garde qui défendent les abords du cimetière, et commence à brûler ses cartouches.

Cependant l'ennemi reçoit des renforts, et bientôt les tirailleurs se retirent lorsque paraît la division du général Ricard, chargé par l'empereur d'enlever ce point important, avec recommandation de s'y maintenir. Les tirailleurs de la garde se rallient à cette division, et le général s'avance au milieu d'eux pour leur demander quelques renseignements topographiques.

— Monsieur le général, s'écrie Lucien en se faisant jour à travers le cercle formé par les officiers, je suis du pays, et si vous le voulez, je vais vous conduire par un chemin moins dangereux que celui que vous suivez. Vous verrez la mine que feront les Cosaques lorsque vous les surprendrez.

Le général, surpris de cette proposition, frappé surtout de l'étrange costume de celui qui la lui faisait, hésitait à accepter Lucien pour guide ; mais le bon témoignage que rendirent de lui les tirailleurs lui permit d'avoir la gloire de diriger la marche. Lucien conduisit les Français avec tant de bonheur que les Russes furent surpris au moment même où ils se croyaient à l'abri de toute attaque.

Le combat recommença ; mais les ennemis, poussés la baïonnette dans les reins, rompirent l'ordre qu'ils avaient jusqu'alors conservé, et dès ce moment le combat devint une véritable déroute. Le général Ricard, se croyant suivi de ses grenadiers, lança son cheval sur l'arrière-garde des fuyards dont une partie venait de disparaître dans une des rues latérales de la place de l'église. Bientôt une main vigoureuse saisit sa monture qui se cabre et le renverse à terre. Il n'avait pas eu le temps de se relever que quatre pièces de canon, traînées à la prolonge par les Russes à l'entrée de la rue, pour protéger leur retraite, vomissaient quatre volées de mitraille. Le cheval fut tué et entraîna Blaisois dans sa chute, mais cet enfant se releva et vint tendre la main au général qu'il avait sauvé.

A quelques heures de là, Napoléon avait remporté une victoire de plus : la bataille de Montmirail était gagnée !

Le soir, l'empereur, entouré de ses généraux, se faisait rendre compte des particularités de cette glorieuse journée. Le général Ricard raconta les prouesses du brave enfant de chœur. Napoléon témoigna le désir de le voir. Des officiers s'adressèrent au curé, qui indiqua la demeure de la mère de Blaisois où on le trouva encore vêtu de son aube toute maculée de poudre et de sang, de sa calotte rouge entamée par un coup de sabre, et dormant les poings fermés sur la paille fraîche.

On le réveille, on lui annonce qu'on va le conduire devant l'empereur.

— Et ma miche? fait le pauvre enfant, se frottant les yeux et répondant avant tout aux sollicitations de son estomac.

Lucien devait en effet éprouver toutes les douleurs de la faim. A son retour chez sa mère, il avait trouvé la maison pillée, dévastée, saccagée de fond en comble. Le pain encore à l'état de pâte avait été retiré du four et dévoré par les pillards, de sorte que Blaisois, accablé de fatigue, s'était endormi à jeun.

— Venez toujours, lui dit un officier d'ordonnance ; l'empereur ne doit pas attendre, et l'on aura soin de pourvoir à votre souper.

Lucien tremblait de tous ses membres lorsqu'il parut devant Napoléon.

— C'est donc vous, mon petit drôle, lui dit en souriant l'empereur, qui vous permettez de porter la main sur un officier général, et qui faites le coup de fusil contre les Russes au lieu de servir la messe?

— Oui, sire, répondit Blaisois, en baissant les yeux et en se grattant l'oreille ; mais pourquoi ces Russes venaient-ils manger ma miche au beurre?

Un murmure d'hilarité se fit entendre parmi le groupe des d'officiers qui entouraient l'empereur. Lui, au contraire, redevint sérieux ; il prit la main de l'enfant de chœur, et la serrant avec effusion :

— Bien ! mon garçon ! bien, dit-il, si chacun défendait comme toi sa miche au beurre, la France serait bien vite sauvée !... Tu es trop jeune pour faire la guerre, reprit-il après un instant de silence ; mais je me souviendrai de toi... Général Ricard, prenez note de cela.

On fit souper l'enfant de chœur, puis on le renvoya les poches garnies de quelques napoléons destinés à réparer les pertes éprouvées par sa mère.

Ces braves gens durent croire leur avenir assuré ; mais de ce moment les événements marchèrent avec une telle rapidité que la promesse sur laquelle ils comptaient fut oubliée, et que bientôt après le vainqueur de Marengo et de Montmirail partait pour l'exil.

Quatorze mois s'étaient écoulés ; remonté sur le trône après en être tombé une première fois, Napoléon passait en revue une partie de sa garde dans la cour des Tuileries ; déjà il avait parcouru les rangs, et il allait se placer devant le pavillon de l'Horloge pour commander le défilé des troupes, lorsqu'un jeune garçon se glissant entre les officiers-généraux de sa suite, éleva en l'air son chapeau qu'il agita en s'écriant :

— Sire ! vous avez oublié l'enfant de chœur de Marchais !

L'empereur s'arrêta, et ordonna qu'on permît au jeune homme d'approcher.

— Tu as raison, mon ami, lui dit-il, mais c'est un peu la faute du général que tu as sauvé et qui, lui, a oublié bien autre chose (1) ! As-tu toujours l'envie de combattre les ennemis de la France ?

— Si bien l'envie, Sire, que j'ai demandé à entrer comme trompette dans ce magnifique régiment, — et il désignait de la main les guides, chasseurs à cheval de la garde ; — mais on me trouve trop jeune... et l'on me refuse.

— Tu mérites mieux que cela, cependant ! répondit Napoléon avec un soupir ; mais en ce moment la France a besoin du bras de tous ses enfants. Suis-moi.

Il revint au pas sur le front du régiment qu'avait désigné Blaisois, et s'adressant à celui qui le commandait :

— Colonel, lui dit-il, dès ce moment ce jeune homme fait partie de mes chasseurs en qualité de trompette. C'est un ca-

____

(1) Le général Ricard avait suivi les Bourbons à Gand.

deau que je vous fais, entendez-vous, un véritable cadeau, et vous pourrez bientôt juger vous-même.

Le 18 juin 1815, lorsque le canon prussien achevait d'écraser les derniers débris de la garde, Napoléon, décidé à ne pas survivre à son désastre, s'élança dans la mêlée avec désespoir. Tout à coup un jeune trompette, dont le visage imberbe était sillonné de deux ou trois larges blessures, précipite son cheval en avant du sien et lui fait un bouclier de sa poitrine. Napoléon le reconnaît, c'est Blaisois, l'enfant de chœur de Marchais.

— Où sont mes chasseurs? lui demanda-t-il.

— Sire, répondit le jeune homme en faisant un effort pour porter la main à son colback et rendre le salut militaire, ils sont morts!... et je vais les rejoindre!

Il ferma les yeux et sa main lâcha les rênes de sa monture. Un biscaïen venait de lui traverser la poitrine.

— Noble enfant! dit le grand homme d'une voix qui trahissait toute la douleur dont son âme était navrée... Noble enfant!... De qui donc le ciel aura-t-il pitié (1)?

<hr>

LES ROSES DE PROVINS.

Plusieurs historiens attribuent à Thibaut le chansonnier l'introduction des roses de l'Orient sur le sol provinois. Ces roses, célébrées par le sage Salomon dans son admirable *cantique des cantiques*, conservent leur odeur, même lorsqu'elles ont été détachées de leur tige, et répandent un arôme plus suave lorsqu'elles ont été pilées. Il paraît que ces belles fleurs

---

(1) Horace Raisson, journal l'*Ilote*, 13 et 14 décembre 1847.

ne se plurent que dans les jardins de Provins, car, dès le moyen-âge, les marchands de cette ville chérie des comtes de Champagne débitaient des conserves de roses.

Les rois, les archevêques ne dédaignent même point ces charmants produits qui rendent, dit-on, l'éclat de la santé et donnent de nouveaux attraits. Philippe de Marigny, archevêque de Sens, entre solennellement à Provins en 1310, et reçoit des notables de la ville du vin, des épices et des conserves de roses. Catherine de Médicis, et plus tard le vainqueur d'Ivry, ne refusent point des conserves et des roses sèches.

La Rose de Provins, qui le croirait? a pourtant suscité bien de sanglantes batailles et bouleversé tout un royaume. Le prince Egmond, fils d'Henri III, roi d'Angleterre, qui avait pris le titre de comte de Champagne et de Brie, fut envoyé par Edouard Ier pour châtier, en 1280, les habitants de Provins, coupables du meurtre de leur maire Guillaume Pentecôte. Ce prince, qui séjourna quelque temps dans cette ville, adopta plus tard pour arme la rose de Provins, dont la couleur purpurine le charmait. On sait que cette rose fut conservée par la famille de Lancaster, que la rose blanche fut adoptée par la maison d'York, et que sous ces insignes les deux partis se disputèrent trop vivement la couronne d'Angleterre.

Provins aujourd'hui ne cultive presque plus les roses apportées de l'Orient par les croisés et si renommées au moyen-âge. Il est bien vrai que cette ville a perdu depuis longtemps sa splendeur, que sa population s'est décimée, que ses notables drapiers sont descendus dans la tombe ; mais fallait-il dépeupler le sol de ces magnifiques fleurs célébrées même par l'antiquité? N'était-ce pas un glorieux souvenir du vieux temps où Provins pouvait prendre rang parmi les *bonnes* villes du royaume de France ?

UN CONTRE DOUZE,

ou

LE CAPITAINE DANIEL, DE REIMS, EN RUSSIE.

Le grand empereur, poursuivant sans relâche les développements et l'application de son système continental, avait, en mai 1812, déclaré la guerre au czar Alexandre, et cinq cent mille soldats — les premiers du monde — avaient le 24 juin passé le Niémen, — ce Rubicon du nouveau César !... Napoléon voulait prendre Moscou pour affamer Londres !... L'armée russe, placée sous le commandement en chef du général Barclay de Tolly, comptait autant de combattants que la grande armée ; mais cette masse était répartie sur une trop grande ligne de défense et s'étendait depuis la Baltique jusqu'aux confins de la Volhinie.

Napoléon avait compris tout le parti qu'il pouvait tirer de cette position, et le passage du Niémen à Kowno, exécuté comme un coup de foudre, avait eu pour résultat de couper en deux la ligne ennemie et de séparer Barclay de Tolly de ses lieutenants. Déjà Bragation avec son corps d'armée errait à l'aventure, et débordé de toutes parts, il désespérait de se rallier au général en chef ; mais la mollesse d'un chef français, chargé de le poursuivre, le sauva d'une perte certaine. L'empereur, qui ne mettait pas en doute la destruction de Bragation, fut vivement irrité contre celui qui avait laissé échapper cette belle occasion d'ouvrir brillamment la campagne, et ne songea plus qu'à réparer la faute énorme qui venait d'être commise.

Les généraux russes Platoff et Doctoroff se trouvaient à l'extrême gauche de la ligne ennemie ; les vingt mille hommes de Doctoroff pivotaient autour de Bagration ; les sept mille Cosaques de Platoff erraient sur les bords de la Bérésina, avec la volubilité inquiète et stérile qui caractérise ces corps essentiellement mobiles.

L'armée française s'avançait dans un pays inconnu, hostile, et devait éclairer sa marche par de nombreuses avant-gardes. Un jour, le général qui commandait le corps placé à l'extrême droite de notre armée ordonna à deux cent cinquante marins de la garde, soutenus par cent cinquante dragons, de se porter en avant et de pousser une reconnaissance jusque sur les bords de la Bérésina.

L'ordre fut exécuté. Les soldats de la garde impériale possédaient, on le sait, un courage, un sang-froid, une impétuosité sûre d'elle, qui étaient proverbes dans l'armée et qui le sont devenus en France et dans le monde entier; mais les marins de la garde étaient braves et formaient en quelque sorte un corps de choix dans une armée d'élite!... Les cent cinquante dragons étaient conduits par le commandant David, et les deux cent cinquante marins, par le capitaine Daniel, — un cœur d'or, un bras d'acier! On partit le matin, le temps était beau, le ciel pur, les chemins intacts; on fit du chemin. La nuit survint; on bivouaqua dans une forêt, et le lendemain, après avoir exploré les environs, on sonna la retraite pour rejoindre le corps d'armée.

Le détachement n'avait pas fait une lieue, qu'une lance de Cosaque vint à briller au soleil du matin, puis une seconde, puis plusieurs; puis enfin, un gros d'ennemis se montra à portée de fusil; mais nos soldats ne daignèrent pas leur faire l'honneur de brûler une amorce. Quelques instants après, l'ennemi reparut, puis s'enfuit encore; on avait fait deux lieues déjà du côté des avant-postes français... Tout à coup une colonne formidable ou plutôt une nuée de Cosaques se montra dans le lointain; une autre la suivit bientôt, puis de tous les coins de l'horizon, les ennemis nombreux, pressés, hurlant, accoururent à bride abattue et eurent en un instant enveloppé le faible détachement français. Il était clair qu'on s'était heurté contre un corps d'armée russe!... La position était critique. Le capitaine Daniel ne s'y trompa point; il fit faire halte et appela le commandant des dragons.

— Commandant, lui dit-il en étendant la main, voici
Platoff et les Cosaques. Nous avons peut-être cinq mille
hommes sur les bras. Il n'y a pas à tergiverser avec vos dragons, faites une trouée dans cette canaille, il est encore
temps !... Ils vous tueront quelques hommes, mais vous
passerez. Quant à moi, je réponds de mes grognards... Nous
aurons rejoint avant le soir.

— Capitaine, interrompit le commandant David, ce serait
une lâcheté de vous abandonner, et je reste. Il en sera ce
qu'il pourra ! en avant, dragons !

En vain le capitaine Daniel conjura le commandant David
de fuir et essaya-t-il de lui faire comprendre qu'une pointe
exécutée avec résolution pouvait le sauver, tandis qu'en se
laissant envelopper, il était perdu. Le généreux commandant
n'en tint pas compte et se résolut à combattre ou plutôt à
mourir en défendant ses compagnons d'armes.

Le capitaine Daniel avait formé son détachement en bataillon carré, et s'avançait en bon ordre à la rencontre des ennemis. Le cercle noir des Cosaques se rétrécissait d'instant en
instant autour des Français, et le capitaine Daniel, l'œil serein,
la tête haute, attendait le choc des ennemis avec cette confiance fébrile qui est le partage des grands cœurs.

Les ennemis avançaient toujours.

— En avant, dragons ! répéta le commandant David, et,
suivi de ses hommes, il se précipita tête baissée dans les
rangs des Cosaques, qui se refermèrent derrière lui...

— Ne tirez qu'à dix pas ! cria le capitaine Daniel, et que
tout coup porte.

Alors commença un spectacle effroyable s'il n'eût été sublime.

Les marins de la garde marchaient toujours. Après des prodiges de valeur, les malheureux dragons, écrasés par le
nombre, succombèrent les uns après les autres. Ils tuèrent,
ils tuèrent tant qu'ils eurent un tronçon de fer à la main, un
éclair dans les yeux et un peu de sang dans les veines ; mais
enfin le fer fut brisé, les yeux s'éteignirent, le sang vivant
cessa de couler, et ils tombèrent sur les cadavres qu'ils avaient
faits. Huit seulement, huit sur cent cinquante !... échap-

pèrent à ce désastre et furent recueillis par les marins de Daniel. Le corps du malheureux David fut retrouvé ; il avait
reçu trente-quatre coups de lance !... Les dragons qui survé-
curent étaient tous criblés de blessures, tous avides de vengeance, tous désireux de combattre encore. Il prirent les
armes des morts et grossirent les rangs de la phalange im-
passible.

Au milieu des mourants, des cadavres des hommes et des
chevaux, au milieu de ces débris sans nom du champ de
bataille, les marins se frayaient un passage et marchaient,
marchaient toujours.

Il vint un moment où Platoff eut honte et colère d'être arrêté par une poignée de Français. Il commanda une charge
générale : cinq mille hommes s'ébranlèrent et vinrent se heur-
ter contre les deux cent cinquante braves du capitaine Daniel.
Hommes et chevaux allaient jusqu'à dix pas du carré fulgu-
rant, puis la fusillade commençait ; c'était un pêle-mêle
d'hommes qui tombaient, de chevaux qui se cabraient, de
chefs qui criaient et qu'une balle française atteignait avant
d'avoir achevé le cri : en avant !... Chaque décharge faisait
surgir une sorte de barricade de cadavres, et le carré français
semblait inscrit dans un autre carré frémissant qui arrêtait
la marche des chevaux de l'ennemi et rompait son élan !...
Alors les marins de la garde se détournaient un peu ; mais
sans relâche, ils poussaient en avant !...

Vers le milieu de la journée, les Russes avaient perdu deux
mille hommes, les marins en avaient perdu trente.

Alors dans le cœur du général la colère fit place à l'admiration. Il fit cesser le feu et ordonna à son aide-de-camp,
Schouloff, d'arborer un guidon de parlementaire et d'offrir
aux Français des conditions avantageuses s'ils voulaient se
rendre.

L'aide-de-camp s'avança vers le carré indomptable ; alors
seulement les marins s'arrêtèrent...

Schouloff connaissait le nom du capitaine Daniel : un prisonnier le lui avait appris. A haute voix et en très-bon fran-

çais, le parlementaire demanda à s'entretenir avec le capitaine
Daniel. Celui-ci sortit des rangs :

— Un pas de plus et vous êtes mort! dit-il à l'officier
russe qui faisait mine de s'avancer trop près de lui... que
voulez-vous de moi?

— Capitaine Daniel, je viens de la part de mon général;
il me charge de vous dire qu'il est plein d'admiration pour
votre valeur, et qu'il veut sauver de si braves gens que vous
et les vôtres. Votre vie sera épargnée, vos armes vous seront
conservées ; mais avant tout, il faut vous rendre...

— Nous rendre! dit le brave Daniel... allez dire au général Platoff que nous ne le craignons pas; s'il veut nous avoir,
qu'il vienne nous prendre !

— Mais vous êtes entouré de toutes parts ; vous nous avez
tué du monde, c'est vrai, mais il nous en reste assez pour vous
détruire avant qu'il soit une heure !...

— Assez causé comme cela... partez ou sinon...

— Mais vous ne pouvez courir ainsi à une perte certaine.
Vous serez traités en braves que vous êtes. Le général...

— Écoutez-moi bien, M. l'aide-de-camp, dit tranquillement le capitaine Daniel, nous sommes pressés, nous autres.
Si dans deux minutes vous êtes encore à la même place, je
vous fais tuer sans miséricorde. Sergent, ajoute-t-il en se tournant vers un jeune sous-officier qui était au premier rang...
attention au commandement !

— Enfin, entendez la raison, dit l'aide-de-camp avec un
entêtement tout français... — car les nobles Russes ne connaissent pas seulement l'histoire de la France, ils se piquent
encore d'en avoir l'esprit et les manières; — entendez la raison, vous succomberez immanquablement...

— Chargez, arme !... dit le capitaine Daniel.

— Eh bien ! écoutez ceci, dit sans sourciller le confiant
Schouloff, plus Français en ce moment que ceux à qui il s'a-
dressait. Puisque vous ne voulez pas absolument vous rendre,
il y a un moyen de s'arranger : c'est nous qui mettrons bas
les armes... cela vous arrange-t-il? ajouta-t-il en souriant.

— Apprêtez, armes !

— C'est convenu, n'est-ce pas ? et nous allons régler les conditions...

— En joue ! vous entendez, Monsieur l'aide-de-camp, dit le capitaine avec courtoisie.

— Parfaitement... vous comprenez très-bien que ces conditions.

— Feu !...

Le coup bien dirigé frappa Schouloff un peu au-dessous du cou ; la clavicule fut brisée, il tomba.

Les Russes, qui ne pouvaient entendre la conversation de leur parlementaire avec le capitaine, crurent à une trahison en le voyant tomber. Pleins d'indignation, ils se précipitèrent de nouveau sur les marins qui avaient repris l'attitude offensive. Le combat recommença plus vif, plus meurtrier, plus acharné que jamais. Ce n'était plus une charge de cavalerie contre un bataillon replié sur lui-même, c'était un assaut furieux contre une citadelle aux quadruples faces ; ce n'était pas un bataillon carré, c'étaient quatre remparts d'airain vomissant la mort ; ce n'étaient pas des hommes, c'était un mur !

Que dirons-nous de plus ?... Les deux cents braves se frayèrent un sanglant passage à travers les masses ennemies, et, après avoir fait un incroyable carnage, arrivèrent le soir aux avant-postes français. Ils furent reçus comme on reçoit des frères dont on croyait la perte consommée. Mais hélas ! quatre-vingts des leurs étaient restés sur le champ de bataille. Le capitaine était au nombre des survivants ; l'empereur, frappé d'admiration, plaça lui-même sur sa poitrine l'étoile des braves !... (1)

---

(1) Victor Vaillant, *Journal de l'Aube*, 1er janvier 1847. Le capitaine Daniel remplissait encore à Brest, en 1847, les fonctions de directeur-constructeur de la marine.

UN PROFESSEUR DE CALLIGRAPHIE DE L'ÉCOLE DE BRIENNE.

On sait qu'en 1844, dans une sorte de buanderie du couvent des Carmélites de Brienne, furent retrouvés de vieux cahiers de devoirs des anciens élèves des bons Pères Minimes. Parmi ces cahiers destinés à la cuisine des religieuses, un seul portait le nom de Bonaparte en lettres peu correctes et presque illisibles. C'était bien là l'écriture de Napoléon qui avouait ingénieusement lui-même son peu d'aptitude pour la calligraphie. La bibliothèque de Troyes devait s'enrichir de ce spécimen, lorsqu'un habile spéculateur parvint à le soustraire. Dans quel cabinet se trouve-t-il ? Nous l'ignorons ; mais cette découverte nous a rappelé que, si le jeune Corse n'écrivait pas lisiblement à Brienne, il n'oubliait pas sur le trône le digne professeur qui lui avait donné des leçons de calligraphie.

Napoléon se promenait un jour dans le parc de Saint-Cloud, lorsqu'un homme simplement vêtu et d'un âge avancé vint solliciter du grand maréchal la faveur d'une audience particulière du Souverain. Introduit quelque temps après dans le cabinet de Napoléon :

— Qui êtes-vous et que voulez-vous ? demande séchement l'Empereur.

— Sire, lui répond le solliciteur fort intimidé, c'est moi qui ai eu le bonheur de donner des leçons d'écriture à Votre Majesté pendant quinze mois à Brienne.

— Le bel élève, ma foi, que vous avez fait-là, répond vivement l'Empereur ; je vous en fais mon compliment.

Puis, riant de sa vivacité, Napoléon adresse quelques bienveillantes paroles au vieux professeur, et lui dit en le congédiant :

— C'est bien ! c'est bien ! je n'oublierai pas mon maître d'écriture.

Et en effet le professeur de Brienne recevait quelques jours après le brevet d'une pension de 1,200 francs.

MONSEIGNEUR RICHARD PICQUE, ARCHEVÊQUE DE REIMS.

1374-1389.

C'était au XIVᵉ siècle un noble et puissant personnage que Monseigneur Richard Picque, archevêque de Reims. D'abord doyen de Saint-Jean à Besançon, sa ville natale, puis chanoine de l'église de Rouen, Richard eut l'honneur de siéger aux assemblées de 1374, et d'y faire briller ses talents et sa vertu. Protégé par le roi Charles V, il obtient le siége archiépiscopal de Reims après la mort de Louis Tésard, et fait, en 1374, son entrée solennelle dans la vieille métropole des Gaules. Premier pair de France, investi du droit de sacrer les rois, l'archevêque Richard se trouve à la tête du clergé français. Mille églises, de célèbres abbayes et même des évêchés importants reconnaissent sa suprématie. La noblesse de Champagne le respecte comme haut dignitaire et recourt plus d'une fois à son crédit pour obtenir quelques faveurs du monarque. Riche et puissant comme ses devanciers, il possède à Reims deux palais, un hôtel à Paris, des châteaux et des domaines à Courville, à Vely, à Bétheniville, à Sept-Saulx, au Vieil-Arcy et dans beaucoup d'autres villages. Comme seigneur féodal, il a un arsenal complet pour défendre ses propriétés ; comme prince de l'Église, une maison composée de quatre-vingts officiers et autres personnes. Vingt-trois chevaux garnissent ses écuries et de magnifiques tapis décorent ses appartements. Ses revenus sont si considérables, qu'il peut prêter de l'argent au roi de France, au duc de Bourbon, aux gentilshommes ses voisins, et nourrir un grand nombre de nécessiteux. A son trépas, il répand ses largesses sur les pauvres et trouve chez lui des joyaux dignes d'être offerts aux princes du sang.

A peine a-t-il rendu le dernier soupir, que douze enfants entrent dans sa chambre pour y réciter le psautier. Les chapelains se rendent à l'église cathédrale pour y célébrer chaque jour la messe jusqu'aux obsèques. Monseigneur l'évêque de Soissons est invité pour rendre les honneurs funèbres au prélat défunt. L'église s'orne d'écussons, et de nombreux ouvriers sont occupés à façonner les riches tentures et les autres ornements. Quatre-vingts torches sont pendues dans la nef, et huit cents cierges sont placés autour du chœur pour y brûler le jour des obsèques. De nobles seigneurs accourent à Reims, et à leur suite une foule innombrable d'officiers et de serviteurs de l'archevêque.

Trente-deux jours s'écoulent, les préparatifs sont terminés. L'évêque de Soissons, revêtu de ses ornements pontificaux, préside à la cérémonie. Le corps de l'auguste défunt, déposé dans un cercueil revêtu d'étoffes d'or et de soie, est solennellement conduit à l'église par les échevins; douze pauvres, habillés aux frais de la succession, portent chacun une torche. Les cloches de Notre-Dame sonnent à grande volée, la nef et les bas-côtés s'encombrent de fidèles, l'office commence. Quatorze clercs assistent Monseigneur de Soissons, et de nombreux chantres font entendre leur voix. L'encens brûle dans huit pots de terre et répand partout son parfum.

Trois cent vingt « personnes de distinction » sont invitées au repas funèbre qui suit cette pompeuse cérémonie. Le curé de Cormissi arrive pour remplir les fonctions de maître d'hôtel. Le potage se compose de sucre, d'œufs et de lait. Les pauvres ne sont point délaissés; des douzaines de petits pains, des queues de vin et de la viande leur sont distribuées. Les tables des convives sont couvertes de deux bœufs, de quinze moutons, de sept pourceaux, de quatre veaux, de cinq cents volailles et de cent quarante lapins ; à ces mets succèdent des chapons, des perdrix, un lièvre de Champagne, des poissons, des chevreuils, des pâtés, des tartelettes et des oublies. Le vin coule, vin du pays, vin de Beaune, vin sucré.

Des priseurs se rendent quelques jours après dans les habitations du prélat, visitent toutes les chambres et dressent l'inventaire de ses richesses. De nombreuses pièces d'or et d'argent sont trouvées dans ses trésors, moutons, florins, écus, francs, royaux, gros et blancs. La vaisselle d'argent se compose d'écuelles, de plats, de cuillers, d'aiguières, de drageoirs et de gobelets. Suivent les calices, les chandeliers, les burettes, les navettes, les encensoirs, les paix et les anneaux pontificaux. Les mitres et les gants sont si riches que personne ne peut en dire la valeur. Les saphirs, les rubis, les émeraudes brillent sur ces insignes, véritables chefs-d'œuvre de broderie sur lesquels sont représentées des figures de saints personnages !

Les livres sont nombreux et catalogués par spécialité. Les livres de loi sont un digeste, un code, un petit code glosé. Ceux de droit canon sont les décrétales, les œuvres du pape Innocent III, un recueil de décrets de Clément V, les extravagantes, la somme dorée de Henri de Suze, la somme des confesseurs, la somme du droit canon d'un cordelier. Les livres de théologie sont la Bible, la concordance de la Bible, les épitres de saint Paul, un livre *de regimine principum*, les homélies de saint Grégoire. *Historia scolastica*, *liber de proprietatibus rerum*, la légende dorée, des chroniques, et les voyages de Mandeville. Parmi « les livres de l'office, » figurent le pontifical « à faire couronne ou le sacre, » le pontifical « à sacrer évêque, » des missels, graduels, psautiers et bréviaires.

Les tapis qui décorent les chambres de parade sont d'une richesse remarquable. L'archevêque en possédait de différentes couleurs, ornés de feuillages, d'oiseaux, d'autres animaux et de personnages. La soie brille partout, jusque dans les serviettes ; les priseurs citent fréquemment dans leur inventaire les draps d'or et le samis, étoffe brillante dont se composait l'oriflamme, étendard sacré du royaume de France. A l'hôtel de la porte de Mars, où résidait l'illustre pontife, les saisons étaient indiquées sur une horloge « à zodiaque » et les heures sur une horloge « à heurier. »

Le cheval de parade de Monseigneur ne vaut pas moins de 20 livres 16 sous, somme énorme, dans un temps où une vache ne coûtait que 2 livres 2 sous, et l'hectolitre de blé 13 sous 8 deniers. Les Anglais et les pillards infestent le royaume ; des cottes de fer, des gantelets de fer, des chapeaux munis d'une visière, et beaucoup d'autres armures sont trouvés dans les habitations du prélat, qui ne possédait qu'une seule *bombarde*, l'effroi des mauvaises bandes.

Les legs sont nombreux et s'élèvent à la somme de 1,081 livres 11 sous 11 deniers, ou de 65,000 fr. Les vicaires, les prêtres, les chanoines, les couvents, les hôpitaux et les pauvres, reçoivent de l'argent ; la fabrique de Reims et l'église de Saint-Étienne de Besançon, obtiennent de magnifiques ornements. Au premier chapelain de Monseigneur appartient la belle croix portée devant le prélat, à Monsieur de Bourbon un diamant et un anneau, à Monsieur de Bourgogne un anneau et un balais que Monseigneur reçut du roi le jour de son sacre. Les frères et le neveu du défunt sont pauvres ; le prélat leur laisse ses meilleurs lits, ses robes, huit paires de draps, des chevaux et quatre volumes.

Monseigneur de Soissons reçoit un anneau d'or et un camaïeu pour avoir fait le service aux obsèques. Les livres ne sont pas vendus à Reims, mais à Paris, et Simon Bedel, auquel est confié le soin de cette vente, ne reçoit pas moins de 22 sous. Une sœur de Saint-Antoine a gardé le prélat malade, les héritiers lui donnent 20 sous. Le docteur Mᵉ Nicolle des Oliviers et le chirurgien Mᵉ Jean Dupont ont assisté l'archevêque ; le premier s'est même installé dans l'hôtel de la porte de Mars, pour donner des soins plus assidus au défunt et lui préparer divers médicaments ; 15 livres leur sont distribuées en récompense de leur zèle et de leur bon vouloir. Les serviteurs de Monseigneur ne reçoivent que quelques sous, mais logés et nourris, ils ne sont point expulsés et jouissent des mêmes avantages sous le successeur de Richard. (1)

Beaucoup de personnes poussent de hauts cris lorsqu'on énumère devant elles les richesses du clergé dans un temps où les rois, les seigneurs et le pauvre peuple lui léguaient tous quelque chose. Premier pair du royaume, chargé de pourvoir aux frais considérables du sacre des rois, l'archevêque de Reims usa toujours noblement de ses revenus, et la liste nombreuse de ses bonnes œuvres prouverait aux esprits faibles que la tempête révolutionnaire, en détruisant tant de monuments et tant de pieuses fondations, a ravi plus aux pauvres qu'aux illustres prélats.

UNE INDUSTRIE AU XVIIIe SIÈCLE.

A Trouan-le-Grand, simple village à quelques kilomètres d'Arcis-sur-Aube, vivait un honnête laboureur, nommé Modeste Bardon. Cet homme, ayant appris que les frères Rostis, de Troyes, possédaient « une manufacture de blanchissage de cire dans un faubourg de cette ville » et que ces négociants prospéraient, résolut de tenter fortune par une nouvelle industrie. Remarquant dans ses fréquents voyages de son pays à l'ancienne capitale de la Champagne, des champs secs et fertiles, situés entre Sainte-Maure et Culoison, il en loue trois arpens pour une modique rente au chapitre de Saint-Pierre. Possesseur d'un grand nombre de ruches, il veut faire *parquer* ses abeilles, c'est-à-dire les conduire de son pays à

---

(1) *Inventaire après le décès de Richard Picque, archevêque de Reims en 1389*, publié par P. Tarbé. *Reims*, 1842.

Culoison et de ce hameau à Trouan. Pour exécuter facilement ce projet, il invente un large et long chariot sur lequel « ses abeilles sont suspendues comme dans un hamac » et se met en route. Beaucoup de villageois sortent de leurs chaumières, les uns riant des tentatives de Bardon, les autres admirant son ingénieux système. Barbon, sans aucun souci, voyage avec ses abeilles, leur livre les fleurs de Culoison pendant la belle saison, et les ramène à Trouan pour y passer l'hiver. Ses efforts sont couronnés de succès ; les abeilles reconnaissantes obéissent bientôt à sa voix, sortent de leurs ruches et y rentrent au moindre signe ; le miel et la cire abondent. Le prieur de Sainte-Maure, qui rencontrait souvent le chariot dans ses promenades, recommanda fortement cet apiculteur à Monsieur de Brienne, qui jouissait alors d'un grand crédit à la cour de Louis XVI. Le gouvernement accueillit le modeste habitant de Trouan, et lui proposa même « une tournée dans les intendances avec 1,800 livres d'appointements. Mais la fortune éblouit Bardon ; peu content de cet accueil, il osa demander rente viagère et droit exclusif de fonder des établissements. Le gouvernement ne vit bientôt en lui qu'un charlatan et le laissa dans les champs de Culoison. Bardon devint bientôt, il est vrai, propriétaire ; mais son ingénieux procédé disparut dans la tempête révolutionnaire, et ne lui valut que les honneurs bien stériles d'une citation dans un manuscrit que conserve la bibliothèque de Troyes. (1)

---

(1) Ms. 2297. *Mémoires sur la paroisse et le prieuré-cure de Sainte-Maure*, par E. Audra.

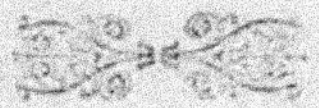

PIERRE MIGNARD, DE TROYES,

CÉLÈBRE PEINTRE AU XVIIᵉ SIÈCLE.

I.

La Chambre mortuaire à Rome.

L'Italie, ce pays des beaux arts, ne comptait, au XVIIᵉ siècle, qu'un bien petit nombre de tableaux dus au pinceau des peintres français ou étrangers. La patrie de Raphaël a produit tant de célèbres artistes, que ses églises ont toujours été magnifiquement ornées par ceux qu'elle a vus naître et auxquels elle accordait des richesses et d'insignes faveurs. Parmi les peintres français qui eurent l'honneur de laisser des œuvres en Italie, nous devons citer Pierre Mignard, de Troyes, qui parut avec éclat à la cour de Louis XIV, et dont les peintures excitaient l'admiration des papes, des cardinaux et des nobles seigneurs. On montre encore à Rome plusieurs tableaux de cet artiste distingué.

Mignard fut un jour prié par les capucins de faire le portrait de saint Charles Borromée, que toute l'Italie vénère comme la plus admirable figure du siècle qui précéda la Réforme. L'artiste français, apprenant que l'illustre archevêque n'avait été peint qu'après son décès, ne voulut entreprendre ce portrait qu'après avoir contemplé le visage d'un mort. Les capucins, surpris de cette demande, hésitent quelque temps, mais Mignard insiste. Frère Vital l'avertit, deux jours après, qu'un religieux vient de trépasser et qu'il peut, seul la nuit, à la lueur d'une lumière, contempler les traits du défunt. Mignard se rend donc dans la chambre où gisait le religieux, et se met à l'œuvre, accompagné du frère Vital. Quelques heures après, au milieu de la nuit, le son d'une cloche retentit; frère Vital veut se retirer, mais il craint que l'artiste seul dans cette chambre mortuaire ne soit saisi de frayeur.

— Aurez-vous le courage, lui dit-il, de continuer sans compagnon, car la cloche m'appelle...

— Pour qui me prenez-vous, mon père? répond Mignard. Je ne crains que les bandits de vos montagnes, vous pouvez à votre aise vaquer à vos affaires.

Le frère sort et laisse Mignard seul en présence du cadavre.

L'artiste saisit son crayon, étudie les traits du religieux que la mort n'a pas encore flétris... Mais tout à coup la tête de celui qu'il contemple semble se ranimer... Mignard laisse tomber son crayon. L'effroi s'empare de lui, le religieux se dresse et va sans doute lui demander de quel droit il vient troubler son sommeil... L'artiste veut pousser des cris, mais la voix expire sur ses lèvres; il veut fuir, mais les forces l'abandonnent. La faible lumière même, qui éclaire cette chambre, s'éteint. Des fantômes apparaissent de toutes parts au pauvre peintre, s'avancent pour le saisir, peut-être pour l'entraîner avec eux. Pâle et chancelant, Mignard se dirige vers la porte pour sortir de cet affreux séjour ; mais la porte ne cède point à ses efforts. L'artiste tombe presque évanoui lorsque brille bientôt une lumière. Frère Vital apparaît et trouve le pauvre Mignard dans une étrange situation. La voix revient au peintre avec l'esprit, il raconte au religieux que le mort s'est dressé, que des fantômes lui ont apparu terribles et menaçants. Frère Vital sourit, s'approche du cadavre, dont la tête n'avait changé de position que parce qu'elle était faiblement appuyée.

L'artiste confus se remet à l'œuvre et achève quelques jours après son portrait. (1)

---

(1) *Vie de Pierre Mignard, premier peintre du roy*, par l'abbé de Monville, pag. 30. Paris, 1730.

II.

Marguerite de Médicis à Parme.

De Rome, Mignard se rendit à Rimini ; l'archevêque de cette ville, le cardinal Sforce lui offrit une généreuse hospitalité et le fit accompagner d'une nombreuse escorte pour le protéger contre les bandits qui infestaient alors le pays. De Boulogne, où l'Albane apprécia son talent, l'artiste français se rendit à Modène et entra bientôt à Parme. Le bruit de son arrivée se répandit promptement dans la ville. De nobles seigneurs se disputèrent l'honneur de le recevoir. Marguerite de Médicis, duchesse douairière de Parme, venait de perdre son auguste époux, et vivait enfermée dans son palais « suivant l'étiquette que lui imposait son veuvage récent. » Mignard faisait ses préparatifs de voyage, lorsqu'il fut prié de se rendre au palais. L'artiste est bientôt introduit dans un vaste appartement tendu de noir, seulement éclairé par la pâle lumière d'une bougie. Après quelques minutes d'attente, il reçoit l'ordre d'entrer dans la chambre de la duchesse, dont la porte est gardée par deux hommes vêtus de noir. Mignard s'avance et salue Marguerite de Médicis.

— La perte de mon auguste époux, lui dit-elle, ne me permet de voir que les princes de ma maison ; mais votre réputation m'a forcée de violer l'étiquette, j'ai voulu vous voir.

Mignard, flatté de cet éloge, s'incline.

— De quel pays êtes-vous ? continue la duchesse.

— De Troyes en Champagne.

— D'où venez-vous ?

— De Rome, de cette ville qui conserve les œuvres des plus grands peintres du monde.

— Possédez-vous quelque chose ?

— Mes aïeux m'ont légué quelques biens, et les princes me paient noblement mes œuvres.

Marguerite, satisfaite de ces réponses, continue :

Feriez-vous un beau portrait de celle qui vous a mandé dans son palais?

Mignard, qui aimait beaucoup les vêtements de deuil et qui comptait sur un heureux effet en peinture, répondit qu'il ferait tous ses efforts pour satisfaire la duchesse.

— Allez, reprend celle-ci, cette satisfaction ne m'est point permise, mais dites partout que Marguerite de Médicis a voulu vous voir. Adieu, seigneur français.

Mignard se retire, touché de ce noble témoignage, et raconte à ses amis cette singulière entrevue.

III.

L'Académie de Saint-Luc.

Par une belle matinée de juin, trois hommes et une jeune fille étaient réunis au château de Saint-Cloud, dans le grand salon de Mars. Un de ces hommes était Louis XIV, dont le soleil commençait à décliner. Le second était Bloin, premier valet de chambre du roi, « vrai personnage qui se faisait valoir et courtiser par les grands et qui savait bien servir ses amis » comme l'a dit le duc de Saint-Simon. Le troisième était le célèbre peintre Pierre Mignard, le seul rival de Lebrun qui ne pliât pas sous son joug. La jeune fille était Mlle Mignard, l'admirable modèle des vierges et des déesses peintes par son père. En ce moment-là même, Mlle Mignard qui était dans tout l'éclat de la jeunesse et de la beauté posait en printemps pour le tableau d'*Apollon sur son char*, entouré des quatre saisons.

Louis XIV et Bloin considéraient le travail de Mignard et causaient avec lui aussi familièrement que le permettait l'étiquette. Tout-à-coup le roi interrompit le peintre et lui remit un parchemin orné du sceau royal... C'était un brevet de membre de l'Académie de peinture fondée sous les auspices de Lebrun.

14

Louis XIV s'attendait à voir Mignard tomber à genoux pour se confondre en remercîments, lorsqu'après avoir lu tranquillement le brevet, l'artiste le remit au monarque avec le plus profond respect, mais en prononçant ces paroles inouïes pour l'oreille du grand roi : — Je remercie du fond de l'âme Sa Majesté et je lui garderai une éternelle reconnaissance, mais je ne puis siéger dans une Académie présidée par M. Lebrun.

— A quelle Académie comptez-vous donc faire l'honneur de votre présence ? demanda le prince d'un ton qui eût écrasé tout autre que Mignard.

— A l'Académie de Saint-Luc qui m'élira président demain et soumettra après-demain mon élection à l'approbation de Sa Majesté.

Louis XIV comprit Mignard, et cette fierté suspendit sa colère.

— Autel contre autel ? dit-il avec un sourire ironique.

— Pinceau contre pinceau, répliqua simplement Mignard.

— Nous verrons, reprit le roi, flatté d'une part de la rivalité de deux gloires créées par la sienne, mais ne pouvant de l'autre pardonner à Mignard son refus audacieux.

— Pardieu, mon maître, ajouta-t-il en se levant pour sortir, j'admire votre dédain pour les parchemins royaux. Une telle vertu est rare chez les roturiers de votre espèce !...

A ce mot, un vif incarnat couvrit les joues de Mlle Mignard.

Sire, dit-elle d'une voix émue, les roturiers de notre espèce ont versé leur sang sur les champs de bataille et ont mérité l'attention de votre plus illustre aïeul.

Louis XIV, toujours indulgent pour l'orgueil des femmes, revint sur ses pas et regarda Mlle Mignard.

— Contez-moi cette histoire, dit-il, en s'approchant sur sa longue canne.

— Je crois que vous êtes sauvé, murmura Bloin à l'oreille du peintre.

— Eh bien, sire ! reprit Mlle Mignard, mon grand-père se nommait Pierre More et servait Henri IV avec six frères tous aussi braves que lui et remarquables par leur beauté...

— La beauté est un héritage dans votre famille, interrompit gracieusement Louis XIV.

— Un jour que nos sept aïeux s'étaient battus avec bravoure, Henri IV, les trouvant réunis, admira leur bonne mine et s'écria : ventre Saint-Gris ! ce ne sont pas là des *Mores*, ce sont des *Mignards !* Le nom est resté et voilà pourquoi nous le portons aujourd'hui. C'est une sorte de noblesse dont votre Majesté nous permettra d'être fiers.

— Je vous le permets, Mademoiselle, dit Louis XIV, et il dépendra de votre père que je me souvienne de vos aïeux. Nous reparlerons de mon Académie et de la vôtre, Mignard, ajouta-t-il en se tournant vers l'artiste qu'il voulait encore subjuguer. Je poserai un de ces jours pour mon deuxième portrait, si vous ne me trouvez pas trop vieilli. Que vous en semble ?

— Sire, répondit le peintre avec un merveilleux à-propos, il est vrai que je vois quelques victoires de plus sur le front de votre Majesté.

Ce mot décida de son sort.

Le roi, flatté si délicatement, lui donna sa main à baiser, et ne lui parla plus de l'Académie de Lebrun.

Peu de temps après, il approuva l'élection de Mignard, comme président de l'Académie de Saint-Luc, et lorsque l'artiste ouvrit son brevet cacheté, il y trouva des lettres de noblesse motivées sur le récit que sa fille avait fait au roi.

Ainsi l'indépendance du génie trouvait grâce devant Louis XIV qui ne savait rien refuser au développement et à la glorification des arts dont il faisait de la sorte sa glorification personnelle.

IV.

Deux Tableaux de Pierre Mignard.

Les touristes contemplent encore à Troyes deux tableaux
que l'église de Saint-Jean doit au pinceau de Pierre Mignard,
et représentant le baptême de Jésus-Christ par saint Jean-

Baptiste et le Père-Éternel proclamant la divinité de son
Fils. On sait que les deux anges qui soutiennent Notre Seigneur rappellent les gracieuses figures de la femme et de la
fille de l'artiste troyen. Ces deux tableaux admirés par
Alexandre Ier, lors de l'invasion, ne furent payés que 1,500
livres, suivant les quittances signées de la main de l'illustre
Mignard et l'acte de réception du grand tableau :

« J'ay receu des sieurs Jean Goujon, Michel Taffignon,
Jacques Tassin et Louis Camusat, marguilliers de l'œuvre et
fabrique de l'église Saint-Jean de Troyes, la somme de *cinq
cent livres* à bon compte des deux tableaux que je fait pour la
dite église, laquelle somme de cinq cent livres je tiendray
compte sur le pris fait des dits tableaux. Fait à Paris, le 21
mars 1667.

P. Mignard.

J'ay receu la somme de *mil livre* en une lettre de change sur Monsieur Papillon, qui est pour le reste du payement des dits deux tableaux, à Paris le 12ᵉ du mois de septembre 1667.

MIGNARD.

Le registre de l'année 1667 fait mention de cette dépense de 1,500 livres, plus 10 livres 12 sous 6 deniers « pour la boîtte du grand tableau, l'emballage, le port et le renvoy des deux desseins par le messager. »

Le baptême de Notre-Seigneur fut reçu le 14 juillet 1667, ainsi que le constate l'acte suivant :

« Nous soussignés, Jean Goujon et Louys Camusat, marchands à Troyes et marguilliers de la fabrique Saint-Jean dudit Troyes, confessons que Monsieur Mignard, très-excellent peintre, demeurant à Paris, nous a mis en main ce jourdhuy le grand tableau du *Baptesme de Saint-Jean*, qu'il a esté prié de faire pour la dite église et promettons au dit sieur Mignard lui payer la somme de *mil livres* restant à payer de la somme à luy promise incontinent après qu'il nous aura encore fourny le *petit tableau* qui se doibt mettre dans la dite église, au dessus du dit grand tableau du baptesme, lequel petit tableau il fera suivant l'un des deux desseins qu'il nous a aussy baillez ce jourdhuy, lequel luy sera renvoyé du dit Troyes. Fait à Paris, ce 14 juillet 1667.

JEAN GOUJON, LOUIS CAMUSAT.

Des rideaux dérobent aux regards les chefs-d'œuvre du célèbre Mignard, qu'il n'est permis de contempler que les jours solennels (1).

---

(1) *Comptes de la fabrique de Saint-Jean de Troyes*, **Bibliophile de l'Aube**, pag. 57. Troyes, 1855.

LA SURPRISE DE COURCELLES.

Lorsque le prince de Neufchâtel eut épousé solennellement la fille de l'empereur d'Autriche au nom de son souverain, Marie-Louise partit pour Braunau, où elle prit le titre d'impératrice des Français, et ne vit plus autour d'elle que la maison que Napoléon lui avait formée. La princesse ne voyageait qu'à petites journées ; une fête l'attendait dans chaque ville qui se trouvait sur son passage. Tous les soirs, à son coucher, elle trouvait une lettre de son époux ; elle lui était apportée par un page de Napoléon, qui allait à francs-étriers et qui en rapportait la réponse à son empereur.

Marie-Louise se reposa deux jours à Strasbourg. Après avoir passé par Châlons, elle déjeûna à Sillery, dans le château du général sénateur comte de Valence. Ce repas terminé vers midi, l'impératrice remonta dans sa voiture pour se rendre à Soissons. Elle traversa Reims au pas, escortée par la garde d'honneur de cette ville, commandée par le comte de Valence qui se tenait à la portière de droite de la voiture. Marie-Louise devait dîner et coucher à Soissons, ainsi qu'il en avait été disposé par les prescriptions du programme. L'entrevue ne devait avoir lieu que le lendemain, entre Soissons et Compiègne, où des tentes étaient préparées pour cette cérémonie.

L'Empereur se promenait dans le parc du château de Compiègne, lorsqu'il reçut par les estafettes échelonnées sur la route, une lettre de l'Impératrice qui lui annonçait que le matin elle partirait de Vitry pour Soissons. Voulant surprendre sa fiancée et se présenter à elle sans se faire annoncer, il soigne sa toilette avec plus de recherche que de coutume, et recouvre le tout de la petite redingote grise qu'il portait à Wagram. S'échappant furtivement par une porte dérobée du parc, il monte dans une mauvaise calèche sans armoiries et conduite par des gens sans livrée. Cette fois, l'étiquette cédait à l'impatience, et le législateur passait par dessus sa propre loi. Cette espèce d'escapade, du reste, n'avait pour but que de simplifier l'article relatif au cérémonial du lendemain, qui disait : « Lorsque Leurs Majestés se rencontreront dans la » tente du milieu, l'Impératrice s'inclinera pour se mettre à » genoux; l'Empereur la relèvera, l'embrassera, et Leurs » Majestés iront s'asseoir en face l'une de l'autre, sur les » trônes disposés à cet effet. »

L'Empereur avait déjà fait quinze lieues et était arrivé sur la limite des territoires de Braine et de Courcelles, lorsque sa voiture, conduite avec rapidité, se brisa. Privé de tous moyens de transport, Napoléon, seulement accompagné du roi de Naples, continua la route à pied à Courcelles, et entra dans ce village au moment même où les premiers courriers de l'Impératrice y arrivaient. La pluie tombait alors par torrents. L'Empereur alla s'abriter sous le porche de l'église située au milieu du village.

Le clergé sortit bientôt pour recevoir l'Impératrice sur son passage. Napoléon, touché de cette religieuse démonstration, s'approcha d'un des chantres qui faisaient partie du cortége et le complimenta sur la beauté des chapes dont tous étaient revêtus. Le chantre qui ne connaissait pas l'Empereur, lui répondit qu'ils en avaient encore de plus belles, mais qu'ils ne les portaient que le jour de la fête de la Vierge. — « Croyez- » vous, répliqua Napoléon, que l'Impératrice ne soit pas » vierge aussi? » (1) A cet instant parut la première voiture du cortége de Marie-Louise. L'Empereur s'avança d'un pas rapide et s'élança vers la berline dans laquelle était l'Impératrice. L'écuyer de service, M. de Saluces, qui le reconnut, mais qui n'était point dans le secret de l'incognito, s'empressa de mettre pied à terre, de dérouler le marche-pied et d'annoncer l'Empereur. Mais Napoléon ne lui en laissa pas le

(1) *Histoire de Braine et de ses environs*, par S. Prioux, in-8°, Paris, 1846, pag. 271.

temps ; il escalada la voiture, se jeta au cou de Marie-Louise et l'embrassa.

Celle-ci, qui n'était nullement préparée à cette brusque visite, demeura tout interdite et se débattit d'abord en poussant des cris. La reine de Naples, qui se trouvait avec elle, la rassura et lui apprit que c'était l'Empereur. Alors, Marie-Louise voulut se mettre aux genoux de Napoléon qui s'opposa par un embrassement à cette marque de respect, et donna ordre sur-le-champ de partir pour Compiègne.

━━●━━

M. DE LA SALLE DE REIMS,

ou

LA FONDATION DES ÉCOLES CHRÉTIENNES.

I.

Issu d'une noble famille de Reims, où son père exerçait la charge de conseiller au présidial, lui-même chanoine de l'église métropolitaine à dix-sept ans, maître à vingt, par la mort de ses parents, d'un assez riche patrimoine, Jean-Baptiste de la Salle se trouvait enchaîné par tous ces liens et par ceux de la tutelle de ses trois jeunes frères, à des jours tranquilles qui se seraient écoulés à l'ombre du sanctuaire ; mais ce cercle était trop étroit pour son âme ardente. Par un soir du mois de juin de l'année 1679, deux voyageurs poudreux et fatigués, l'un d'un âge déjà mûr, l'autre tout jeune encore, sonnèrent à la porte du couvent des sœurs de l'Enfant-Jésus, lorsque M. de la Salle se présentait pour y entrer. Ce couvent avait été fondé par le vénérable Roland, théologal de l'église de Reims, pour former de jeunes sœurs qui devaient se vouer à l'instruction des filles d'artisans. Que se passa-t-il dans l'entrevue de ces trois hommes? Quelques jours après, la paroisse de Saint-Maurice voyait l'ouverture de la première école gratuite de garçons. Mais croirait-on que cette œuvre admirable ait eu besoin de mentir son origine et de s'introduire avec la clandestinité d'une œuvre de ténèbres? On craignait les vives oppositions du conseil de la ville, toujours ennemi des nouveautés. M. le curé de Saint-Maurice, usant comme pasteur de son droit qui l'autorisait à faire instruire ses pauvres, parut être l'auteur de la nouvelle école, et le nom des fondateurs ne fut pas même prononcé. Quelque temps après, une seconde école s'établissait sur la paroisse Saint-Jacques, dotée par une pieuse dame et surveillée par M. de la Salle. Bientôt les villes voisines, Rethel, Château-Porcien, Laon, virent s'ouvrir des écoles fondées par M. Niel, venu de Rouen et chargé, par madame Maillefer de Reims, de distribuer une belle fortune en œuvres charitables. Mais à ces établissements manquait une observance uniforme. M. de la Salle seul pouvait fonder un ordre nouveau et doter la France d'écoles destinées aux pauvres enfants depuis si longtemps délaissés.

II.

D'obscurs jeunes gens se rassemblent dans une maison voisine de celle du noble chanoine, et commencent à goûter les douceurs d'une vie commune. M. de la Salle les instruit, leur rappelle que l'œuvre nouvelle est toute de dévouement, et pourvoit amplement à tous leurs besoins. Mais doit-il leur ouvrir sa maison, se déclarer devant le chapitre, devant sa famille, le maître de ces hommes rudes et sans éducation? Vivement encouragé par le père Barré, son directeur, M. de la Salle ne craint point les tempêtes qui vont l'assaillir. A peine installés chez lui, ses disciples refusent de porter le joug d'une vie de retraite, de silence, d'austérité et d'obéissance et se séparent brusquement de leur maître. La Providence veille sur son œuvre; de nouveaux disciples frappent à sa porte, tous plein de zèle et de dévouement. Quelques mois après, des inquiétudes sur l'avenir agitent cependant ces hommes. Ils se demandent ce qu'ils deviendront si M. de la Salle descend dans la tombe et si les écoles sont abandonnées ou fermées. Le jeune chanoine, saisi d'une sainte indignation, leur rappelle que celui qui nourrit les petits oiseaux du ciel ne les délaissera point; mais quelle pouvait-être la puissance de ces belles paroles lorsqu'elles sortaient de la bouche d'un homme favorisé de la fortune? M. de la Salle entend les murmures de ses disciples, tombe aux pieds d'un crucifix et ne se relève que pour se démettre de son canonicat. L'archevêque Le Tellier veut le détourner de son projet, ses confrères le traitent même de fou; mais M. de la Salle, toujours ferme et toujours résolu, veut échanger le titre envié de chanoine d'une puissante cathédrale contre le modeste titre d'*instituteur*, et abandonner la stalle privilégiée d'un noble chœur pour venir s'asseoir sur le banc d'une obscure école! Son unique ambition est celle de gouverner six hommes simples et pauvres. L'orage éclate de toutes parts, M. de la Salle, le visage serein, l'œil radieux, chante le *Te Deum*, tandis que la ville de Reims stupéfaite insulte à son dévouement. Donnera-t-il ses biens aux pauvres ou les appliquera-t-il à ses écoles par une fondation qui assurera leur avenir? « Il n'y a de bien fondé que ce que Dieu fonde lui-même! Il faut tout donner aux pauvres, » répond encore la rude voix du père Barré. Et les 40,000 livres du jeune de la Salle sont distribuées aux nécessiteux que décime l'affreuse disette de 1684.

III.

Pauvre et simple prêtre, mais puissant par son noble dévouement, le fondateur du nouvel ordre donne le nom touchant de *frères* à ses disciples, et complète le code encore informe de leur institution. Vêtus de ces habits de gros drap noir qu'ils ont conservés jusqu'à nos jours, ces hommes doux et inoffensifs sortent un matin de leur maison; les passants s'arrêtent, les artisans sortent de leurs boutiques, les escortent avec cris et tumulte; les enfants plus audacieux les couvrent de boue et les poursuivent à coups de pierre. M. de la Salle exhorte ces pauvres gens par ses conseils et par ses exemples; mais la mort en frappe quelques-uns et la frayeur s'empare des autres. Endossant lui-même la robe infamante, la douloureuse livrée, il la porte aux écoles de Saint-Jacques, non par des rues détournées, mais par la voie la plus courte. Il entre ce docteur, ce fils de famille, dans une salle obscure, et s'assied au milieu de ses chers petits enfants, les fait

épeler, guide leur main incertaine dans les premiers essais de l'écriture, et leur distribue, dans de familières instructions, le pain de la parole divine et celui de la science humaine. A la porte de cette école stationne une foule insolente qui attend sa sortie pour le reconduire jusqu'à sa maison, lui prodiguer les outrages et même lui donner des soufflets. Cet exemple cependant lui attire des disciples si nombreux, que Reims semble bientôt trop petit pour la propagation de l'ordre. Appelé dans la capitale par ses propres désirs et par le vœu du père Barré, M. de la Salle sort, en 1689, sans fiel ni ressentiment, sans secouer la poussière de ses souliers, de cette ville qu'il ne reverra plus, ville ingrate qui ne possédera pas même ses ossements.

La multitude d'enfants qui peuple les écoles gratuites et qui laisse désertes celles des mercenaires alarme les maîtres-jurés de Paris. Le pauvre prêtre de Reims voit saisir les bancs, les tables de ses écoles, et enlever même l'inscription de la porte. La mort, quelques jours après, le menace. Laissera-t-il son œuvre inachevée? Cette pensée amère l'agite et le tourmente. A peine peut-il se lever qu'il s'engage par un vœu secret avec deux des Frères sur lesquels il croit pouvoir surtout compter à soutenir l'Institut, devraient-ils demander l'aumône et ne vivre que de pain. Mais, si Dieu dans sa miséricorde exauce leur vœu, le démon déchaîne contre eux toutes ses fureurs et leur suscite d'affreuses tempêtes. Peines plus intolérables que la famine, menées sourdes, hostilités ouvertes, protecteurs exigeants, compagnons infidèles, délations, calomnies, trahisons domestiques, tout s'accumule contre M. de la Salle. Epuisé par cette longue lutte, il cède et fuit, espérant que son absence rendra peut-être la paix à son troupeau désolé.

<h2 style="text-align:center">IV.</h2>

Il faut le voir, ce vieillard à cheveux gris, traversant, l'hiver dans la neige, les âpres montagnes du Gévaudan, allant de ville en ville, tantôt accueilli comme un saint, tantôt repoussé comme un misérable, mais laissant partout de bonnes et fécondes semences, et écrivant, parmi les hasards de cette vie incertaine, ces admirables livres qui sont encore aujourd'hui dans les mains de la jeunesse chrétienne. Faible et souffrant, il veut quitter la France, il va mettre le pied sur le vaisseau qui doit le transporter à Rome, lorsque la voix d'un évêque le retient comme un enfant docile. Que de sueurs ruissellent de son corps! Que de longs et pénibles voyages entrepris à pied, au milieu des périls de toute espèce, périls de la route et de la solitude, périls des brigands sans merci! Un jour ses courses errantes l'amènent à la Grande-Chartreuse, à cette Thébaïde fondée par saint Bruno, jadis comme lui, chanoine de Reims. Des honneurs particuliers sont attachés à la réception de ceux qui portent ce titre; mais qui le soupçonne sous l'humble et pauvre habit du modeste voyageur? La vue de cet affreux désert, de ces sommets escarpés, solitude profonde qui semble éloigner de la terre et rapprocher de Dieu, le frappe d'admiration. Mais quand il compare ce silence perpétuel, l'immobilité de cette vie contemplative aux agitations de la sienne, cette âme si ferme se sent aller à ces longs découragements qu'éprouvent presque tous les grands bienfaiteurs, lorsqu'à la veille de clore leur carrière, ils reconnaissent les impuissances de leur mortalité. Un désir violent le saisit de se cacher derrière ces rochers. Retiré dans une solitude, le cœur aride, la face prosternée contre terre, il se demande si son œuvre vient de Dieu ou si elle n'est pas sortie de son propre esprit. Des larmes amères s'échappent de ses yeux, et dans son affliction, seul, délaissé, il s'écrie : « Mon Dieu, pourquoi m'avez-vous abandonné ! » Des bruits divers se répandent, les uns, qu'il est mort, d'autres, qu'il s'est livré à sa mauvaise fortune, et qu'il abandonne l'Institut. Mais la voix d'une pauvre recluse le tire de cet anéantissement. « Le travail, lui dit-elle, est votre partage jusqu'à la fin de vos jours. »

V.

Rappelé par les Frères de Paris, en 1715, il reparaît comme Moïse, descendant de la montagne, le visage rayonnant et laissant échapper des paroles de feu. Paris, cependant, ne le verra pas longtemps ; cette pauvre âme est attirée, par un penchant secret, dans la capitale de la Normandie, où se sont endormies, l'une après l'autre, dans la paix du Seigneur, trois personnes tendrement aimées, le père Barré, madame Maillefer et M. Niel. Il est à peine installé dans sa nouvelle demeure, qu'un souffle précurseur du repos lui annonce le port et comme la fin de ses misères. De rudes épreuves lui sont encore réservées, il boit le calice jusqu'à la lie ; mais Dieu, touché de tant d'abnégation, le rappelle à lui, le 7 avril 1719. La nouvelle de sa mort cause dans la ville de Rouen une consternation générale que peut seule adoucir la pensée de la béatitude dont jouit ce vertueux pasteur. Ses ennemis proclament partout sa sainteté, et se reprochent les mesures rigoureuses qu'ils ont provoquées contre lui. Ses obsèques sont célébrées dans l'église Saint-Sever, au milieu d'un concours immense de fidèles qui assistent pleins d'un pieux recueillement à cette cérémonie funèbre.

Toutes ses richesses à sa mort ne consistaient qu'en un crucifix, un livre de prières et un chapelet. Ses pauvres habits furent mis en pièces et emportés comme de précieuses reliques. Son trésor, c'était sa famille. Nouveau patriarche, il eut le bonheur de voir multiplier sa postérité. Le nord et le midi de la France avaient reçu ses établissements et les Frères qu'il leur avait envoyés. Partout les populations étonnées sur leur passage se demandaient : quels sont ces hommes nouveaux qui marchent deux à deux, les yeux baissés, l'air modeste, l'extérieur recueilli? Ces hommes étaient les apôtres des petits enfants, les missionnaires de la science populaire (1).

INCENDIE DE TROYES EN 1524.

François Ier règne ; partout fleurissent les arts et les belles-lettres. La ville de Troyes, naguère si triste et si dépeuplée, répare ses pertes et décore ses églises. Me Martin Cambiche, de Beauvais, vient de jeter les fondements du grand portail de la cathédrale ; Jean Gualde a sculpté l'admirable jubé de Sainte-Madeleine ; des peintres-verriers et des maçons travaillent avec ardeur à la décoration de nos vieux édifices, témoins de la foi de nos pères. L'imprimerie elle-même compte déjà de belles productions, et acquiert une renommée justement méritée. Charles-Quint menace la Champagne, ses armées

(1) *La Chronique de Champagne.* T. 2. 1re année, page 301. Reims, 1857.

envahissent la Picardie, la Bourgogne ; Troyes se hâte de réparer ses murailles et d'élever des tours nombreuses pour résister à l'ennemi. Les portes se ferment le soir, les hôtelleries sont visitées et les étrangers surveillés. On sait que l'Empereur solde des boute-feu, que le connétable de Bourbon, non content de trahir sa patrie, cherche partout des soldats pour dévaster la France. Mais si la ville de Troyes se prépare activement à se défendre, elle n'oublie pas ses foires et y convoque les marchands de tous les pays. Les spectacles ne sont pas même interdits, de joyeux mystères sont représentés sur la place publique, et les arquebusiers se rassemblent pour abattre le *pape Gay*. Des froids prématurés ont gelé les semences et presque anéanti l'espérance des cultivateurs, mais les conseillers de la ville ont amassé des provisions, et Messieurs de l'église peuvent encore alimenter les marchés.

Troyes s'endort calme et paisible, le mardi 24 mai 1524 ; quelques hommes seulement veillent aux portes, lorsque vers les dix heures et demie des cris lugubres retentissent. Les flammes dévorent une maison « assise au coing de la rue de l'Épicerie, près de l'hostel du Temple et de l'hôtellerie de l'Homme Sauvage. » Troyes se réveille dans une profonde consternation, des secours s'organisent, mais les flammes poursuivent leurs ravages avec une telle intensité et une telle violence, que tous les efforts deviennent inutiles. L'alarme se répand dans toutes les rues étroites et tortueuses de la cité. De nouveaux cris retentissent, le feu éclate dans plusieurs quartiers. Le bruit court que des ennemis propagent l'incendie et qu'ils ont conçu le criminel projet de détruire la ville. C'en est fait, aux ténèbres ont succédé les horreurs d'une ville embrasée ; des maisons sortent de pauvres habitants emportant les uns, leurs jeunes enfants, les autres, les objets qu'ils ont pu saisir. Les prêtres parcourent les rues, prodiguent les secours et se hâtent de soustraire à l'incendie les châsses et les vases sacrés des églises.

Le soleil se lève sur cette ville désolée, mais les flammes semblent plus actives. Des édifices religieux eux-mêmes, à la construction desquels ont travaillé de nombreux ouvriers, s'écroulent et ne présentent plus que des ruines fumantes. L'incendie dévore successivement l'église de Saint-Jean-du-Temple, l'hospice du Saint-Esprit, les églises de Saint-Pantaléon et de Saint-Nicolas, l'hospice de Saint-Bernard et celui de Saint-Abraham. De l'église de Saint-Jean-au-Marché, l'abside et le grand chœur seuls restent debout. Plus loin disparaissent des édifices publics, la porte de Croncels, le château de la vicomté, l'hôtel des Monnaies, la porte et la tour du Belfroy, si célèbre par sa merveilleuse cloche, « la plus belle de la chrétienté. » Des châsses contenant de précieuses reliques sont portées vers les lieux où sévissent les flammes ; des hymnes et des psaumes sont chantés, des larmes coulent de tous les yeux, et des soupirs sont poussés vers le ciel pour prier Dieu d'apaiser le feu. Mais les flammes ne s'arrêtent dans leur marche désastreuse que le 26 mai, à trois heures du matin.

Ainsi fut consumé le tiers de la ville de Troyes. Quelques auteurs prétendent que le nombre des maisons brûlées s'élevait à trois mille ; mais on sait que ce chiffre est exagéré, parce que la ville de Troyes ne compte pas même ce nombre dans son enceinte actuelle. Les pertes toutefois furent immenses et incalculables. Les flammes, en détruisant les rues du Temple, du Dauphin, de l'Épicerie et leurs aboutissants, anéantirent les magasins des riches marchands qui fréquentaient les foires. Aux Changes, au Marché-au-Blé, à l'Étape-au-Vin, de notables négociants et d'opulents banquiers furent réduits à chercher un asile et perdirent en quelques heures des sommes considérables.

Lorsque les flammes cessèrent leurs ravages, que le calme revint dans cette pauvre cité, des arrestations s'opérèrent. De jeunes enfants avouèrent que des soldats inconnus leur avaient donné des pièces de monnaie et promis de belles choses s'ils s'introduisaient clandestinement dans les maisons « pour y mettre le feu. » Plusieurs de ces malheureux furent surpris dans leur criminelle tentative et jetés dans les flammes. Leurs pères arrêtés subirent le même sort « sans aucun jugement »

et rendirent l'esprit « avec cris et hurlements épouvantables. »
De pauvres savoyards « porteurs de patenôtres et fluteaux de
Saint-Claude » furent maltraités et bannis de la ville. Nicole
Pithou, dans son histoire manuscrite de la ville de Troyes,
raconte que le feu ne commença que par la malveillance d'un
propriétaire forcé par un arrêt d'abandonner sa maison.
Mais il est certain que des enfants furent soldés pour propager l'incendie, que la ville renfermait alors des boute-feu qui
« changeaient chaque jour de vêtements et de chevelure »
pour soudoyer des incendiaires.

Quoi qu'il en soit, cette catastrophe, que nos pères ont appelée le *grand feu*, a laissé dans les générations qui ont suivi
des traces que trois siècles écoulés n'ont point entièrement
effacées. Les habitants de Troyes conserveront encore longtemps le douloureux souvenir de l'incendie de 1524, et en
parleront à leurs enfants comme d'une de ces calamités dont
Dieu frappe les populations dans sa colère.

Bien des gens se demandent pourquoi les conseillers de la
ville ne profitèrent point de cet affreux accident pour élargir
les rues si étroites de la cité. Des édits, publiés en 1510 et
en 1513, avaient ordonné cet élargissement et même prescrit
l'alignement. Mais ces règlements avaient été violés par de
riches citoyens. La faible municipalité, qui comptait parmi
ses membres des délinquants, intentait d'abord des procès,
puis finissait par fermer les yeux et tolérer même les animaux
immondes.

De splendides hôtels s'élevèrent sur les ruines de quelques
maisons, mais la plupart des habitations furent construites à
la hâte pour abriter la foule innombrable de citoyens sans
asile. Pouvait-on publier de sévères édits contre de pauvres
gens qui venaient de perdre en quelques heures le fruit de
tant de labeurs et dont quelques-uns étaient tombés subitement de l'opulence à une extrême pauvreté. De là ces rues
si sombres et si étroites des Changes, de la Haranguerie, de
la Pie et de tant d'autres qu'il sera bien difficile d'élargir. (1)

____

(1) *Notice sur l'incendie de Troyes en 1524* par M. Léon Pi-

ENTREVUE DE CLOVIS ET DE CLOTILDE, A VILLERY.

I.

Depuis le massacre de sa famille, Clotilde grandissait dans le palais de son oncle Gondebaud. Quoique soumise à une surveillance sévère, elle ne vivait pas tellement cachée à tous les regards que sa réputation de beauté et de sagesse ne se fût peu à peu répandue au dehors. Clovis, qui entendait faire un continuel éloge de cette princesse, conçut un vif désir de l'avoir pour femme ; mais, prévoyant que sa demande serait difficilement agréée de Gondebaud, il résolut de s'assurer avant tout du consentement de Clotilde elle-même. Il chargea donc de cette délicate mission un noble gallo-romain nommé Aurélien, homme prudent et avisé, qui, depuis la bataille de Soissons, s'était attaché à la fortune du roi des Saliens, et le servait avec beaucoup de dévouement. Déguisé en mendiant, portant sur son dos une besace au bout d'un bâton, Aurélien se met en route vers la Bourgogne. Il devait remettre à Clotilde un anneau que lui envoyait Clovis, afin qu'elle eût foi dans les paroles du messager. Lorsqu'il arrive à Genève, il se mêle à la foule des pauvres qui, chaque dimanche, se plaçaient sur le passage de Clotilde à sa sortie de l'église. La jeune princesse, distribuant ses aumônes, lui donne une pièce de monnaie, lorsque, saisissant ce moment, le Gallo-Romain se penche vers elle et lui dit à voix basse :

— Maîtresse, j'aurais à t'annoncer de grandes choses, si tu voulais me conduire dans un lieu où je te puisse parler en secret.

Clotilde, étonnée de ce langage, s'éloigne sans rien répon-

---

geotte, *Annuaire de l'Aube*, 1858, pag. 41. — Cet opuscule remarquable contient de précieux documents d'une rigoureuse exactitude.

dre, et rentre dans sa demeure. Mais, quelque temps après, le faux mendiant, introduit par une des femmes de la princesse dans son appartement, lui dit :

— C'est le roi des Francs, l'illustre Clovis, qui m'envoie vers toi. Si c'est la volonté de Dieu, il désire vivement t'épouser, et pour que tu me croies, voilà son anneau.

Clotilde l'accepte et ne cherche point à dissimuler la joie que lui inspirent les paroles d'Aurélien.

— Prends ces cent sous d'or pour récompense de ta peine avec mon anneau, lui dit-elle. Retourne vers ton maître, et dis-lui que s'il veut m'épouser, il envoie promptement des ambassadeurs à Gondebaud, car mon oncle attend son conseiller Aridius qui est à Constantinople, et qui pourrait bien empêcher l'accomplissement de ce mariage.

Clovis s'empresse de suivre le conseil de Clotilde. Aurélien lui-même est chargé d'aller, comme ambassadeur, annoncer les intentions du roi franc au roi de Bourgogne. Gondebaud appréhendait que sa nièce, mariée à Clovis, n'excitât ce prince à la venger, elle et tous les siens ; mais il voulait aussi éviter le péril d'irriter par un refus le roi des Francs, et de lui fournir ainsi un prétexte de guerre. Il crut pouvoir se tirer d'affaire par un faux-fuyant. Lorsque l'ambassadeur insistait, il lui dit :

— Ma nièce est chrétienne et Clovis est païen ; si j'acquiesçais aux vœux de ton maître, elle-même les repousserait.

— Non, reprit Aurélien, cela n'arrivera pas, car elle les a agréés d'avance.

A la vue de l'anneau de la fille de Chilpéric que lui montre l'ambassadeur, Gondebaud, surpris et indigné que Clotilde eût osé, sans son aveu, disposer de sa main, voulut rompre la négociation ; mais la réflexion le calma. La perspective d'un danger éloigné lui parut moins redoutable que la crainte d'une guerre certaine et imminente. Il prit donc le parti de céder, et donna son consentement au mariage de Clotilde. Aurélien présenta un sou et un denier, selon l'usage, et s'occupa activement des préparatifs de voyage.

II.

Quand tout fut prêt, la jeune princesse se mit en route dans une voiture couverte appelée basterne (1) derrière laquelle venaient plusieurs chariots portant les bagages. Aurélien et quelques guerriers francs qui l'avaient accompagné à la cour de Gondebaud, formaient l'escorte. Le cortége s'avançait assez lentement, lorsque Clotilde reçut la nouvelle qu'Aridius était de retour en Bourgogne. Convaincue que quelque grand péril la menaçait, elle descendit aussitôt de sa basterne, sauta sur un cheval, et, suivie d'Aurélien et de sa petite troupe, se dirigea en toute hâte vers la frontière des États de Clovis. L'événement prouva que ses craintes étaient fondées.

A son retour de Constantinople, Aridius s'était immédiatement rendu auprès de Gondebaud. Ce prince l'apercevant lui dit :

— Sais-tu ce qui s'est passé en ton absence? Eh bien, j'ai fait amitié avec le roi des Francs et je lui ai accordé la main de ma nièce.

— Que parles-tu d'amitié? s'écria Aridius; c'est là le germe d'une discorde sans fin. As-tu donc oublié, ô roi! que tu as fait périr par le glaive le père de Clotilde; que tu as fait noyer sa mère et jeter dans un puits les cadavres décapités de ses deux frères? Ne crains-tu pas que Clovis ne veuille les venger un jour? Crois-moi, envoie promptement des soldats à la poursuite de ta nièce, avec ordre qu'on te la ramène. Il sera toujours moins fâcheux pour toi de supporter les plaintes et les reproches d'une jeune fille irritée d'avoir vu s'évanouir ses espérances de mariage, que d'être continuellement aux prises avec les Francs (2).

Le roi des Bourguignons, effrayé des prévisions d'Aridius, envoya sur-le-champ des cavaliers à la poursuite de sa nièce;

----

(1) Voiture traînée par des bœufs, et particulièrement à l'usage des femmes.

(2) *Histor. francor.*, Epit. c. XIX.

mais il était trop tard. Les cavaliers ne purent atteindre que la basterne vide et les bagages de Clotilde. Franchissant les vallées et les collines, cette princesse avait traversé les villes d'Autun, de Saulieu et d'Auxerre, et avait ordonné d'incendier et de ravager douze lieues de pays derrière elle. Arrivée sur les terres des Etats de Clovis, elle s'était écriée : « Je te rends grâces, Dieu tout-puissant, de voir le commencement de la vengeance que je devais à mes parents et à mes frères ! »

Clovis sortant de Soissons, sa nouvelle capitale, avait traversé les villes de Reims, de Châlons-sur-Marne, d'Arcis-sur-Aube et de Troyes, et s'était avancé jusqu'à Villery (1), lorsque Clotilde parut avec son escorte. Charmé de la beauté et de la modestie de sa fiancée, le roi des Francs l'emmena dans sa résidence, où le mariage fut célébré (2).

JEAN COLUCHE DEVANT LA PORTE DE LA MAISON DE L'EMPEREUR.

1869.

Parmi les stations de la ligne de Mulhouse auxquelles devait s'arrêter le train impérial, le 25 juillet 1858, ne figurait pas celle de Nangis, bourg célèbre de l'ancienne Brie ; mais à la suite d'une pétition des habitants de ce canton, gracieusement accueillie par Sa Majesté, il avait été décidé que le train s'arrêterait une minute seulement.

---

(1) *Villariaco, in territorio Tricassino*, Frédégaire. Ce bourg est situé à seize kilomètres de Troyes, sur la route d'Auxerre, où Clotilde s'arrêta pour prier sur le tombeau de Saint-Germain. *Annuaire de l'Yonne*, 1841, p. 4.

(2) *Première entrevue de Clovis Ier et de Clotilde, à Villery, près Troyes*, par L. Douge, in-8º, Troyes, 1854.

Au nombre des médaillés de Sainte-Hélène, militairement rangés le long du quai de la station, mais malheureusement trop éloignés, il en était un qui se faisait remarquer par la décoration de la Légion-d'Honneur qui brillait sur sa poitrine, ainsi que par une large feuille de papier blanc attachée à son chapeau. Cette feuille portait cette inscription :

> « *Quand bien même vous seriez le petit caporal,*
> » *on ne passe pas !* »

Ce vieux soldat ne put qu'entrevoir le wagon de l'Empereur. Le soir de cette journée qu'il avait impatiemment attendue, notre brave s'en retourna chez lui les larmes aux yeux « parce qu'il n'avait pas eu le bonheur, disait-il, de voir Sa Majesté avant de mourir. »

Jean Coluche est né le 31 mars 1780, à Gastin, canton de Nangis. Entré au service comme conscrit de l'an ix, au 17e régiment d'infanterie légère, il a vu souvent l'ennemi et a pris part aux batailles d'Iéna, d'Erfurth, de Varsovie, d'Esling, de Wagram, d'Arcis-sur-Aube et de Waterloo.

Coluche, après le sanglant combat d'Eberberg, sur le Traun, en 1809, fut placé en faction devant la porte de la maison de l'Empereur, avec la consigne de n'y laisser pénétrer personne. Vers le soir, lorsque Napoléon se présenta pour entrer, Coluche, qui ne le connaissait pas, l'accueillit par un : *On ne passe pas!* Voyant que l'obstiné ne tenait aucun compte de son avertissement, il ajouta : *Si tu fais un pas de plus, je te plante ma baïonnette dans le ventre.* Il ne fallut rien moins que l'intervention des officiers de l'état-major général pour lui faire entendre raison. Quelques instants après, Coluche était appelé devant l'Empereur : *Tu peux mettre un ruban à ta boutonnière*, lui dit-il, *je te donne la croix.*

Coluche exerce actuellement le rude métier de batteur en grange, et n'a qu'une faible pension. Le souvenir de son action cependant s'est conservé sous toutes les formes, dans les chaumières les plus éloignées, grâce aux images d'Épinal et aux faïenciers de Montereau (1).

INAUGURATION DE LA STATUE DE NAPOLÉON Ier A BRIENNE.

Le 29 mai 1859, les rues de Brienne s'encombraient d'une multitude de personnes accourues de toutes les localités du département de l'Aube. Les maisons étaient pavoisées, et la grande place était ornée de mâts portant de superbes écussons aux armes impériales. Partout se déployait un appareil de fête que le ciel semblait favoriser. Ce jour-là, Brienne voulait solennellement constater le séjour que fit le jeune Bonaparte dans son antique école, et lui dresser une statue devant son hôtel-de-ville pour en perpétuer le souvenir.

Trois heures sonnent : MM. les sous-préfets et MM. les

---

(1) *Almanach de Napoléon*, 1859. Paris, Houssiaux, pag. 70.

maires du canton reçoivent M. le préfet. Après avoir visité l'hôtel-de-ville nouvellement construit, le cortége prend place sur l'estrade qui lui est réservée, tandis que de nombreux invités se rangent sur deux autres estrades placées à droite et à gauche. Plus bas, sur la place et autour de la statue qu'un voile dérobe aux regards, se tiennent les médaillés de Sainte-Hélène, ces glorieux soldats de nos valeureuses armées, dont la plupart portent de nobles cicatrices. Au signal donné par M. le préfet, le voile tombe, et le grand homme paraît sous le costume d'élève de Brienne. C'est bien lui : l'une de ses mains tient la *Vie des hommes illustres*, de Plutarque, lecture favorite du jeune Bonaparte. A la vue du bronze (1) qui rappelle si heureusement la tenue, les traits et l'expression de la figure du jeune héros, les applaudissements retentissent et le cri de *Vive l'Empereur!* s'élève sur la place et dans toute la rue principale de la ville. Au milieu de cette touchante émotion, M. le préfet prononce un discours plusieurs fois interrompu par des applaudissements, et dans lequel il retrace avec éloquence les souvenirs historiques qui se rattachent à cette tardive inauguration.

De la place de l'Hôtel-de-Ville, le cortége se rend à l'église Saint-Pierre, qui doit d'importantes restaurations à la munificence de l'Empereur. Un orateur distingué rappelle aux assistants les témoignages de vive affection donnés par Napoléon Ier à la ville de Brienne.

A six heures, des banquets réunissent les médaillés de Sainte-Hélène, les sapeurs-pompiers et les principaux fonctionnaires du département. Celui des fonctionnaires est dressé dans le réfectoire de l'ancienne école militaire; des toasts sont portés par M. le préfet et par plusieurs personnes de distinction. Des acclamations chaleureuses retentissent, lorsque M. Richaud, proviseur du lycée de Troyes, se lève et lit ces vers que nous sommes heureux de publier :

---

(1) Œuvre de M. Rochet.

BRIENNE.

1784.

C'était ici : l'enfant comptait seize ans à peine ;
Et depuis tantôt huit qu'il était à Brienne,
Il n'avait pas revu, fendant les flots amers,
Son île de granit qui dort au sein des mers.
Donc il était parfois silencieux et triste,
Comme l'a fait le bronze et l'a rêvé l'artiste.

Un long hiver planait sur ces murs froids et nus.
Les pauvres écoliers en classe retenus,
Pour dissiper un peu l'ennui qui les assiége,
Regardaient dans les cours s'amonceler la neige.
Une voix tout-à-coup dans les rangs éclata :
« Camarades, à nous d'autres jeux que ceux-là !
« La guerre nous attend ; formons-nous à la guerre. »
Il dit, et secouant une indigne poussière,
Au milieu de la cour, il s'élance : on le suit.
Les maîtres étonnés du tumulte et du bruit,
Se demandent quel est ce général imberbe,
Qui commande en vainqueur à des héros en herbe.
On creuse des fossés, on bâtit des remparts ;
L'École se divise en deux égales parts
Qui, se donnant carrière, et mesurant l'espace,
Attaquent tour à tour et défendent la place.
Tour à tour, ces enfants sont vaincus ou vainqueurs.
Un souffle belliqueux a passé dans leurs cœurs ;
La poudre, non, la neige aux mains adolescentes
Se pétrit, et boulets, bombes éblouissantes
De voler, d'éclater, de frapper. Au milieu,
L'invincible guerrier, comme un roi, comme un Dieu,
Car il a pris soudain une plus haute taille,
Paraissait à son gré gouverner la bataille.
Son geste impétueux et son coup-d'œil hardi
Réglait ou devinait la manœuvre. On eût dit
Qu'il voyait devant lui deux vaillantes armées
D'une égale fureur au combat animées ;
Qu'il entendait le choc des nombreux bataillons,
Et que, comme un torrent qui coule à gros bouillons,
Son bras frêle, étendu sur un empire immense,
Allait précipiter les soldats de la France.

Quand Dieu les a marqués pour ses décrets lointains,
Les grands hommes ainsi pressentent leurs destins,

Et lorsque la promesse est de l'effet suivie,
L'histoire, avec amour interrogeant leur vie,
Signale ces débuts, et reconnaît en eux
D'un avenir certain les signes glorieux.
Ainsi, quand pour calmer sa sublime tristesse
L'exil lui rappelait les jours de sa jeunesse,
Le héros souriait à ces combats d'enfants,
Prélude glorieux de ses jours triomphants.

1814.

C'était encore ici : l'Europe tout entière,
De l'Empire ébranlé renversant la barrière,
S'élance, et, comme un fleuve en cent lieux débordé,
Remplit d'un flot vainqueur le pays inondé.
Attila revient-il aux plaines de Champagne?
Voici les jours mauvais, la dernière campagne,
Où comme un fier lion sous le nombre accablé,
Trahi, mais non vaincu, par la peur immolé,
Défendant pied à pied son empire et sa gloire,
Et de chaque combat faisant une victoire,
L'Empereur se soutient par sa seule valeur,
Et s'élève en tombant, grandi par le malheur.

Le voici! sur sa tête ont passé les années;
Il porte sans fléchir le poids des destinées.
C'est le même regard, son geste est aussi sûr.
Et, comme jeune encore il semblait déjà mûr,
Mûr de jours et de gloire, il paraît jeune encore;
Son front, pâle un moment, s'anime et se colore :
Qu'a-t-il vu? quel objet ou sombre ou radieux,
Nuage, éclair soudain, passe devant ses yeux?

Il a vu dans ces murs où, calme et solitaire,
Sa jeunesse coula dans le travail austère,
Au pied de ce château, sous ces ombrages verts,
Où l'histoire à la main par les sentiers déserts,
Enfant, il évoquait les héros du vieux âge,
Et des mâles vertus faisait l'apprentissage,
Il a vu l'ennemi fier, cruel, insultant,
Qui plante son drapeau, se retranche et l'attend.

L'ennemi! l'ennemi sur la terre de France!
A Brienne! au berceau sacré de son enfance!
O vengeance! qui peut désormais le tenir?
Ah! la foudre est moins prompte à frapper et punir.

Ils sont vaincus : partout la mort ou la retraite.
Mais la ville paiera leur sanglante défaite.
Pour cacher le chemin par lequel ils ont fui,
Ils élèvent un mur de flamme entr'eux et lui.

On dit que l'Empereur, sa colère attiédie,
Contempla tristement le fatal incendie,
Et qu'il chercha des yeux, dans la flamme et le bruit,
De ses premiers combats le théâtre détruit.

Je ne sais ; mais avant de fermer la paupière,
Quand il se recueillit à son heure dernière,
Il voulut — les mourants lisent dans l'avenir —
Consacrer de ce jour l'éternel souvenir,
Il voulut, consolant vos disgrâces passées,
Et mettant dans vos cœurs de plus douces pensées,
Réparer par l'oubli, la concorde et l'amour,
Ce que pour lui Brienne a souffert en ce jour.
Il voulut, surpassant les hommes héroïques
Qui font ce pays grand dans les âges antiques,
Vous donner, généreux et magnifique don,
Un rayon de sa gloire et l'orgueil de son nom (1).

Le poëte termine en remerciant la Providence de nous avoir donné pour souverain le noble héritier du célèbre élève des Pères Minimes, Napoléon III, sous lequel s'accomplissent de grandes choses, et dont l'Europe admire la valeur et le génie.

La ville de Brienne gardera longtemps le souvenir de cette belle fête, et les étrangers pourront, en contemplant la statue du jeune Bonaparte, se rappeler une des pages glorieuses de l'histoire de notre contrée. Ainsi sera réparé cet étrange oubli que nous avons signalé dans un récit précédent, imprimé quelque temps avant cette solennelle inauguration.

---

(1) *Le Napoléonien, journal des intérêts de la Champagne,* Troyes, 31 mai 1859.

LES TRIBULATIONS DU DERNIER CHAMPENOIS.

Qui n'a pas entendu parler de Grosley, de cet homme spirituel dont le nom franchissait, au xviiie siècle, les murailles de la ville de Troyes, et dont la plume écrivait des pages si malignes et si piquantes? Nul plus que lui n'aima son pays et même son berceau, et pourtant, nul plus que lui n'éprouva l'ingratitude de ses *chers* concitoyens.

Cet avocat de Champagne, jouissant d'un revenu de 2,400 francs, trouva cette somme trop forte et voulut en consacrer une partie à la mémoire des hommes qui avaient honoré sa ville natale. Par l'entremise du comte de Caylus, il charge le célèbre sculpteur Louis Vassé, de faire dix bustes en marbre blanc « moyennant 2,000 francs chacun. » Ces bustes devaient représenter le pape Urbain IV, le comte Henri, Pierre Comestor, Passerat, Dominique et François Gentil, Pierre et François Pithou, Mignard et Girardon.

Grosley, cependant, effrayé du prix demandé par l'artiste, présente une requête aux Chapitres de Saint-Pierre, de Saint-Étienne et de Saint-Urbain, et leur propose de payer les bustes de Pierre Comestor, du comte Henri et du pape Urbain IV. Mais cette proposition est rejetée ; la ville seule veut bien se charger des piédestaux.

Des bustes sortent du ciseau de Vassé ; Troyes va posséder Pierre Pithou, Passerat, Mignard, Girardon et Le Cointe, lorsque la banqueroute des frères Dufour amène dans la bourse de Grosley un déficit de 8,000 francs, et le force de s'arrêter dans sa patriotique entreprise.

La ville, quelques années après, achète le buste de Boucherat chez un marbrier du boulevard de Paris, au prix de 300 francs. Grosley proteste de toutes ses forces contre l'intrusion de ce nouveau-venu, mais ses excellentes raisons ne rencontrent que des contradicteurs. Son étoile a pâli ; ses concitoyens lui réservent bien d'autres tribulations.

Il destine les bustes à l'ornement du salon de l'Hôtel-de-Ville. Le Conseil municipal, qui ne compte pas parmi ses membres beaucoup d'artistes et d'amis des beaux-arts, transforme ce salon « en une salle de concert public. » Grosley se récrie, prétend que ses bustes seront souillés par les chandelles et surtout par la pommade du chapeau d'un vandale. Le conseil reste sourd à ses réclamations. Non-seulement le front de Pierre Pithou et celui du vénérable Père Le Cointe porteront un placard jaune, les autres bustes seront badigeonnés par des mains grossières, en attendant qu'ils soient défigurés par l'huile des quinquets et qu'ils servent de portemanteaux (1).

Aujourd'hui les bustes dus à la libéralité de Grosley n'occupent pas encore la place qu'ils méritent. S'ils ne sont plus exposés aux mêmes dangers et aux mêmes avanies qu'au XVIIIe siècle, ils n'ornent point cette belle bibliothèque pour laquelle ils semblent destinés. Hâtons-nous d'ajouter que celui de Grosley y est placé sans doute en compensation de ses tribulations !

<hr>

DOCUMENTS RELATIFS A L'HISTOIRE DES ABBAYES DE LA CHAMPAGNE.

Les cloches de Saint-Loup.

On sait que Troyes excitait l'admiration des étrangers dès le XVe siècle par sa merveilleuse sonnerie, et qu'elle ne comptait pas moins de soixante cloches, dont l'une surnommée la grosse *Marie* pesait près de trente mille livres. Ce n'étaient

---

(1) *Annuaire de l'Aube*, 1849. 2e partie, pag. 51.

pas seulement les églises paroissiales de la ville qui se glorifiaient de leurs belles aubades et de leur joyeux carillon, mais encore la puissante abbaye de Saint-Loup et les églises collégiales de Saint-Étienne et de Saint-Urbain. L'abbaye de Saint-Loup possédait quatre cloches surnommées *andouillettes*, du nom de leur donateur, lorsque l'abbé Nicolas Forjot de Plancy en fit placer quatre plus grosses dans la tour qu'il venait de faire construire. L'église cathédrale de Troyes, voisine de celle de Saint-Loup, et qui n'avait pas encore la tour qui s'élève majestueusement au-dessus de tous les édifices, s'émut étrangement, lorsque les voix solennelles et immenses des cloches de l'abbaye se prolongèrent en vibrations harmonieuses. Le Chapitre de Saint-Pierre, l'effroi dans le cœur, se rassembla à la hâte pour sauvegarder l'honneur de son beffroi fort compromis *par les criardes du colombier de Saint-Loup* (1). »

La séance fut longue et orageuse, comme on doit le penser; les avis étaient encore partagés lorsque le doyen se levant prit la parole : « Messieurs les chanoines, dit-il, le voisinage de ces cloches bavardes m'importune autant que vous, et le son qui s'éveille avant l'aurore vient troubler chaque jour mon sommeil du matin, comme il doit assurément troubler le vôtre. Ce dommage qui nous est causé est un motif suffisant pour porter notre plainte ; mais qu'est-ce cela si nous le comparons au préjudice et au trouble qu'apporte à nos cérémonies saintes ce bruit étrange dont nos voûtes sacrées retentissent à toute heure ? Pouvons-nous entendre les chants ? Pouvons-nous suivre les modulations du chœur ? L'esprit peut-il prier, quand les oreilles sont continuellement fatiguées ? »

A ces mots, le doyen s'arrêta pour respirer ; un murmure d'approbation qui circula dans l'assemblée lui prouva qu'on goûtait cette manière d'envisager la question. « Ceci posé, continua l'orateur, la justice nous refusera-t-elle, à nous, Messieurs, ce qu'elle ne peut refuser au plus humble des

---

(1) *Mémoires sur la paroisse et le prieuré-cure de Sainte-Maure*, par Audra, manuscrit 2297, p. 51, Bibliothèque de Troyes.

hommes, de protéger nos personnes et de nous donner cette
liberté, cette tranquillité dont nous avons joui jusqu'ici dans
nos divins offices? »

Un trépignement de joie accueillit cette conclusion, et, séance
tenante, il fut décidé qu'on intenterait sans retard un procès
aux cloches mal sonnantes, afin de les réduire au silence et
même de les faire descendre de leur tour superbe, si cela était
possible.

Si l'attaque fut vive et impétueuse, la défense ne le fut
pas moins, et Dieu seul sait dans un an combien d'encre on
usa, quels monceaux de papier on entassa, combien de pas
firent les sergents, et combien d'éloquence dépensèrent les
hommes de loi. Un beau jour les cloches de Saint-Loup sonnèrent à grande volée. Chacun se demandait quelle fête solennelle qui n'était point marquée dans le calendrier annonçaient
ces cloches dont les chanoines de Saint-Pierre avaient juré la
perte : c'était la justice qui, finissant par où elle aurait dû
commencer, avait envoyé des commissaires chargés de constater, non point si la santé de Messieurs les chanoines s'en allait dépérissant, mais si ces cloches interrompaient réellement
les offices. Les cloches furent maintenues dans la paisible
possession de leur tour, et les chanoines de Saint-Pierre obtinrent la permission d'en suspendre dans leur beffroi de plus
grosses, s'ils le jugeaient convenable (1).

---

(1) Guillaume Brinon, conseiller au parlement et rapporteur
du procès, vint de Paris à Troyes, monté sur sa mule, et assista
au service de Saint-Pierre, pendant que les cloches de Saint-
Loup sonnaient à grande volée. Guillaume, de retour à Paris,
se moqua, comme nous l'avons dit, de la futilité des aggresseurs.
Mémoires déjà cités, p. 52. *Congrès archéologique de France*,
XXe session, 1853, p. 567. Archives de l'Aube, liasse 276.

Les Similitudes de Nicolas Forjot, abbé de Saint-Loup, de Troyes.

Fils d'un humble maréchal-ferrant de Plancy (1), Nicolas Forjot fut élevé par de bons moines, et se rendit si recommandable par ses talents et par sa piété, que, fort jeune encore, il devint abbé de Saint-Loup de Troyes. Portant mitre et crosse, il obtint du souverain pontife Innocent VIII le pouvoir d'officier pontificalement et de donner la tonsure et les ordres mineurs à ses religieux. Plein de zèle et d'économie, il trouva des ressources pour faire bâtir une tour, dresser de belles orgues, poser des vitraux, construire des chapelles et une bibliothèque, et faire même exécuter par l'orfèvre Papillon d'admirables châsses.

Nicolas Forjot n'a pas écrit d'ouvrages, mais on a de lui de *bonnes Similitudes* et des *apologues religieux* conservés dans un grand registre contenant des actes, des baux et des règlements. Ces apologues et ces similitudes sont des anecdotes comme les sages vieillards en recueillent. Nous en citerons quelques-uns dont nous conserverons la couleur et la tournure.

I.

Près de l'abbaye de Saint-Martin-ès-Aires, un potier nommé Frobert faisait des vases d'argile de formes singulières et curieuses. Les habitants de Troyes lui en achetèrent un si grand nombre qu'il acquit bientôt une modeste aisance. Plein d'orgueil, il se mit alors à raisonner de hautes matières. Ne comprenant point les secrets divins qui mènent les choses de ce monde, il désapprouvait ce qui le surprenait, comme la

---

(1) (Arrondissement d'Arcis-sur-Aube, bourg célèbre au moyen âge par ses nobles seigneurs, qui prirent presque tous la croix, et accordèrent de nombreux priviléges aux églises.

mort d'un juste en son jeune âge, la prospérité d'un méchant, et ne craignait point de blâmer la Providence.

Un moine le vit un jour lorsqu'il passait en revue ses pots nouvellement faits et qu'il brisait ceux qui ne lui plaisaient pas.

— Que faites-vous donc, maître Frobert? lui dit le moine. Pourquoi brisez-vous ces pauvres vases, les uns à votre gré plutôt que les autres?

— N'en ai-je pas le droit? répondit le potier. C'est bien mon ouvrage, puisque je les ai moi-même fabriqués et façonnés?

— Et vous, reprit le frère, de qui êtes-vous l'ouvrage? qui vous a fait, ainsi que tous les hommes?

— C'est assurément Dieu, dit Frobert étonné de cette question.

— Pourtant, vous semblez parfois ne pas approuver qu'il dispose de ses œuvres, encore qu'il faille présumer qu'il en dispose à bon escient et sachant ce qu'il fait.

II.

J'ai lu dans quelque livre ancien qu'un jeune clerc, hésitant devant le chemin étroit des saints, priait en une chapelle et disait tout haut : — Ah! si je savais que je dois aller au ciel!

Une voix, derrière l'autel, lui dit :

— Si tu le savais, que ferais-tu?

Le jeune clerc, émerveillé, détailla toutes les bonnes et vertueuses actions qui l'occuperaient alors.

— Eh bien! répondit la voix, tiens la conduite chrétienne et soumise que tu exposes, et sois sûr que tu iras au ciel.

III.

Le seigneur de Villebertin avait une belle horloge et un neveu très-paresseux. Un jour, par quelque mécanique qui se rompit, l'horloge s'arrêta, ne marquant plus les heures.

— Voilà, dit le neveu, une horloge inutile.

— Pourquoi donc? répliqua le bon seigneur, n'est-elle pas fort belle?

— Le soleil est beau, reprit le neveu, mais que diriez-vous s'il ne fonctionnait plus?

— Tu raisonnes sagement, beau neveu; le travail est une loi imposée à tous par le Seigneur, qui a mis la paresse au nombre des sept péchés capitaux. Mais alors, quel jugement feras-tu de toi-même qui ne veux rien faire parce que tu es gentilhomme? Si l'horloge inutile doit être mise à la vieille ferraille, où sera mis au dernier jour l'homme qui lui ressemble?

IV.

L'abbé Guillaume, qui gouverna l'abbaye jusqu'en 1461, entendait un jour un frère parler de l'autre vie.

— Que voulez-vous dire? lui demanda-t-il.

— Je parle de l'autre vie, répondit le frère, c'est-à-dire de celle qui suit celle-ci.

— Qu'est-ce que l'autre vie?

— Le paradis ou l'enfer.

— Pourquoi ne parlez-vous point du purgatoire?

— Parce que le purgatoire n'est qu'un passage plus ou moins long.

— Très-bien. Vous appelez l'autre vie la vie éternelle, et celle-ci sans doute une première vie. Mais celui qui s'apprête au saint voyage de Jérusalem dispose son bagage, met ordre à ses affaires et fait, avant son départ, quelques tours dans sa maison. Appelez-vous ces quelques tours un premier voyage?

— Non, mais une préparation.

— Eh bien! mon frère, cette vie d'ici-bas, cette vie temporelle n'est qu'un passage plus ou moins court, ce n'est pas une vie. Ne dites plus l'autre vie, car, vous le voyez, il n'y en a qu'une, la vie éternelle!

V.

Le sacristain de Saint-Julien, qui était grand babillard, vit un jour un bon villageois qui contemplait le cadran de son horloge.

— Que faites-vous donc, planté là? Ne chercheriez-vous point midi à quatorze heures?

— Non, répondit le bonhomme, mais ce cadran m'apprend qu'il y a temps pour parler et temps pour se taire; car il ne parle qu'à ses heures et demeure en silence quand il n'a rien à dire d'utile.

VI.

Étienne était prévôt de Troyes sous le règne de notre comte Thibault le Grand. Epuisé par le travail, il tomba malade et se vit bientôt à la veille de mourir. Thibaut, qui depuis longtemps aimait son prévôt, résolut d'aller le visiter.

— Me voici, mon pauvre Etienne, dit-il en l'apercevant étendu sur sa couche, je viens bien dolent de songer qu'il faille nous séparer.

— Hélas! monseigneur, répondit le prévôt ranimé par la joie, ce m'est grand honneur que vous me faites.

— Demande-moi ce que tu voudras, mon ami, reprit le comte; je te l'accorderai en souvenir de tes bons services.

— Je ne vous demande qu'une semaine de vie pour vous expliquer ce que contiennent ces papiers, répondit-il en étendant la main vers un monceau de parchemins.

— Mon pouvoir ne va pas là, dit tristement le comte.

— Eh quoi! sire, reprit le moribond, vous à qui j'ai consacré toute ma vie, vous ne pouvez m'accorder une semaine! Il est donc bien dur pour moi que je ne me sois pas plus occupé de cet autre seigneur qui peut tout, et vers lequel je vais. Que sa miséricordieuse bonté s'étende sur ma pauvre âme!

Ce prévôt ne pensa plus aux choses de ce monde, et mourut très pieusement le lendemain.

La Chair salée.

L'abbé Forjot, qui s'occupait avec tant de zèle des choses saintes, ne dédaignait pas non plus de moins nobles affaires, et se prêtait aux innocents plaisirs du peuple. Tous les ans, aux Rogations, la procession de son abbaye promenait dans les rues de Troyes un dragon qu'on appelait *la Chair salée*. Diverses traditions se disputaient l'explication de ce nom singulier. Les uns disaient que la bête promenée dans la ville à cette époque, était la figure d'un monstre dont saint Loup avait réellement délivré le pays, et dont on avait dû saler la carcasse. Les autres n'y voyaient qu'un emblème d'Attila, dont le saint évêque avait fléchi le courroux, ou plutôt le symbole de l'hérésie pélagienne qu'il avait terrassée dans la Grande-Bretagne.

La chair salée devait être fort gâtée du temps de Forjot, car ce célèbre abbé fit faire un beau dragon tout neuf, en bronze léger. Ce monstre avait un corps couvert d'écailles, une tête hideuse, des yeux rouges et enflammés qui semblaient sortir de leurs orbites, une gueule démesurément grande, de longues ailes et une queue recoquillée. Il ouvrait la gueule, battait des ailes et agitait la queue au moyen de ficelles passées dans l'intérieur du bâton sur lequel il était fixé.

Le premier jour des Rogations, couronnée de fleurs, ornée de guirlandes, *la Chair salée* traversait la ville comme une fiancée. Ses ailes battaient, sa queue s'agitait, sa mâchoire surtout s'ouvrait pour recevoir les échaudés et les craquelins que lui jetaient les bambins à son passage, et que mangeait naïvement le porteur. Le deuxième jour, elle se mariait et marchait en tête des bannières, parée de rubans et de pompons. Le troisième, elle s'avançait dépouillée de ses ornements, les yeux éteints, la gueule béante, les ailes et la queue pendantes. Ce jour-là, c'étaient réellement ses funérailles, la veille de sa salaison pour l'année suivante.

Le mardi 20 mai 1727, les religieux de Saint-Loup, qui,

le lundi, avaient porté le dragon séculaire à la station de
Saint-Nicolas, se présentèrent à Saint-Pantaléon. M. François,
prêtre du diocèse de Châlons, récemment curé de cette paroisse, attendait la procession à la porte de son église, pour
présenter l'eau bénite à chacun des chanoines. Il entendit le
battement des ailes du monstre et les cris des enfants qui
lui jetaient des échaudés. A la vue de *la Chair salée* et de ce
tumulte, il proteste contre l'usage et veut interdire même
l'entrée du cimetière au porteur. Le père Copin, qui représentait alors les religieux de l'abbaye, s'avance, alléguant la
coutume, et ordonne au porteur de poursuivre son chemin.
Mais le curé François résiste et, soutenu par quelques chanoines, force le monstre inoffensif à se retirer dans le char-
nier de l'église.

Deux mois après ce sanglant outrage, le chapitre s'assem-
bla. *La chair salée* fut solennellement proscrite par Mgr Jacques-Bénigne Bossuet, et vendue quelque temps après à un
chaudronnier qui la détruisit et en employa les débris pour les
ouvrages de son art (1).

LE JOYEUX AVÉNEMENT DES ÉVÊQUES DE TROYES.

Au moyen-âge, lorsque l'évêque de Troyes venait prendre
possession de son siége, il était d'usage que la veille de cette
solennité il se rendît en pompe, mais vêtu seulement d'un camail et monté sur une mule ou un palefroi, à l'abbaye de Notre-
Dame-aux-Nonnains, antique monastère de femmes, jadis situé

---

(1) *Archives curieuses de la Champagne et de la Brie*, in-8°,
Paris, Techner, 1853, pag. 93.

à l'une des portes et en dehors de la ville. Arrivé au *pourpris* de l'abbaye, c'est-à-dire dès qu'il avait touché la terre qui en formait le domaine, il rencontrait l'abbesse qui se présentait au-devant de lui pour le recevoir, assistée de toutes ses religieuses. Le prélat descendait de sa monture; un sergent de l'abbaye la saisissait par la bride, la conduisait toute sellée dans l'écurie abbatiale, et le palefroi y restait pour toujours comme propriété de l'abbesse. Cela fait, cette dernière prenait le prélat par la main, et, suivie de tout le peuple, elle l'introduisait dans son monastère. Là, l'évêque entrait au Chapitre, s'agenouillait, récitait une prière que l'abbesse lui indiquait ; puis, après avoir dépouillé son camail, il recevait de ses mains une chape somptueuse, la crosse et la mitre et, posant la main sur le texte des Evangiles (1), il prêtait à haute voix ce serment :

« Moi, *tel*, évêque de Troyes, je jure d'observer les droits, franchises, libertés et priviléges de Notre-Dame-aux-Nonnains. Qu'ainsi Dieu me soit en aide et ces saints Evangiles. »

Après cette cérémonie, l'abbesse ôtait à l'évêque ses ornements pontificaux, et le conduisait à un appartement préparé pour le recevoir. Le prélat y passait la nuit, et le lit sur lequel il s'était reposé lui appartenait *tout garni*.

Le lendemain, quatre seigneurs, vassaux de l'évêque et nommés pour cette raison *les quatre barons de la crosse* (2), venaient saluer le prélat, accompagnés d'un cortége encore plus nombreux que celui de la veille, et le portaient sur leurs épaules jusqu'à la cathédrale où devaient s'accomplir les autres cérémonies de la prise de possession (3).

Après une messe solennelle célébrée en présence du grand archidiacre de Sens et de deux chanoines de cette métropole,

---

(1) Ce texte, conservé à la bibliothèque publique de Troyes, est couvert d'une reliure remarquable.

(2) Les sires d'Anglure, de Saint-Just, de Poussey et de Méry-sur-Seine.

(3) *Annuaire de l'Aube*, 1841, 2e partie, p. 48.

l'évêque donnait un splendide repas au commencement et à la fin duquel un vicaire chantait une leçon (1).

Le grand archidiacre recevait un marc d'or, les deux chanoines qui l'accompagnaient et les *quatre barons de la crosse* n'en recevaient qu'un d'argent. L'église de Sens s'enrichissait d'une belle chape de soie que devait l'évêque de Troyes et qu'il portait à l'assemblée synodale convoquée par l'archevêque.

Cet étrange avénement dura jusqu'à la nomination de M. François Mallier, qui se dispensa du cérémonial « sous prétexte du décès de sa mère. » Jacques Bénigne Bossuet, moins timide, se rendit à l'église de Notre-Dame-aux-Nonnains et en sortit brusquement sans prêter serment et sans s'inquiéter de l'opposition que le notaire voulait former à son intronisation (2).

FABRIQUES DE DRAPS AU MOYEN-AGE.

SEDAN.

I.

Philippe Auguste signala les premières années de son règne par l'expulsion des juifs du royaume; il déchargea tous ses sujets de Paris et de province des dettes contractées envers les religionnaires proscrits qui exerçaient sur l'industrie

---

(1) Grosley, *Ephémérides*, t. I, p. 172.

(2) Novembre 1718. *Topographie du diocèse de Troyes*, par Courtalon, t. I. — J. Bénigne Bossuet.

un monopole inquiétant, et donna une grande partie de leurs habitations aux hôpitaux, aux diverses corporations et notamment au corps des marchands de draps.

Maurice de Sully, évêque de Paris, avait été chargé par le roi de faire savoir au corps des drapiers, dans la personne de son doyen, le don de vingt-quatre maisons confisquées aux proscrits. Le bon évêque se rendit donc à la tombée de la nuit chez maître Mathurin Coquelin, doyen et premier garde des drapiers. L'honnête bourgeois se trouvait alors au milieu de sa nombreuse famille.

L'évêque donna sa bénédiction à la famille assemblée.

Tout le monde se leva, et le prélat annonça au marchand que le roi voulait que les richesses acquises à la couronne, par la confiscation, fussent partagées entre les corporations les plus utiles au peuple, et qu'il l'avait chargé, en qualité de membre du parlement, de venir lui annoncer que le corps des drapiers était doté de vingt-quatre maisons juives de la *rue au Chat*. (1)

Maître Coquelin n'était pas un homme d'une intelligence supérieure ; comme tous les trafiqueurs de son siècle, il ne savait ni lire ni écrire, mais il possédait au plus haut degré le sentiment du juste et de l'injuste, et ce surcroît de fortune, qui arrivait par une mesure violente au corps de la draperie, ne flattait que modérément son amour-propre. Il dit au prélat qu'il aurait mieux aimé une bonne commande d'étoffes pour les pages et les valets de la cour qu'une telle aubaine ; il ajouta que ce maudit mot *confiscation* sonnait mal pour lui, et qu'il ne voudrait pour rien au monde devoir le pain qu'il mangeait et l'habit qui le couvrait au malheur même d'un ennemi.

L'évêque répondit au drapier qu'il savait comme lui compatir aux maux de ses semblables, mais que plus que lui peut-être il avait l'instinct de ce qui est et de ce qui doit être dans l'ordre des événements humains. D'ailleurs le roi ordon-

---

(1) Depuis *rue de la Vieille-Draperie*.

nait et voulait être obéi, et les scrupules du drapier durent se taire, quand l'évêque ajouta qu'à l'instant même il devait mettre Mathurin en possession des logis. — Le bourgeois se mit aux ordres de l'évêque. Après avoir passé à la hâte une robe de velours noir à chaperon fourré, marque distinctive de sa dignité, Mathurin Coquelin suivit l'évêque que deux clercs accompagnaient.

Ils visitèrent plusieurs habitations solitaires sur le carreau desquelles étaient épars des débris de meubles brisés dans la précipitation du départ des juifs, auxquels on avait accordé quelque délai pour la vente de leur mobilier.

Ils visitaient le dernier étage de la dernière maison, lorsque des voix de femmes se firent entendre ; l'évêque s'arrêta et le drapier fit de même ; ils écoutèrent, et après de longues recherches, ils reconnurent que le bruit de ces voix partait d'une chambre dont la porte avait été récemment murée. Les serviteurs du drapier s'armèrent de pioches, et l'huis démoli donna accès dans une pièce où un spectacle inattendu frappa de stupeur l'évêque et le bourgeois.

Une vieille femme accablée de douleurs et d'infirmités était étendue sur un lit. Trois jeunes filles d'une éclatante beauté étaient assises au chevet. A l'aspect de l'évêque et du doyen des drapiers, les jeunes filles tombèrent à genoux, et demandèrent grâce pour leur aïeule et châtiment pour elles. Et elles avaient déroulé, suivant le rite israélite, les longues tresses de leurs cheveux. — Pourquoi avez-vous enfreint les ordres du roi, demanda gravement, mais sans sévérité, le drapier ?

Les jeunes filles racontèrent que leur père, leurs frères étaient partis, suivant le vouloir du roi, mais que leur pauvre grand'mère ne pouvant les suivre, elles s'étaient décidées à rester près d'elle et à ne pas l'abandonner. En faisant murer cette porte, elles espéraient cacher pendant quelques jours l'infraction au sévère édit. Plus tard elles auraient emporté, dans un logis qu'on leur préparait au village de Chelles, leur aïeule dont les forces étaient presque éteintes.

Ces jeunes filles, par dévouement pour leur mère, s'étaient donc exposées à être fouettées par l'ignominieuse main du bourreau, ou livrées aux tortures ou à la mort.

L'évêque et le marchand furent attendris. — Maître Coquelin, que ferez-vous? dit le pasteur.

— Monseigneur, la loi de Dieu passe chez moi avant la loi du roi. Je sauverai ces pauvres jeunes filles et leur vieille aïeule, et il en adviendra tout ce qu'on voudra.

— Il n'en adviendra rien que de sacré, dit l'évêque. Et il enfonça son bâton pastoral sur le seuil chancelant de la porte. Il recommanda aux jeunes filles de dire, si on venait troubler leur retraite, que la maison qu'elles habitent appartient au corps des drapiers de la ville de Paris, et qu'elles sont sous leur foi et garde. Si on insiste, ajouta-t-il, les plus téméraires s'arrêteront en leur montrant le bâton pastoral.

L'aïeule, électrisée par cette scène touchante, attira sur son sein les trois jeunes filles, et d'une voix qui prenait de la force dans son âme, elle s'écria : « Lia, Sara, Rachel, je vous donnerai le pouvoir de reconnaître le bien qu'on vous fait en ce jour... » Et des pleurs d'émotion coulèrent de ses yeux et furent les interprètes de sa reconnaissance envers le prélat et le marchand.

II.

A quelque temps de là, Philippe-Auguste, touché des maux que le sultan Saladin faisait subir aux chrétiens d'Orient, eut le projet, pour les secourir, d'organiser une croisade et de se mettre à la tête des guerriers-pèlerins. Le conseil du roi décida que le roi n'abandonnerait pas son sceptre pour prendre l'épée, mais qu'il enverrait un bon nombre de chevaliers et de troupes aguerries, et qu'un appel d'argent serait fait à toutes les confréries et corporations des principales villes de France.

Maurice de Sully, chargé de prêcher la croisade, se rendit donc avec le collecteur chez Mathurin Coquelin, pour le prier de verser dans les coffres de l'Etat les premières sommes nécessaires à la sainte expédition. Le drapier répondit que, de-

puis l'expulsion des juifs, les drapiers avaient perdu des
sommes immenses, que les riches bourgeois n'achetaient plus
que les draps de Ségovie, de Pesth et de Cambridge, et que
si cela durait quelque temps sa pauvre corporation serait
bientôt réduite à la besace. Il ajouta cependant que les drapiers se saigneraient, s'il le fallait, pour donner au roi et à
l'église une nouvelle preuve de leur amour.

Maurice de Sully et Michel Guillemin se retirèrent après
avoir donné au respectable doyen de la draperie d es preuves
touchantes de leur sympathie et de leur intérêt. Mais l'idée
de n'avoir point obéi sur-le-champ aux désirs du roi, et de
n'avoir pu se montrer, lui qui représentait la corporation tout
entière, généreux et libéral, tourmentait l'esprit de Mathurin
Coquelin. Il rentra, sa boutique fermée et ses commis endor-
mis, au sein de sa famille, se présentant, contre l'ordinaire,
avec un front soucieux et chagrin.

La vieille Anne Mathevan, l'aïeule des trois jeunes filles
juives qui s'étaient retirées depuis l'arrêt de proscription dans
la maison du drapier, et qu'il avait défendues jusque là par la
seule protection de son nom et de sa vertu, s'aperçut la première de la mélancolie du bon marchand.

— Qu'avez-vous, maître Coquelin ? dit-elle. Auriez-vous
appris quelque fâcheuse nouvelle à votre étal aux draps?

Le drapier, qui avait une grande vénération pour Anne
Mathevan, raconta la visite qu'il avait reçue, la demande qui lui
avait été faite, la réponse qu'il avait donnée, et répéta ce qu'il
avait dit, savoir : que si les affaires allaient le même train,
avant trois années, les marchands de Paris seraient totalement ruinés; que le commerce était sur le penchant de l'abîme,
et que les enfants des drapiers, dans un avenir prochain, seraient réduits à prendre la bêche et le hoyau.

— Cela ne se fera pas ainsi! interrompit la vieille juive;
non! cela ne se fera pas ainsi. Il ne sera pas dit que ces
rusés grecs et ces fripons arméniens viendront manger le pain
de France et vous couper l'herbe sous le pied. Je m'y oppo-
serai, je puis vivre encore assez longtemps pour empêcher
un semblable malheur.

Et la vieille demanda à maître Coquelin s'il n'avait pas révélé à l'évêque et au second auditeur le moyen de remédier à la souffrance du commerce de la draperie. Le marchand ayant répondu négativement, Anne Mathevan conjura le drapier de lui indiquer ce moyen, ajoutant que sa vieille expérience lui ferait peut-être découvrir une voie pour parvenir à ce résultat.

Le drapier dit : à Ségovie en Espagne, à Pesth en Hongrie, à Cambridge en Angleterre, il se trouve des fabriques de draps supérieures à celles qu'a voulu créer la France, et cependant la laine que ces étrangers emploient n'est guère plus belle que nos laines du Poitou, du Berri et de l'Auvergne ; mais, en revanche, les procédés de fabrication sont incontestablement préférables aux nôtres. Il s'agirait, et voilà dix années que je songe à réaliser ce vœu, d'envoyer à Ségovie, à Pesth et à Cambridge, de jeunes hommes intelligents, déjà bien au fait de notre fabrication, et qui se feraient initier à force d'or et de promesses aux secrets de leurs procédés. En moins d'une année, ces trois messagers élus reviendraient à Paris, et riches de leurs découvertes, ils mêleraient ensemble les observations qu'ils auraient eu le temps de recueillir, et porteraient ainsi la fabrique française à un degré de splendeur que nul ne pourrait désormais atteindre.

Anne Mathevan, demanda au drapier à quelle somme il estimait approximativement la dépense nécessaire pour mener une telle entreprise à bonne fin.

Mathurin Coquelin estima que la dépense prise en bloc de trois envoyés et les frais secrets qu'ils auraient à supporter, pourraient bien s'élever à cent écus d'or.

La juive demanda encore où maître Coquelin pourrait trouver trois jeunes gens répondant aux qualités qu'exigerait cette mission difficile.

— N'ai-je pas mes trois fils ? dit avec orgueil le marchand. Ne seraient-ils pas heureux de s'associer à une œuvre qui doit contribuer à la splendeur de la patrie et au bonheur de leurs concitoyens !

Et le drapier regarda ses trois fils qui étaient présents, et tous les trois répondirent qu'ils seraient glorieux d'être choisis pour une pareille épreuve.

La vieille juive et ses trois filles se mirent alors à causer entre elles dans le dialecte hébreu. A la vivacité des intonations on voyait qu'il s'agissait d'une affaire importante, et que chacune d'elles était sommée d'exprimer son sentiment. Enfin la discussion cessa, et une vive rougeur colora le visage des jeunes vierges israélites.

Anne avait fait signe à Mathurin Coquelin et à ses trois fils d'approcher.

— Maître Coquelin, dit la vieille, c'est aujourd'hui le grand jour des rénumérations et de la reconnaissance ; mais avant que je vous en dise davantage, prenez votre cape et rendez-vous chez Hilaire Gierlan, juif converti, qui tient une hôtellerie contre la rivière, dans la rue aux Tripes. Dites-lui ces mots tirés d'un psaume de David : *In exitu Israel de Egypto, domus Jacob de populo barbaro*, et présentez-lui cet anneau de cuivre. Il vous remettra aussitôt trois petites figures d'enfant en osier. Vous les prendrez, mais avec précaution, car elles sont lourdes ; vous les cacherez sous votre cape, et vous rentrerez ici. Emmenez vos trois fils, car il se fait tard ; et les larrons pourraient bien vous attaquer ; mais entrez seul dans la maison de Gierlan, qui reste ouverte une partie de la nuit, pour l'usage des mariniers et autres trafiquant ès-eaux de notre rivière de Seine.

Il y avait dans l'injonction de la vieille quelque chose de si solennel, que maître Mathurin Coquelin ne jugea pas à propos de répondre. Il obéit, et, suivi de ses fils, il alla à l'endroit qu'elle lui avait indiqué. Moins d'une heure après il était revenu, et plaçait sur le lit de l'aïeule les trois lourdes figurines d'osier qui ressemblaient assez aux fétiches que les peuplades sauvages adorent.

La juive demanda à Coquelin un de ses doubles ciseaux à tondre le drap, et étendit sur son lit quelques parements de serge noire. Prenant ensuite d'une main ferme les trois petites statuettes d'osier, elle leur coupa la tête avec les ciseaux, et des milliers de pièces d'or de toutes grandeurs et de toutes

les formes jaillirent sur la serge au grand étonnement de la
famille du drapier.

C'était là l'épargne de la famille, grossie pendant trois générations ; ces richesses appartenaient à Rachel, à Lia et à Sara.
La vieille Israélite offrit ce trésor au drapier en lui disant :
Maître Coquelin, prenez la fortune de celles que vous avez
sauvées, employez-la au triomphe du plus sacré des sentiments humains, l'amour de la patrie et de la famille; si le
succès couronne votre entreprise, vous partagerez avec mes
enfants une fortune dignement gagnée ; si, malgré tous vos
efforts, vous échouez, eh bien ! dites alors à vos fils de ne
pas abandonner ces pauvres filles, et de partager avec elles
le produit d'une modeste industrie, ou de quelque labeur de
chaque jour.

— Anne Mathevan, nous réussirons, s'écria maître Coquelin ému, nous réussirons, et c'est parce que j'en ai la con-
viction que je reçois à titre de prêt la fortune de vos filles,
qui deviennent les miennes. A partir de ce jour, je compte
mes enfants au nombre de six ; tous auront part égale à mon
héritage.

La juive voulut que Coquelin offrît à l'épargne royale cent
écus d'or pour l'expédition de la terre sainte, sauf à régler
plus tard ce compte avec sa confrérie, puis elle fit distribuer
par le père à ses trois fils les sommes nécessaires pour leur
voyage, et le reste fut mis en réserve pour les frais d'établissement de trois fabriques, au retour des trois frères.

Les choses furent ainsi réglées, et le nombre des pièces
d'or contenues dans les trois marmouzets et formant 50,000
livres tournois (somme énorme pour ce temps) fut distribué
selon qu'il avait été arrêté.

III.

Les trois fils du drapier partirent aussitôt pour l'Espagne,
pour la Hongrie et pour l'Angleterre.

Au bout d'une année, jour pour jour, les trois jeunes gens
revenaient au logis paternel : mais quelle ne fut pas la joie de

Coquelin quand il vit chacun de ses enfants accompagné de trois ouvriers les plus intelligents qu'ils étaient parvenus à ramener avec eux.

La France cessa dès ce jour-là d'être tributaire de l'étranger pour le produit de la draperie.

L'évêque de Paris, Maurice Sully, et le président aux enquêtes, Michel Guillemin, avaient pris un vif intérêt à l'entreprise; ils en parlèrent au roi, qui fit appeler le doyen des drapiers, le combla de louanges et lui adressa ces paroles :

En souvenir de votre dévouement à la France, à sa foi, à son commerce, Mathurin Coquelin, je vous fais prévôt des marchands de ma bonne ville de Paris, voulant que vous ne cessiez pas toutefois vos fonctions de doyen des drapiers. Quant à vos trois fils, je leur donne les fiefs d'Elbeuf, de Louviers et de Sedan. Ce sont trois hameaux, vos fils en feront des villes, et en retour de l'octroi que je leur fais, leur labeur et notre travail ajouteront trois fleurons à la glorieuse couronne de France.

La prophétie de Philippe-Auguste se réalisa. En peu d'années les trois hameaux devinrent d'importantes villes, grâce aux grandes fabriques de draps qui y furent installées, et encore aujourd'hui ces trois villes sont à la tête d'une de nos principales industries.

A la mort de la centenaire Anne Mathevan, les trois jeunes juives, ramenées par Maurice de Sully aux croyances catholiques, épousèrent les trois fils de Mathurin Coquelin; une de ces converties acquit une grande et sainte renommée par son esprit de charité et ses bonnes œuvres, qui furent glorifiées par des inscriptions mémoratives placées dans les chapelles latérales de la métropole.

UN LIVRE D'HEURES A L'USAGE DU DIOCÈSE DE LANGRES

AU XVIᵉ SIÈCLE.

On sait que dès le commencement du XVIᵉ siècle, les imprimeurs de Paris firent sortir de leurs presses des *Heures* à l'usage d'un grand nombre de diocèses, et que ces livres furent accueillis avec empressement par les fidèles. Le diocèse de Langres, qui comprenait un riche et vaste territoire, eut ses *Heures* dès l'année 1502, imprimées par Philippe Pigouchet « *pour Simon Vostre libraire, demeurant à Paris, en la rue Nostre-Dame.* » Ce volume, petit in-4°, portant la marque et le nom de Pigouchet, contient un almanach pour 20 ans, de 1501 à 1520. De grandes et de petites figures sur bois ornent ces *Heures* composées de 98 feuillets. Les grandes figures rappellent au chrétien les principaux traits de la vie de Jésus-Christ, la faiblesse du roi David, la résurrection des morts et la splendeur du trône de l'Éternel. Les petites figures représentent l'histoire de Joseph, les douze sybilles, les principales circonstances de la vie de Jésus-Christ et de celle de la sainte Vierge, la parabole de l'enfant prodigue, l'histoire de la chaste Suzanne, la fin du monde, la danse des morts, et les principales vertus du chrétien.

Les Heures contiennent d'abord le commencement de l'évangile selon saint Jean, quelques passages de ceux des évangélistes saint Luc, saint Marc et saint Mathieu, la Passion de Notre-Seigneur, selon saint Jean ; des oraisons en l'honneur de la Sainte-Vierge, l'office de la bienheureuse Mère de Dieu, les psaumes de la Pénitence, les offices de la Croix et du Saint-Esprit, les litanies des Saints, l'office des Morts, les *suffrages* de plusieurs saints, de *dévotes louanges et oraisons à dire à Notre-Seigneur*, les sept oraisons de saint Grégoire, et des prières pour les défunts.

Rien de plus lugubre, de plus effrayant que l'office des

morts. A chaque feuillet vous la voyez, cette laide figure, fille du péché, qui doit un jour frapper à notre porte pour nous conduire au-delà de ce monde. Pape, empereur, cardinal, roi, patriarche, connétable, archevêque, tous sont là, jusqu'à la *bigote*, jusqu'à la sorcière, ne pouvant résister aux étreintes de la mort.

Les vertus du bon chrétien sont accompagnées du portrait de personnages connus dans l'histoire par des vices opposés. Mahomet représente l'impiété; Judas, le désespoir; Hérès, la haine; Néron, l'iniquité; Sardanapale, la folie; Tarquin, l'intempérance, et Holopherne, la faiblesse.

Plus loin sont les douze sibylles parce qu'elles ont annoncé quelques circonstances de la vie du Sauveur. La dernière est Erithée, celle qui eut, dit-on, l'honneur de prédire la ruine de Troie et le jugement dernier (1).

Les Heures, à cette époque, ne contenaient, comme on l'a vu, que quelques offices et quelques oraisons; mais les fidèles se contentaient de réciter les psaumes de la Pénitence ou l'office de la Sainte-Vierge, et assistaient à la messe plus dévotement que nous. De plus, les mille figures dont ces Heures étaient ornées leur rappelaient les fins dernières de l'homme et formaient un véritable catéchisme illustré à l'usage des ignorants.

LA PESTE AU XVIᵉ SIÈCLE EN CHAMPAGNE.

Quel est cet hôte effroyable qui répand partout au moyen âge la terreur, qui jonche les rues et les maisons de cadavres, et dont le passage n'est constaté que par la plus triste solitude? C'est la peste. Signalée dès le VIIᵉ siècle par les

---

(1) *Heures a lusaige de Langres.* 1502. Paris, Pigouchet. Bibliothèque de Troyes.

17

vieux chroniqueurs de Troyes, elle exerce de grands ravages en 1089, et frappe si rudement en 1348, que les petites et tortueuses rues sont complètement dépeuplées. Cette dure messagère de la mort décime surtout les pauvres gens mal vêtus et mal nourris, et respecte les nobles chevaliers et les honnêtes marchands « dont la nourriture est saine et abondante. » Les médecins attribuent cette effrayante mortalité aux astres, déclarés fort innocents depuis cette époque.

Troyes cède, en 1429, aux pressantes sollicitations de Jeanne Darc, et se soumet à son roi Charles VII. Dix ans ne se sont pas écoulés, que le pays, ravagé par les gens de guerre, éprouve toutes les horreurs de la famine et voit la peste s'abattre dans les murs de ses villes et dans ses châteaux-forts. Les villageois, rançonnés et dépouillés par les *écorcheurs* et les *retondeurs*, abandonnent la culture des terres, stationnent sur les grands chemins et expirent privés de tout secours.

Les habitants de Troyes ferment leurs portes et en gardent soigneusement l'entrée. Les rues sont balayées et les fumiers enlevés. Les porcs, les lapins et la volaille sont bannis comme des hôtes dangereux. Les vagabonds et les bélîtres, qui depuis longtemps encombrent les hôpitaux et les hôtelleries, sont expulsés sans pitié. Les lépreux sont relégués dans leurs bordes et ne peuvent point approcher des étaux des boulangers, des pâtissiers et des bouchers.

Les hôpitaux ne s'ouvrent plus pour recevoir les malades, et ne veulent pas même contribuer au soulagement des pestiférés. Cette réserve devient même si grande, que l'Hôtel-Dieu se fait rembourser le prix d'un lit qu'il a prêté et qu'on a brûlé parce qu'il a servi à une victime du funeste fléau. Malheur à ceux qui habitent la maison d'un pestiféré! S'ils survivent à cet infortuné, le bourreau vient bientôt frapper à leur porte et les expulser sans miséricorde. Malheur à ceux qui pleurent leurs parents défunts, malheur à ceux qui ont rendu les derniers secours aux mourants! Ils sont contraints de sortir de la ville et de s'en tenir éloignés pendant trois mois.

L'administration essaie pourtant de secourir les malades ;
elle salarie un chirurgien, gage un confesseur, et paie les
médicaments donnés aux pauvres. Elle acquitte de plus le
prix des cercueils et fait à ses frais porter en terre les cadavres par les vagabonds et les bélîtres dont elle n'a pu se
débarrasser.

Un siècle après, en 1517, la peste envahit la vieille capitale de Thibaut, habitée non seulement par des négociants,
des industriels et des ouvriers de toutes les professions,
mais encore par une population désignée sous les noms mal
sonnants de mendiants, de batteurs de pavé, de fainéants et
de voleurs. Cette race d'hommes pervers, qui ne craint
point d'attaquer les honnêtes gens, n'avait alors pour abri
que les portails des églises, les places publiques et les *allours*
de la Belle-Croix. L'autorité, dès l'invasion du fléau, purge
la ville de ces mauvais compagnons et les relègue dans les
bourgs voisins. Le trompette juré parcourt les rues et les
carrefours, et publie des mandements ordonnant la destruction des seuils à pourceaux et la disparition des cloaques
d'ordures.

Mais la peste se répand dans tous les quartiers, frappe
cette fois les riches et les pauvres, et ne s'arrête que devant
des monceaux de cadavres. Les conseillers de la ville, effrayés,
se hâtent d'appeler les médecins, ces grands-maîtres de la
science, et les chirurgiens et barbiers, ces gens de pratique
qui exécutent les ordres de la docte corporation. Les chirurgiens désignés pour le traitement des pestiférés doivent se
tenir dans leur boutique, ne panser et ne soigner que les
personnes « soupçonnées ou entachées de la peste. » L'église
ne leur est point fermée, mais ils assistent aux offices dans
un endroit écarté, loin des autres fidèles. Leur maison même
doit être marquée d'un signe que personne n'a le droit d'effacer, afin que nul n'y entre par méprise.

Les gens qui assistent les malades, qui les portent dans la
Maison de secours, qui les mettent en terre ou qui brûlent
les meubles, le linge et les vêtements des pestiférés, sont
vêtus d'une jacquette de cuir rouge, et font retentir des clo-

chettes attachées à leurs jambes pour éloigner les téméraires qui voudraient les approcher. Partout une rigoureuse surveillance est exercée par un agent désigné sous le nom de *contrôleur de la peste*. Dès que le fléau frappe quelqu'un, il s'empresse de faire fermer la maison du pestiféré. Malheur à ceux qui habitent sous ce même toit! Ils ne peuvent sortir de leur prison sous peine d'être bannis et de voir leur maison entièrement démolie. Malheur à ceux que l'amour ou la charité appelle au chevet d'un moribond! Ils sont condamnés à rester dans cette maison marquée d'une croix blanche peinte sur une enseigne pendante, afin que les passants l'aperçoivent et s'en éloignent.

Les boutiques des boulangers, les étaux des bouchers et des charcutiers sont surveillés avec soin, de peur que ne puissent en approcher ceux qui portent des vêtements lugubres. Mais, malgré ces mesures rigoureuses, l'implacable fléau exerce tant de ravages que les fossoyeurs manquent, et que cette triste fonction est bientôt remplie par des hommes d'une moralité suspecte, et surnommés à juste titre *corbeaux* et *croque-morts*. Des familles entières disparaissent, des maisons restent totalement désertes. Le culte lui-même devient muet; le glas funèbre ne retentit plus aux oreilles des vivants; les cloches, doucement *cliquotées*, convoquent les fidèles aux prières publiques, et annoncent le trépas des nouvelles victimes.

Les hôpitaux n'ouvrent point leurs portes aux pestiférés. L'autorité fait élever à la hâte une modeste maison, près de la Seine, non loin de Saint-Julien, dans un lieu bas et humide. Par un sentier boueux et raboteux sont conduits à cet asile les pauvres malades, portés sur des civières ou traînés dans des tombereaux. Mais cette maison devient bientôt trop petite; des maisonnettes isolées les unes des autres sont construites pour recevoir les malades que le contrôleur de la peste bannit de la cité.

Les victimes du fléau sont si nombreuses qu'on les voit errer sous le portail des églises et chercher un abri sous les auvents des places publiques. Il en meurt dans les rues, dans les cimetières et aux portes des hôpitaux. Les cérémonies funèbres sont interdites, et chaque mourant ne reçoit en quittant cette vallée de larmes que de courtes prières. Les inhumations se font au milieu des ténèbres ; une grande fosse, toujours béante, est ouverte dans le cimetière de Notre-Dame-aux-Nonnains, et reçoit chaque nuit de nombreux cadavres.

Des scènes de violence, qui le croirait ? viennent encore attrister les sombres quartiers de la ville. On ne voit partout que sergents chassant dans sa rue le pauvre habitant qui veut se dérober aux atteintes du fléau ; on n'entend partout que les imprécations d'une foule ameutée contre des croque-morts qui, par malheur, ont lavé leur linge dans un des canaux de la ville. Les chiens, poursuivis par le tueur salarié, se réfugient dans les faubourgs, déterrent des cadavres au cimetière de Saint-Gilles, et les mettent en lambeaux.

La peste ne quitta la pauvre cité que dix mois après son invasion. Lorsque le calme se fut rétabli, que la mortalité devint moins terrible, on enleva du haut des portes et du sommet des tours le drapeau noir qui flottait pour éloigner les voyageurs de ces murs frappés de la malédiction divine (1). Mais hélas ! le fléau devait encore envahir bien des fois cette ville si célèbre au xvie siècle par ses artistes et par ses belles productions !

CONCOURS D'ARTISTES AU XIVe SIÈCLE.

Bien des gens se figurent encore la France d'autrefois couverte d'une foule de moines et de religieux armés de la truelle, ou de maçons non salariés qui, voués au travail pour l'amour de Dieu, auraient, en un mouvement d'enthousiasme, cons-

---

(1) *Recherches sur les anciennes pestes de Troyes*, par M. Th. Boutiot, in-8°, Troyes, 1857. — Archives de l'hôtel-de-ville de Troyes. Registres des *délibérations du Conseil de la ville*, 1429-1520.

truit tous ces édifices souvent si remarquables dont s'enor-
gueillissent non-seulement nos grandes villes, mais même
quelquefois les derniers hameaux. Malheureusement les ouvriers du temps passé, mariés et pères de familles plus nombreuses que les nôtres, avaient eux et leurs enfants besoin
de manger pour vivre. Cette nourriture coûtait de l'argent
comme aujourd'hui, et l'homme dont la main inspirée élevait
les voûtes et les clochetons de nos vieilles églises se faisait
payer comme un prosaïque maçon du xix° siècle (1). Le
Poëme des Miracles de Notre-Dame de Chartres, constate ce
fait dès l'an 1200. Les ouvriers ne travaillaient que parce
qu'ils avaient *bonne paie* et qu'ils la recevaient chaque jour (2).
Les moines ne s'occupaient que de la construction des églises
dont ils avaient la charge; mais, en revanche, ils défrichaient
les forêts, copiaient les livres de nos classiques, priaient pour
les nations, et partageaient avec les ordres mendiants l'enseignement scientifique et religieux qui élevait le peuple à sa
dignité morale, et qui tempérait les tendances anarchiques de
la féodalité.

Non-seulement l'église soldait largement ses ouvriers, mais,
lorsqu'elle voulait édifier de magnifiques monuments, elle appelait des artistes de toutes les contrées et ouvrait des concours. Guillaume de Sens eut l'honneur d'être ainsi choisi
pour présider à la construction des plus belles parties de la
cathédrale d'York (3). Plus tard, nous voyons à Troyes un
étranger, Henri de Bruxelles, présenter le dessin d'un jubé aux
bourgeois et aux ouvriers de la ville, et obtenir la faveur d'en
construire un dans l'église principale de cette cité. Henri fait
venir de Paris un habile architecte, nommé Henri Soudan, et
« marchande » avec lui le jubé. Le marché se conclut le 28

---

(1) *Voyage paléographique dans le département de l'Aube*, par
M. d'Arbois de Jubainville. Troyes, 1855, p. 48.

(2) Bibliothèque de l'amateur Champenois. *Construction d'une
Notre-Dame au* xiii° *siècle*. Paris, 1858, pag. 57.

(3) *Les artistes françois à l'étranger*, par Dussieux.

octobre 1382 ; les entrepreneurs doivent recevoir 25 sous
par semaine, et loger dans une belle et vaste maison. Mais les
chanoines exigent une caution que s'empressent de fournir nos
associés avec la belle-mère de Soudan, car à cette époque
beaucoup d'artistes entreprenaient d'importants travaux et ne
les achevaient pas (1).

Il paraît que les ouvriers au XIVe siècle ne se rendaient pas
toujours compte des travaux qu'ils marchandaient. Nous
voyons à Troyes un peintre-verrier, Guillaume *Brisetout*,
poser beaucoup de vitraux dans la cathédrale et disparaître
un beau matin sans nul souci de sa femme et de ses valets. Il
est vrai que son nom ne devait pas inspirer beaucoup de confiance, mais les chanoines pourtant satisfaits de son travail,
accordent une bonne somme à sa femme et excitent l'ardeur
de ses ouvriers en leur distribuant quelques sous (2).

A ce pauvre Brisetout succède en qualité de peintre-verrier
Jean de Damery qui entreprend d'importants travaux et se met
à l'œuvre avec quelques compagnons. Plus malheureux que
Guillaume, il expose ses vitraux aux regards des ouvriers et
des chanoines, et se voit poursuivi pour restituer les 24 livres
14 sous que le chapitre a bien voulu lui avancer. Son travail
est déclaré « non valable » et lui-même ne se tire d'embarras que par la protection d'un neveu de l'évêque Jean Braque,
qui promet au chapitre de le rembourser si le pauvre artiste
est insolvable (3).

---

(1) *Compte de l'église de Troyes*, 1375-1385. Archives de l'Aube.
(2) *Compte de l'église de Troyes*, 1578-1379.
(3) *Idem*, 1379-1380.

L'ABBAYE DE CLAIRVAUX AU XIIe SIÈCLE.

Fondée par saint Bernard dès l'an 1114, l'abbaye de Clairvaux acquiert une immense renommée sous cet illustre fondateur et sous ses premiers successeurs. Le vœu de chasteté y est si rigoureusement observé que les reines de France ne sont pas admises dans l'intérieur du monastère pour entendre même le sermon! La pauvreté y est si sévèrement prescrite, que le frère sur lequel on trouve deux deniers après sa mort est privé de la sépulture ecclésiastique. L'obéissance y est si strictement recommandée, que des verges attendent les délinquants. Le silence n'est jamais troublé que par le chant des louanges du Seigneur ou par le choc des instruments de travail.

L'office, qui ne comprend pas moins de sept parties, matines, prime, tierce, sexte, none, vêpres et complies, est chanté tous les jours à des heures différentes, et ne permet pas aux moines de réparer à leur aise leurs forces quelquefois épuisées par de rudes labeurs. Les cérémonies du culte ont un caractère d'austère simplicité qui contraste singulièrement avec la pompe habituelle des cathédrales. Les orgues, les pavés ornés, les vitraux peints et les bas-reliefs sont proscrits. La figure seule du Sauveur mourant sur la croix s'offre aux regards des pauvres moines. Les ornements de soie sont interdits même aux abbés; dans les grandes cérémonies, saint Bernard ne porte qu'une simple chasuble en coton! Le luminaire ne se compose que de cinq lampes, et le règlement est si fidèlement observé qu'il ne faut pas moins qu'une autorisation du Chapitre-Général de Cîteaux pour suspendre un cierge devant les reliques du saint fondateur de Clairvaux en 1220. Les tours doivent être en bois et les plus grosses cloches ne pèsent que 500 livres.

Les rois, les reines, les archevêques et les évêques sont

seuls enterrés dans l'église abbatiale. Le corps de saint Bernard n'y repose que par une exception. Dans le cimetière des religieux, une fosse commencée et une à moitié faite, à deux pas de la dernière fosse remplie, rappellent aux frères la sentence prononcée contre l'homme et les maintiennent dans le devoir.

Les moines entretiennent eux-mêmes leurs vêtements, font le service de la cuisine et se livrent aux travaux des champs. Ils pratiquent le drainage, engraissent un nombreux bétail, et essaient d'acclimater des races étrangères. A certaines heures, ils se réunissent dans des salles spéciales où ils écrivent des livres, mais avec défense de faire des lettres de plusieurs couleurs, de les orner de miniatures et de composer sans autorisation.

L'usage de la viande est totalement interdit à ceux qui ne sont point malades. Le pain grossier n'est qu'un mélange d'orge, d'avoine, de mil et de vesces. Les religieux ne prennent que deux repas, à midi et au coucher du soleil ; une collation est permise à ceux qui sont chargés d'un travail extraordinaire, ou aux jeunes frères qui ne peuvent attendre l'heure du dîner. Ces repas sont présidés par le prieur qui sonne la cloche pendant la récitation du *Miserere* et du *Benedicite*, donne le signal de la lecture et conduit les religieux à l'église où se disent les grâces. La nourriture des moines ne se compose que de deux plats par jour, d'une livre de pain et d'un litre de vin. Des pitances ou plats supplémentaires dus à la libéralité de nobles personnages sont accordés de temps en temps, principalement aux fêtes solennelles.

Les vêtements sont de laine commune et consistent en une tunique ou robe étroite à manches, en une coule ou robe plus large qui se place sur la tunique, en une ceinture, en bas et en souliers. Le lit ne se compose que d'une paillasse, de deux couvertures et d'un oreiller ; les draps ne sont point connus, mais il est bon d'ajouter que les moines couchent tout habillés, même avec leurs souliers. Des dortoirs non chauffés, même dans les hivers rigoureux, sont éclairés la nuit pour le maintien du bon ordre.

L'abbé, dont le nom signifie Père, est dans son monastère le représentant de Jésus-Christ; il nomme les fonctionnaires, inflige les punitions et accorde les dispenses, mais il est soumis à la règle et vêtu comme un simple moine. Chaque année, ce personnage se rend à Cîteaux pour assister au Chapitre-Général, chargé de veiller au maintien des maximes transmises par les saints fondateurs. Composé des chefs des différentes abbayes de l'ordre, revêtus de leur coule blanche, le Chapitre peut suspendre et déposer les abbés, et limite par son autorité suprême leur pouvoir déjà très-étendu.

Le *prieur*, comme son nom l'indique, est le second dignitaire de l'abbaye, le lieutenant de l'abbé qu'il supplée, lorsque celui-ci est absent, et dont il est le premier conseiller. Ses devoirs sont si nombreux qu'il a sous ses ordres un *sous-prieur*. Le *chantre* dirige la partie vocale du culte, prend soin des livres, écrit les rouleaux des morts, garde les archives et est aidé dans ses fonctions par le *sous-chantre*. Le sacristain sonne les cloches, s'occupe de l'éclairage, fait les hosties, ouvre et ferme les portes de l'église. Le *maître des novices*, vieillard vénérable, instruit de leurs devoirs ceux qui veulent entrer dans le monastère, et les présente après une année d'épreuve pour recevoir la bénédiction de l'abbé. Dans une

cellule, près de la porte, réside un moine; celui-là doit être à son poste depuis le lever du soleil jusqu'à la nuit close. Lorsqu'un étranger frappe à la porte, il doit lui répondre *Deo gratias*, lui ouvrir, le faire asseoir dans sa cellule jusqu'à l'arrivée de l'abbé ou du prieur, et le conduire à l'hôtellerie. Au *portier* appartient encore la distribution des aumônes de l'abbaye, des restes des repas et de la part des religieux nouvellement décédés.

Les malades sont soignés par un moine chargé de faire observer même le silence à l'infirmerie, de convoquer à coups de crécelle le couvent lorsqu'un frère meurt, et de préparer la bière. Les voyageurs sont reçus dans l'hôtellerie ; leurs pieds sont lavés par les moines et leur nourriture doit être fournie par la cuisine de l'abbé. Le *cellérier* commande les repas, fait les parts des religieux, reçoit les comptes des convers placés à la tête des exploitations agricoles, des usines et des ouvriers de l'abbaye. Sous ses ordres le *grangier* est spécialement chargé du soin des fermes.

Les moines, soumis à l'austère règle de saint Benoît, ne sont pas de misérables serfs des campagnes, mais des princes, des nobles, des archevêques et des évêques qui ont tout abandonné pour se placer sous l'autorité d'un abbé, vivre dans la pauvreté et se perdre aux yeux du monde dans la foule des frères. Et pourtant rien de plus dur que l'entrée dans une abbaye ! Le postulant, soumis à de rudes épreuves, n'était admis qu'au bout d'une année entière ; mais les austérités de la vie monastique pouvaient-elles effrayer ceux qui ne considéraient le jour de la mort que comme un jour de fête (1)?

---

(1) *Etudes sur l'état intérieur des Abbayes cisterciennes et principalement de Clairvaux, au* XIIe *et au* XIIIe *siècle,* par M. d'Arbois de Jubainville et M. Pigeotte. Paris, 1858. Ouvrage remarquable qui a obtenu la haute approbation de MM. Guizot, de Montalembert, de Laborde, Wallon....

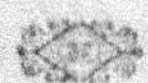

LE PREMIER LIVRE IMPRIMÉ EN CHAMPAGNE.

1483.

Fréquentée par une foule innombrable de gens de tous pays attirés par ses antiques foires, possédant depuis long-temps de florissantes papeteries, la ville de Troyes devait jouir de bonne heure des avantages de l'imprimerie. Si l'on en croyait Grosley, la capitale de la Champagne ne le céderait qu'aux seules villes de Mayence et de Bamberg, et aurait vu le règlement de ses foires sortir des presses d'un imprimeur établi dans son enceinte dès l'an 1464. Mais il en est de ce règlement comme de beaucoup de livres faussement invoqués par l'amour-propre de certaines villes.

Le premier livre dont la ville de Troyes puisse se glorifier sans aucune contestation des bibliophiles, est le Bréviaire du diocèse imprimé en 1483. Cette date, quoique tardive, n'en est pas moins glorieuse si l'on se rappelle que huit villes seulement en France possédaient des presses à cette époque, Paris, Lyon, Angers, Chablis, Toulouse, Poitiers, Caen et Vienne.

Ce Bréviaire, grand in-12, imprimé sur deux colonnes en caractères gothiques, commence par un calendrier de six pages, et ne contient pas moins de 355 feuillets, dont le dernier se termine par cette souscription :

Explicit breviarium secundum ecclesie trecensis usum bene visum necnon correctum. Impressumque Trecis atque completum vicesima quinta mensis Septembris anno Domini millesimo quadringentesimo octuagesimo tertio (1).

Ici se termine le bréviaire à l'usage de l'église de

---

(1) Bibliothèque impériale, B. 664, exemplaire seul connu.

Troyes, vu et corrigé, imprimé à Troyes, et achevé le 25e jour du mois de septembre, l'an du Seigneur mil quatre cent quatre vingt trois.

Longtemps la ville de Troyes a ignoré le nom de l'imprimeur de ce Bréviaire parce qu'il a gardé lui-même l'anonyme et qu'il n'a dû travailler que temporairement dans la capitale de la Champagne. Mais l'auteur des *Recherches sur l'imprimerie à Troyes* a démontré que ce précieux volume est sorti des presses ambulantes de Pierre Lerouge, qui, la même année, imprimait à Chablis le bréviaire du diocèse d'Auxerre dont les caractères sont identiques à ceux du bréviaire troyen (1).

Pierre Lerouge était établi dès 1478 à Chablis, et y imprimait *le livre des bonnes mœurs* de Jacques Legrand. Cinq ans après, le 24 avril 1483, il achevait l'impression du Bréviaire d'Auxerre, et se rendait à Troyes pour y imprimer celui du diocèse. Séjourna-t-il longtemps dans cette ville alors si florissante, ou y laissa-t-il ses fils Guillaume et Nicolas Lerouge comme quelques bibliophiles le prétendent? Nous l'ignorons, mais nous pouvons constater l'existence d'une imprimerie en 1486. Troyes fait imprimer cette année *cinq cents copies des lettres d'octroy des deux foires pour les envoyer ès Allemaines* et donne à l'imprimeur l'énorme somme de 6 livres 11 sous 8 deniers « compris les cinq sous pour le vin (2). »

Pierre Lerouge, les années suivantes, résidait à Paris, où il imprime les Heures de la Vierge et *la Grande mer des Histoires*. Plus tard il s'associe avec Vérard et prend le titre d'imprimeur du roi.

Guillaume Lerouge imprime à Troyes, en 1492, les *postilles et expositions des espitres et euvangiles dominicales*

---

(1) *Recherches sur l'imprimerie à Troyes*, par M. Corrard de Breban. Troyes, 1851, p. 4.

(2) *Comptes de l'œuvre de l'église de Troyes.* Troyes, 1855, pag. 69. Archives de l'hôtel-de-ville de Troyes.

avecques celles des festes solennelles... Ce volume, petit in-folio, gothique, sur deux colonnes, se compose de 233 feuillets dont le dernier se termine par cette souscription :

Si finissent les postilles... Imprimées à Troyes par Guillaume Lerouge, imprimeur de livres, et furent achevées le pénultième jour du mois de mars, MIL CCCC QUATRE VINGT ET XII (1).

HENRI DE LA TOUR, VICOMTE DE TURENNE, A SEDAN,

ou

LE SINGULIER CADEAU DE NOCES.

Guillaume, duc de Bouillon, prince souverain de Sedan, avait laissé ses Etats à sa sœur Charlotte de la Marck. Henri de la Tour d'Auvergne, vicomte de Turenne, fut choisi par Henri IV pour épouser cette jeune princesse et pour recueillir son riche héritage. Il épousa donc Charlotte le 11 octobre 1591, en présence même du roi de France et au milieu de fêtes splendides. Le soir de cette belle journée, Henri de la Tour voulut témoigner toute sa gratitude à son protecteur et lui prouver qu'il n'était pas indigne de ses faveurs. Lui offrira-t-il quelques pièces de vers, ou des coursiers des Ardennes? Le nouveau marié délibère longtemps, lorsqu'il se rappelle que le duc de Lorraine tient en son pouvoir la ville de Stenay. Il veut surprendre le vieux ligueur, lui enlever Stenay et se débarrasser par cet exploit d'un voisin dangereux.

---

(1) *Les Archives curieuses de la Champagne et de la Brie,* Paris, Techener, 1853, pag. 97.

Tandis que de nombreux convives se réjouissent dans la salle du festin, Henri se retire dans une salle du château, appelle à lui quelques gentilshommes, et leur communique son dessein. Tous applaudissent et se préparent secrètement à cette expédition nocturne. Huit heures sonnent; de joyeuses fanfares retentissent dans le château, le roi vient d'ouvrir le bal. Turenne sort furtivement de la salle, ses compagnons disparaissent successivement et revêtent leurs pesantes armures. Deux cents cavaliers les attendent silencieux au pied de la tour de Jamets; le calme le plus profond règne dans la ville de Sedan, personne ne soupçonne l'entreprise de ces vaillants soldats, pas même les nombreux émissaires du duc de Lorraine. Turenne apparaît bientôt, monté sur un magnifique coursier, revêtu de ses armures étincelantes.

— Amis, dit-il à sa belliqueuse troupe, je vous ai appelés pour venir avec moi, chez le duc de Lorraine, cueillir un bouquet pour le roi; j'ai compté sur vous et vous ai choisis pour que vous m'aidiez à le rapporter digne de notre généreux prince.

A ces mots, la joie éclate sur les visages, et la petite troupe s'éloigne de la ville.

Deux heures cependant s'écoulent; la jeune princesse se retire dans ses appartements. Le roi demande Turenne pour le conduire lui-même dans la chambre nuptiale, mais le vicomte chevauche sur la route de Lorraine. Des hommes parcourent toutes les parties du château, pénètrent dans les étages supérieurs de la tour des Princes et de celle de Jamets, dans les souterrains et dans les quartiers de la garnison. Personne ne découvre la trace de Turenne. L'alarme se répand dans le château, la plus vive inquiétude se peint sur tous les visages, les danses sont suspendues et le son des instruments cesse de retentir.

La jeune princesse, dans l'âme de laquelle personne n'ose jeter l'effroi, soupçonne bientôt l'absence de son époux. D'affreuses images la poursuivent au milieu du silence de la nuit; elle croit voir le corps ensanglanté de Turenne surpris par les ligueurs, la ville de Sedan elle-même tombée sous la domination de ses ennemis. L'aurore cependant paraît; de nobles personnages se rendent dans sa chambre pour lui adresser quelques paroles de consolation, mais la pauvre Charlotte, troublée par de lugubres visions, fond en larmes, lorsque tout à coup la voix du duc retentit dans les vastes corridors du château. A la douleur succède la joie, mais une joie si vive que la princesse tombe évanouie dans les bras de ses suivantes. Turenne, à la vue de son épouse, se reproche la légèreté de sa conduite, les alarmes qu'il a répandues dans le château. La princesse revient cependant à elle; Turenne lui apprend qu'il s'est emparé de Stenay dont il lui montre les clefs, et ajoute, en protestant de son affection, qu'il n'a gardé le secret que pour offrir un présent plus agréable au roi.

Le vicomte se rend, quelques minutes après, dans les appartements de son monarque, et lui présente les clefs de Stenay. Henri IV, qui ne s'attendait nullement à ce cadeau singulier, l'accepte avec joie.

— Ventre-saint-gris! s'écrie-t-il, je serais bientôt maître de mon royaume, si tous les nouveaux mariés me faisaient de pareils présents de noces!

Henri IV ne séjourna pas longtemps au château de Sedan. L'escorte d'élite qui l'avait accompagné brûlait du désir de combattre pour lui, et les troupes sedanaises voulaient lui prouver qu'elles étaient dignes d'être commandées par un prince valeureux. Le roi profita donc de ces bonnes dispositions pour s'emparer de quelques places (1).

------

(1) *Histoire de l'ancienne principauté de Sedan*, par J. Peyran, t. I, pag. 293. Sedan, 1826.

LA BIBLE DE SAINT BERNARD A LA BIBLIOTHÈQUE DE TROYES.

Parmi les manuscrits précieux que possède la Bibliothèque de Troyes, on doit surtout citer la célèbre Bible de saint Bernard. L'écriture de cette Bible appartient réellement au XIIe siècle, et des témoignages authentiques prouvent qu'elle fut la propriété de celui qui fut le dominateur de son époque. L'inventaire de l'abbaye de Clairvaux, dressé par ordre de l'abbé Pierre de Virée, et résumant les autres en 1472, termine le numéro qui concerne ce livre précieux par ces mots : *C'est la Bible de Monseigneur saint Bernard* (1). Lorsqu'on ouvre cette Bible et qu'on en parcourt le premier volume, on est frappé de voir sur toutes les marges les traces irrécusables de longs travaux. Or, qui ne sait que l'illustre docteur du XIIe siècle ne se nourrissait que de la Bible et ne se désaltérait que de l'Evangile, selon la belle expression de son premier biographe? Ouvrez le *Cantique des cantiques*, opuscule de deux feuillets dans le manuscrit, et il vous semblera voir encore attachée la main vénérable qui les a usés, lorsque l'ange terrestre du XIIe siècle puisait quatre-vingt-six sermons dans l'œuvre admirable de Salomon.

La Bible de saint Bernard est un in-folio de 32 centimètres de hauteur sur 24 de largeur, et se compose de deux volumes dont le premier comprend 261 feuillets, et le second 254. L'écriture est une minuscule régulière, sur deux colonnes, avec des initiales peintes, quelquefois dorées et historiées.

---

(1) A 28... item une aultre Bible très-belle et bien escripte, Bible en II moyens volumes. Laquelle Bible est très-bien enluminée, et en margey sont signees les leçons que on list en l'église, et dit-on que c'est la Bible de Mons. sainct Bernard. *Bibliothèque de Troyes*, manuscrit 2499.

Cette Bible comprend : la Genèse, l'Exode, le Lévitique, les Nombres, le Deutéronome, le livre de Josué, celui des Juges, les quatre livres des Rois, Isaïe, Jérémie, Baruch, Ezéchiel, Daniel, les petits Prophètes, les Psaumes, les Proverbes, l'Ecclésiaste, le Cantique des cantiques, la Sagesse, l'Ecclésiastique, Job, les Paralipomènes, le livre d'Esdras, le livre de Néhémie, celui d'Esther, de Tobie, de Judith, les deux livres des Machabées, les quatre Evangiles, les Actes des Apôtres, l'Epître de saint Jacques, les deux Epîtres de saint Pierre, les trois Epîtres de saint Jean, celle de saint Jude, les Epîtres de saint Paul et l'Apocalypse.

Sur le recto de la garde, au commencement du premier volume, vous pouvez lire ces mots écrits en caractères gothiques du XIIIe siècle :

Pars prima Biblie beati Bernardi, abbatis Clarevallis.

Cette inscription se trouve répétée au-dessus en minuscules. Au verso de cette garde, six lignes alternativement rouges et noires, en lettres capitales, servent de titre à la lettre de saint Jérôme, qui commence à la page suivante. Dans la lettre F, initiale de cette épître, saint Jérôme est représenté sur un fond d'or, assis sur un siège pliant, revêtu d'habits pontificaux, la mitre en tête et travaillant sur la Bible ouverte devant lui. Plus loin l'I, première lettre de la Genèse, occupe toute la hauteur de la page et renferme quatre petits tableaux représentant la formation de l'homme, la naissance de la femme, la désobéissance de nos premiers parents, et leur expulsion de l'Eden.

Le premier volume contient 21 lettres historiées, et le second 43. La sainte Trinité est représentée deux fois ; le Père occupe le dernier rang, et le Saint-Esprit le premier. Mais on sait que cette disposition est celle qu'on remarque sur les vitraux sur lesquels les légendes se déroulent de bas en haut (1).

----

(1) *Mémoires de la Société d'Agriculture, des Sciences, Arts et Belles-Lettres de l'Aube*, t. XI, 1842-1843.

Telle est cette Bible si précieuse par la sainteté de celui qui l'a possédée, et dans laquelle il puisa cette force qui en fit un des hommes les plus éminents du christianisme. Dijon longtemps s'est vanté de posséder le bréviaire de cet illustre abbé, mais un archiviste distingué a démontré l'absurdité de cette prétention (1).

UN COMTE LIBÉRAL EN CHAMPAGNE AU XIIᵉ SIÈCLE.

Parmi les nobles seigneurs qui gouvernèrent la Champagne, nul ne fut plus libéral que le bon Henri Iᵉʳ surnommé le Large. Il fonda, dit-on, tant d'églises et dota tant de couvents que souvent ses coffres restèrent vides. Mais il paraît que ses officiers n'imitèrent point son noble exemple, et que, loin de répandre des largesses, ils amassaient de beaux deniers pour acheter de vastes domaines : témoin cet Artaut qui fit élever le superbe castel qui porte son nom, et dont la cupidité était même encore proverbiale au temps de Joinville.

Un jour, le comte Henri descendait de son palais pour se rendre à Saint-Étienne, où chaque matin il assistait à la messe, lorsqu'un pauvre gentilhomme, accompagné de ses deux filles, vint se mettre à genoux devant lui. Le noble comte, qui ne s'attendait nullement à cette singulière visite, s'arrête et demande au gentilhomme ce qu'il veut.

— Sire comte, balbutie celui-ci, je viens vous prier de

<hr>

(1) *Mémoires de la Société Académique de l'Aube*, nᵒˢ 15 et 16. 1856.

Pièces curieuses et inédites relatives à l'histoire de l'abbaye de Clairvaux, Bibliophile de l'Aube, 1ʳᵉ livraison, pag. 58, 1856. Troyes.

me donner quelque chose pour que je puisse marier mes deux filles qui sont devant vous.

Artaut, qui marchait derrière le comte, se récrie contre l'impolitesse du gentilhomme, et lui déclare que son souverain a tant distribué d'aumônes qu'il ne possède plus un denier.

— Par saint Etienne, mon glorieux patron! reprend vivement Henri, tu en as menti, sire vilain! Il est bien vrai que mes coffres sont vides, mais je puis encore donner.

— Monseigneur, ajoute humblement Artaut, je sais que vos domaines sont vastes et que vous recevez de belles sommes, mais...

— Tais-toi, s'écrie le comte, touché des larmes des jeunes filles que cette étrange scène émouvait, tu seras chargé de doter celles qui sont devant toi, et si tu ne veux pas délier les cordons de ta bourse, ce gentilhomme saura bien te châtier de ta cupidité, car dès ce moment tu deviens son homme. A ces mots, le pauvre suppliant se relève, saisit Artaut par sa chape, et ne le délivre de ses étreintes que lorsqu'il consent à lui bailler cinq cents livres. (1)

Un autre jour, Henri voulut tenir cour plénière et recevoir les chevaliers, les dames et les écuyers de tout son voisinage. Le sénéchal eut donc l'ordre de ne point fermer les portes ce jour-là, et de dresser beaucoup de tables chargées de mets. Artaut obéit, mais en murmurant bien bas et en blâmant la prodigalité de son maître. Chacun s'était mis à table et savourait les excellents mets, lorsque parut un bouvier qui revenait des champs et dont les vêtements étaient fort négligés. Cet homme s'approche du sénéchal et lui demande une place pour prendre part au banquet. Artaut, dont la mauvaise humeur était excitée par les largesses du comte, allonge de toute sa force un coup de pied au pauvre homme, et le prie d'accepter

(1) *Histoire de S. Loys, roi de France, par Jehon, sire de Joinville,* Paris, 1850, in 16. T. 1, pag. 67. Bibliothèque choisie sous la direction de M. Laurentie.

ce siège. Le bouvier se récrie ; le sénéchal, craignant les reproches de son souverain, fait asseoir le manant, et lui sert quelques mets.

Bientôt au splendide festin succèdent des divertissements variés. Le comte fait entrer dans une immense salle des ménétriers et des jongleurs, et promet sa belle robe d'écarlate à celui qui excitera le plus bruyant éclat de rire. Les jeux et les tours commencent, la salle retentit de joyeux cris lorsque paraît le bouvier Raoul, serviette en main et le sourire sur les lèvres. Notre homme s'approche du sénéchal qui se trouvait derrière le comte, et lui lance un tel coup de pied que le pauvre officier tombe. A cette vue, les gens du palais se précipitent sur le vilain, et veulent l'emmener pour le châtier de son insolence lorsque le comte l'interroge lui-même et lui demande le motif de sa brutalité.

— Monseigneur, répond Raoul, des gens m'ont dit que vous aviez invité tous vos serviteurs et sujets à faire aujourd'hui bonne chère. Je me suis rendu à votre bienveillant appel ; mais n'ayant trouvé aucun siège, j'ai prié votre sénéchal de m'en procurer un. Cet homme fort poli m'a fait présent d'un coup de pied en me disant qu'il me prêtait celui-là. Je n'ai pas voulu devoir quelque chose à votre sénéchal, je lui ai rendu son siège, parce que, quoique pauvre, j'ai de la conscience.

A ces mots, le comte et les spectateurs se mirent à rire si fort que la robe fut adjugée au bouvier Raoul. (1)

---

(1) *Les Fabliaux du moyen-âge* colligés par J. Loiseau. Paris, 1848, pag. 14.

SAINTE GERMAINE, PATRONNE DE BAR-SUR-AUBE.

Au temps où les bandes farouches des Vandales renversaient les basiliques et les lieux consacrés au Seigneur, sur la colline qui dominait *Segessera* (1), vivait une jeune fille d'une exquise beauté, nommée Germaine. Une pureté angélique resplendissait sur les traits de cette vierge pleine de vertu. Un saint prêtre qui vivait sur la montagne l'engageait fréquemment à fouler aux pieds les plaisirs fugitifs de ce monde. Se conformant à l'instinct de son âme et aux conseils de l'homme de Dieu, Germaine offrit au céleste époux l'humble hommage de son corps et de ses sens. Dès lors la céleste fiancée se préparait par les jeûnes et par les prières aux noces éternelles de l'Agneau. Seule avec son vieux père, veuf depuis longtemps, la jeune enfant fut privée de bonne heure du doux nom d'une mère. Mais son bon père, homme d'une rare piété, versait dans son âme tout ce qu'il y avait dans la sienne de foi vive, d'ardente espérance et de généreuse charité. Elle se plaisait à aller puiser à la fontaine qui depuis a reçu son nom, une onde pure pour l'usage des autels. Chaque jour, elle portait au saint prêtre de la montagne l'eau nécessaire pour le culte divin (2).

Plus tard, lorsque la piété publique voulut ériger sur la montagne une basilique à saint Etienne, premier martyr, Germaine voulut y contribuer selon ses faibles forces. On la vit fournir aux travailleurs autant qu'elle pouvait l'eau qui leur était nécessaire. L'art l'a représentée tenant dans ses mains deux vases, touchant emblème du soin avec lequel elle remplissait l'auguste fonction de pourvoyeuse des autels. Les

---

(1) Bar-sur-Aube.

(2) *Histoire de sainte Germaine, vierge et martyre, patronne de Bar-sur-Aube*, par Emile Blampignon. Troyes, 1855.

vieilles chroniques se complaisent même à lui donner le nom de *Diaconesse*. La basilique achevée, Germaine travaille à étendre le royaume de Dieu dans les âmes. Elle embrase Honorée sa jeune parente des feux sacrés dont elle est consumée. Ces deux sœurs de la terre traversent souvent les sentiers champêtres qui séparent leurs demeures, s'excitant mutuellement à la pratique des vertus chrétiennes.

Un bruit sinistre se répand bientôt dans la contrée ; les Vandales, dévastant les villes et les bourgs, arrivent au pied des murs de Segessera. Quelques-uns même se reposent sur les rives de l'Aube, près de la montagne. Germaine venait, selon sa pieuse coutume, puiser de l'eau à la fontaine qui jaillit du flanc de la colline. Les barbares l'aperçoivent et se précipitent sur cette innocente proie pour assouvir leurs passions et leur cruauté. Mais la vertu d'en haut, qui resplendit sur l'auguste front de l'humble fille de Bar, arrête ces hommes indomptables. Bientôt tout est employé, tout est mis en œuvre pour arracher la chrétienne à sa foi, la vierge à son vœu. Germaine se rit des menaces et méprise les promesses. La fureur éclate sur le visage du chef de cette troupe féroce, Germaine élève ses yeux vers le ciel, et puise dans une fervente prière une force surnaturelle. Vaincu par cette jeune fille, le tyran prononce une sentence ; des satellites entraînent Germaine, qui loue le Seigneur de ce qu'il a bien voulu conserver la fleur de son innocence, et de ce qu'il a daigné la faire triompher du tyran. Le glaive se lève sur la jeune vierge, sa tête tombe ; mais sa belle âme prend son essor vers les cieux pour s'unir éternellement à son divin époux.

Dès que sa tête fut tombée, disent les actes de son martyre, les bourreaux s'en allèrent rejoindre leur chef, vomissant de grossières injures contre leur innocente victime ; mais Dieu permit que Germaine portât elle-même un assez long espace sa tête vénérable, et qu'elle s'affaissât doucement, semblant attendre une sépulture chrétienne.

A la nouvelle de cette glorieuse mort, l'homme de Dieu et les fidèles de la montagne, tout en larmes, coururent vers le précieux corps de leur chère concitoyenne, le recueillirent avec amour et l'ensevelirent religieusement dans la basilique de Saint-Etienne, dans les lieux sanctifiés par les vertus, le zèle et les prières de la vierge. Ceci se passait le 19 janvier 406 (1).

Longtemps après, l'église de Saint-Etienne menaça ruine ; les clercs et les fidèles, portant le chef révéré de leur patronne, allèrent solliciter des aumônes dans les bourgs voisins. Les malades et les infirmes qui recoururent à la protection de sainte Germaine furent guéris. Deux fois au XIe siècle l'incendie se retira même devant la relique sacrée. Des religieux Bénédictins de Saint-Claude vinrent s'établir sur la montagne pour garder les précieux restes de la sainte. Simon, comte de Crespy, de Mantes et de Bar-sur-Aube, fit élever une vaste église dont Regnard, évêque de Langres, vint lui-même faire la dédicace, le premier dimanche de mai 1073.

Le voyageur ne trouve plus aujourd'hui sur la montagne qu'une humble chapelle, quelques pans de murailles et quelques pierres dispersées. L'église et le monastère, tout a disparu, jusqu'aux saintes reliques de Germaine, brûlées en 93, et dont il ne reste que de faibles parcelles conservées dans les églises de Bar-sur-Aube et de Proverville. Mais ajoutons que le nom de sainte Germaine vit encore dans le cœur des habitants de cette contrée, et que de temps en temps des pèlerins vont invoquer dans son humble chapelle la pieuse vierge, proclamée depuis bien des siècles la *patronne de Bar-sur-Aube.*

---

(1) Bibliothèque impériale. *Officium sanctæ Germanæ*, XIe siècle.

LES GRANDS JOURS DE TROYES.

L'origine des Grands Jours de Troyes, nommés quelquefois de Champagne, remonte à la dernière moitié du XIIe siècle, lorsque les comtes de notre province étendaient leur puissance sur une noblesse brillante, et propageaient au loin leur renommée. La cour des Grands Jours, siégeant toujours à Troyes, dès l'an 1234, se composait de notables personnages, tels que le seigneur de Grancey, le trésorier du Poitou, des frères de la milice du Temple, l'évêque de Senlis, l'archidiacre de Chartres et le doyen de Sens. Le sénéchal de Champagne semble en avoir été le président. Instituée pour réprimer la turbulence des grands vassaux, cette cour protège fortement les faibles contre leurs oppresseurs, et force les seigneurs à se donner *l'assurance* qu'ils ne se nuiront point. De gros gages sont accordés à ceux qui tiennent les grands jours; le sénéchal de Champagne, Monseigneur Jean de Joinville, ne reçoit pas moins de 40 sous par jour en 1284, somme énorme si l'on se rappelle qu'un architecte de la cathédrale de Troyes ne gagnait, en 1380, que 25 sous par semaine.

Les rois ne suppriment point cette sage institution, lorsque la Champagne entre dans leur domaine; mais le Parlement de Paris peut réformer des arrêts rendus par les maîtres des Grands Jours, choisis depuis cette époque parmi ses membres. Ceux-ci, accompagnés d'officiers subalternes, d'un chancelier, et surtout de notaires pour expédier les lettres, se rendent chaque année de Paris à Troyes, et y proclament, en présence des sept comtes pairs de Champagne, les volontés royales traduites en forme de lois ou de réglements pris par les délégués du souverain. Le 31 octobre 1535, nous les voyons même rendre un arrêt concernant les saillies, étaux et auvents, qui doivent être supprimés dans la ville de Troyes, et interdire toute réunion aux maçons et aux charpentiers qui excitent quelque trouble. L'an 1583, cette brillante cour, présidée par M. de Morsan, conseiller d'Etat, compte parmi ses membres Etienne Pasquier, noble et digne figure du xvie siècle, dont les écrits nous révèlent l'affection dont il honorait Pierre Pithou de Troyes, Amadis Jamyn de Chaource et quelques autres Champenois (1).

Avec Louis XIV, l'institution des Grands Jours fut complètement abandonnée, parce que la noblesse féodale, affaiblie par Louis XI et décimée par Richelieu, avait rendu le dernier soupir.

DEUX NOTRE-DAME EN CHAMPAGNE.

Notre-Dame-du-Chêne, près Bar-sur-Seine.

Beaucoup de gens qui se qualifient *d'esprits forts* ne croient pas aux différentes apparitions de la sainte Vierge, et se récrient lorsqu'on leur parle d'une statue miraculeuse de celle que tous les siècles ont proclamée *la santé des infirmes* et *le refuge des pécheurs*. A ces hommes superbes nous dirons que notre poétique Champagne compte plusieurs *Notre-Dame* merveilleuses, et que le temps des pèlerinages revient. Les grâces nombreuses obtenues au pied d'antiques statues ont révélé la toute-puissance de Marie, et le nombre des pèlerins du xixe siècle atteste que les âges qui nous ont précédés marchaient dans la voie du véritable progrès.

Parmi les *Notre-Dame* célèbres de la Champagne, nous citerons d'abord celle que tous les habitants du département de l'Aube visitent sur la montagne qui couvre Bar-sur-Seine à

____

(1) *Recherches sur les Grands Jours de Troyes*, par M. Boutiot. Troyes, 1852.

l'occident, et qu'on appelle *Notre-Dame-du-Chêne*. La tradition rapporte que, dans un chêne, des bergers découvrirent une statue de la sainte Vierge, et que les fidèles, attirés par la vertu puissante de cette image, formèrent avec quelques arbres environnants une petite chapelle suffisamment close pour abriter ceux qui venaient rendre hommage à la reine des cieux. Il paraît même que le clergé de Bar-sur-Seine voulut un jour transporter dans sa belle église l'image de Notre-Dame, mais que cette image disparut de l'église, et se retrouva sur le chêne où les bergers l'avaient découverte. Quoiqu'il en soit, les pèlerins fréquentèrent la verdoyante chapelle, et obtinrent des faveurs si grandes que, dès 1669, l'administration municipale de Bar-sur-Seine demandait la concession du terrain pour élever un édifice. Mademoiselle Anne-Marie-Louise d'Orléans, comtesse de Bar-sur-Seine, s'empressa de permettre l'érection d'une chapelle dans ses bois, à condition « de n'abattre ou faire aucun dommage. »

L'édifice s'éleva rapidement; le 8 septembre de cette même année, les pèlerins accoururent en si grand nombre, que plus de six mille s'agenouillèrent autour de la chapelle (1). Des crosses et des béquilles suspendues aux murailles sont les preuves les plus sensibles de l'intercession de *Notre-Dame-du-Chêne*. Lefrançois, homme peu *fanatique*, raconte même que, le 25 juillet 1758, « les blés germaient sur pied, et que la désolation s'était répandue partout. Les habitants de Bar-sur-Seine sortirent de leur église et se rendirent processionnellement à Notre-Dame-du-Chêne, sans nul souci d'une pluie qui dévastait les campagnes. L'abbé Autrand avait à peine descendu la Vierge sur l'autel que le temps redevint serein. La récolte fut abondante, et tous proclamèrent, les larmes aux yeux, la puissance de leur bonne Dame. » On dit que Louis XI vit cette sainte statue; mais il est certain que l'empereur d'Autriche, François II, visita la chapelle en 1814, et que les parcelles du chêne miraculeux qui se donnent en grande

---

(1) *Annuaire de l'Aube* pour 1859, p. 155.

quantité ne diminuent nullement le volume de cet arbre qui compterait, dit-on, près de sept cents ans.

La chapelle de *Notre-Dame-du-Chêne* est un modeste sanctuaire précédé d'une galerie. Un rétable dérobe le chêne à la vue des fidèles, et ne laisse voir à travers un grillage que l'image vénérée. Espérons qu'une église s'élèvera plus tard sur cette montagne privilégiée, et que le chêne monumental sortira de son obscurité. Ajoutons que des vitraux ont été donnés au XVII° siècle par de pieux personnages représentés à genoux. On y lit encore le nom de M° Henault, qui fit restaurer la sainte chapelle (1).

Beaucoup d'hommes convoitent des titres de noblesse, achètent d'immenses propriétés pour conquérir quelque gloire ; mais combien dédaignent l'honneur de léguer aux siècles un éclatant témoignage de leur foi par le don d'une verrière !

---

(1) *Le Pèlerin de Notre-Dame-du-Chêne à Bar-sur-Seine*, par M. Tridon. Bar-sur-Seine, 1857. *Histoire de Bar-sur-Seine*, par L. Coutant, T. I, pag. 366. Bar-sur-Seine, 1855.

Notre-Dame-de-l'Epine, près Châlons-sur-Marne.

Plus célèbre, *Notre-Dame-de-l'Épine* doit également son origine à la découverte d'une merveilleuse statue de la sainte Vierge, qui manifesta sa présence dans un buisson d'épines par une éblouissante clarté. On sait que Dieu se communique surtout aux simples, et que des bergers eurent l'honneur d'être convoqués les premiers au berceau de l'Enfant-Jésus. Pourquoi s'étonner si de pauvres pasteurs sont appelés dans les siècles du christianisme à constater la miraculeuse présence de Marie? Aperçue des villages voisins, la vive clarté qui s'échappait du buisson d'épines attira bon nombre d'habitants avec leurs curés ; la statue merveilleuse fut solennellement portée dans l'humble chapelle d'un petit hameau dépendant de la paroisse de Melette, où des pèlerins accoururent de toute la Champagne, versant aux pieds de Marie de grosses offrandes pour lui élever une église digne d'elle. Ceci se passait en 1400, c'est-à-dire dans un temps où les Anglais commençaient à piller le beau royaume de France, quelques années avant la démence du pauvre Charles VI (1).

Un habile architecte anglais, nommé Patrice, fut chargé de la construction de l'édifice, et s'engagea pour la somme de six cents francs à bâtir le portail et les deux tours. Les pierres, le bois et les autres matériaux furent fournis ou transportés gratuitement par les habitants de Melette et de Courtisols, de sorte qu'en 1429 le portail et l'une des tours étaient achevés. Patrice, qui venait d'apprendre le sacre de Charles VII et les exploits de Jeanne Darc, s'enfuit avec l'argent qu'il avait reçu « pour la confection des deux tours. » Le roi de France offrit aux marguilliers une somme consi-

---

(1) *Mémoires historiques de la province de Champagne*, par Baugier. T. I, p. 271. Châlons, 1721.

dérable avec laquelle s'éleva la seconde tour dont le clocher fut surmonté d'une couronne royale. Les travaux furent bientôt continués jusqu'à la chapelle de Saint-Jean, c'est-à-dire, jusqu'à l'endroit même où la miraculeuse statue avait manifesté si merveilleusement sa présence. Pierre Robert, religieux de l'abbaye de Toussaint de Châlons, et curé de Melette, obtint la translation de son église dans celle de *Notre-Dame-de-l'Épine;* ses paroissiens l'y suivirent avec empressement, et fondèrent en quelques années le village de l'Épine (1).

Des pèlerins plus nombreux encore vinrent dans cette nouvelle église. La ville de Châlons et Verdun lui donnèrent de précieuses reliques, et le duc de Lorraine fournit les cloches. Louis XI, qui, dans la prison de Péronne, n'avait pas oublié sa puissante protectrice, se rendit à Châlons en 1472, et visita Notre-Dame-de-l'Épine, sur l'autel principal de laquelle il déposa lui-même douze cents écus d'or. Cette belle église fut achevée vers l'an 1529, par un habile architecte, Antoine Guichard, qui se qualifie du modeste titre de *maçon.* Des bourgeois de Châlons la décorèrent d'admirables verrières dont quelques-unes portent encore le nom des pieux donateurs. Les seigneurs de Châtillon, plus tard, entreprirent de détruire l'église que visitaient chaque année des pèlerins accourus de toutes les contrées; mais ces mécréants furent repoussés par le seigneur de Courtisols, auquel s'étaient joints les jeunes gens des villages voisins. Les verrières furent seules endommagées, à l'exception de celle qui représente l'histoire merveilleuse de Notre-Dame-de-l'Épine.

Semblable à la délicieuse basilique de Saint-Nicaise de Reims, l'église dont nous venons de parler excite encore de nos jours l'admiration des étrangers. « C'est une surprise étrange de voir s'épanouir superbement dans les champs, qui nourrissent à peine quelques coquelicots étiolés, cette splen-

---

(1) *Essai chronologique et statistique du canton de Châlons,* par M. Chalette, pag. 25.

dide fleur de l'architecture gothique (1). On sent que, sur l'emplacement de cette cathédrale, sans ville, sans village, sans hameau pour ainsi dire, de merveilleux faits ont dû s'accomplir, et que la foi seule, reconnaissante de quelques bienfaits, a lancé ces tours mystiques vers les cieux. Le portail avec ses trois vestibules étale de ravissantes sculptures et de splendides scènes de l'Evangile. Le miracle de la statue y est représenté dans tous ses détails, depuis les agneaux, attirés par un instinct merveilleux vers le buisson, jusqu'aux bergers timides, qui viennent déposer leurs hommages aux pieds de la reine du ciel. Roses, galeries à jour, fenêtres ouvragées, Notre-Dame-de-l'Épine porte l'admirable empreinte des siècles qui l'ont élevée. Ornée de soixante et une verrières, d'un jubé, de sept belles chapelles, cette majestueuse basilique offre aux regards du touriste des gargouilles particulièrement compliquées, et représentant les péchés capitaux ou quelques laides figures (2).

Notre-Dame-de-l'Épine n'attire plus les pèlerins de la Champagne, mais ses sculptures et ses verrières indiquent encore son origine; son jubé porte la miraculeuse statue de la Vierge découverte dans un buisson par les bergers. Ces souvenirs ineffaçables exciteront bientôt la piété des fidèles, et de toutes les bourgades sortiront de fervents chrétiens qui proclameront partout la puissance de *Notre-Dame-de-l'Épine.*

---

(1) *Lettres sur le Rhin*, par Victor Hugo. T. I, p. 57, in-12.

(2) *Description de Notre-Dame-de-l'Épine*, par Pavillon-Piérard de Reims. Châlons, 1825.

LES AIEUX DU GRAND COLBERT.

Quatre villes se sont vivement disputé le berceau de Colbert, l'une des gloires du siècle de Louis XIV : Paris, Troyes, Reims et Rethel prétendent que ce génie fécond naquit dans l'enceinte de leurs murailles et vous montreraient la maison de ses ancêtres. Il est bien vrai que des médailles et des biographies plaident en faveur de Paris ; que des lettres de commerce, des papiers de famille et des livres imprimés soutiennent les prétentions de Troyes, et que Rethel ne manque ni de titres, ni surtout d'arguments pour appuyer ses allégations. Mais depuis quelque temps on a fait justice de ces prétentions, et Reims seul peut à juste titre compter Colbert parmi les grands hommes qu'il a produits.

Gérard Colbert, bourgeois de Reims au XVIᵉ siècle, épousa Jeanne Thierry, fille de Oudart Thierry, receveur de l'archevêché, et eut cinq enfants, dont le cinquième fut Gérard Colbert. De ce Gérard naquirent six enfants, dont le second, Oudart Colbert, fonda dans la capitale de la Champagne une importante maison de commerce, et dont le troisième, Jean Colbert de Terron, contrôleur général des gabelles à Reims, devient l'aïeul de Jean Colbert, si célèbre sous le glorieux règne de Louis XIV.

On a conservé l'extrait de naissance de ce grand ministre que M. Louis Paris a transcrit, *mot pour mot, lettre pour lettre*, sur les registres de la paroisse Saint-Hilaire :

« An 1619, 29 août. — Ce mesme jour, Jehan, fils de Nicolas Colbert et de Marie Pussot : parin, Maurice Charles Colbert, conseiller au siége présidial de Rheims, — marine, Marie Bachelier, vefve de feu M. Jehan Colbert (1). »

---

(1) *Remensiana. Historiettes, légendes et traditions du pays de Reims*, par L. Paris. Reims, 1845, in-32 de 424 pages, pag. 361.

De documents nombreux compulsés par de judicieux historiens il résulte la preuve absolue que les Colbert de Paris, de Troyes et de Rethel, sortent tous de l'arbre fécond dont les racines se perdent dans le sol rémois, et que cette famille puisa les premiers éléments de sa fortune dans l'industrie locale.

Le château de Villacerf (1) rappelait encore avant 93 le grand nom des Colbert, dont il avait été le patrimoine depuis l'an 1588. Oudart Colbert, second fils de Gérard, s'établit à Troyes, épousa Marie Fouret, fille d'un riche épicier, et fonda un établissement considérable dans la rue du Mortier-d'Or. Trafiquant sur les vins, les blés et les étoffes, il acquit en peu de temps une brillante fortune, et posséda, dit-on, des entrepôts et des comptoirs à Anvers, à Francfort, à Lyon, à Venise, à Florence et dans beaucoup d'autres villes importantes. Marguillier de la paroisse Sainte-Madeleine, il tint quelques années les registres de cette église (2), et hérita de son beau-père de la terre de Villacerf, sur laquelle Edouard Colbert, son petit-fils, fit élever un magnifique château que décora Girardon et que détruisirent les Vandales de 93 (3).

VOYAGE DE BRIENNE A PARIS EN 1559.

Bien des gens se plaignent de la lenteur des locomotives, et se récrient lorsqu'ils ne franchissent que trente kilomètres par heure. Mais il ne faut pas oublier que jadis, avant l'in-

---

(1) Autrefois *Samblières*, village situé à douze kilomètres de Troyes.

(2) *Archives de l'Aube*. Registre 886.

(5) Annuaire de l'Aube, pour 1856. L'*Ancien château de Villacerf*, par M. Corrard de Breban, pag. 64.

19

vention des voies ferrées, les voyageurs qui se dirigeaient
vers Paris avaient fait avant de partir leur testament, parce que la route devait être longue et presque toujours infestée
par les ennemis ou par les voleurs. Heureux à cette époque
qui pouvait revenir s'asseoir au foyer natal et raconter les
merveilles qu'il avait admirées sur son passage ! Les grands
seigneurs presque seuls entreprenaient de longs voyages sans aucun danger ; mais avec eux chevauchaient des hommes d'armes
et de nombreux serviteurs. On a conservé aux archives de
l'Aube le compte des dépenses occasionnées par un voyage
que Jean de Luxembourg, comte de Brienne, fit à Paris en
1559, pour assister au mariage de Charles II, duc de Lorraine, avec Claude, fille du roi de France, Henri II. Le comte
emmène avec lui la comtesse, son épouse ; leur escorte se
compose de trois gentilshommes, de plusieurs pages, d'un aumônier, d'un bailli, d'un fauconnier, d'un receveur, d'un haquebutier (1), d'un reitre (2), d'un muletier, d'un charretier,
d'un garçon de la garde-robe, d'un sommelier et des femmes
de la comtesse. Le départ de Brienne a lieu le mercredi 18
janvier, après dîner. Le comte soupe et couche à Pougy, dans
le château construit par ses aïeux, et ne dépense ce jour-là
que trente-six sous. Le jeudi 19, il s'arrête à Coclois (3),
pour faire ferrer un cheval, dîne à Salon (4), soupe et couche
à Sézanne (5). Le vendredi 20, il dîne à Meilleray (6), soupe
et couche à la Ferté-Gaucher (7). Les chemins sont si mauvais ou si mal tracés qu'il faut prendre un guide. Le comte
et les hommes de sa suite voyagent à cheval, les femmes
sont en litières. Jean de Luxembourg dîne le samedi 21 à

---

(1) *Haquebutier*, soldat armé d'une arquebuse.

(2) *Reitre*, cavalier allemand.

(3) Aube.

(4) Aube.

(5) Marne.

(6) Seine-et-Marne.

(7) Seine-et-Marne.

Pommeuse (1), soupe et couche à Lagny (2). Le lendemain,
il arrive à Vincennes, entend la messe, et se rend à Paris le
jour même des noces. Le comte descend à l'hôtel de la Fleur-
de-Lys, et ne prend que le logement. Les domestiques
achètent et préparent les aliments qu'ils doivent consommer
avec leurs maîtres. Le premier jour de l'arrivée, le souper se
compose d'un mouton, d'un demi-veau, de trois perdrix, de
trois chapons, de deux douzaines d'alouettes, de légumes, de
deux oranges, de poires, de marrons et d'œufs. Le cent de
marrons ne coûte que deux sous et demi, et les deux oranges,
douze deniers. Le comte doit se rendre au Louvre ; Madame
la comtesse achète une paire de pantoufles de velours et
une paire de gants. Monseigneur Jean de Luxembourg traverse la Seine le 4 février, sur une petite barque, paie le ba-
telier, et se présente pour la première fois devant Henri II.
Le lendemain, les portiers « de chez le roi » reçoivent de
lui quatre livres cinq sous. Le 6 février le comte veut sans
doute briller à la cour, ses domestiques mettent pour un sou
de graisse sur ses bottes.

Madame la comtesse, qui habite l'hôtel de la Fleur-de-Lys,
situé sur la rive gauche de la Seine, descend le 7, dans un
bateau, et traverse le fleuve pour se rendre au Louvre avec
son époux. Leur visite se prolonge dans la nuit, car il ne
faut pas moins de deux torches pour ramener Madame à son
logis.

Le lendemain, jour des Cendres, le dîner se compose
de soles, de brochets, de carpes, de harengs, de saumon,
« d'huîtres en écailles, » de cresson, d'épinards, de chicorée
et de bonnes herbes. Le comte fait *rabiller* la montre de
Madame par un horloger, et donne vingt-deux sous huit deniers.

Le dimanche 12 février, l'évêque de Luçon est attendu à
l'hôtel de la Fleur-de-Lys. Le souper se compose de lam-

______

(1) Seine-et-Marne.
(2) Seine-et-Marne.

proies, de brochets, de carpes, de petits poissons « à faire friture, » d'oranges et de bonnes herbes. M. le comte fait faire dans sa chambre, tous les matins et tous les soirs, un feu de fagots pour son lever et pour son coucher. Les domestiques achètent tout au jour le jour, sans doute par mesure d'économie. Leur maître ne boit du vin qu'à ses deux repas, et mange beaucoup d'huîtres. Le fauconnier veille à ses oiseaux et se fait payer chaque jour la nourriture qu'il leur donne.

Le départ est fixé au lundi 18 février. Les chevaux mangent à Yerres (1); le comte dîne à Guignes (2) avec ses gens, soupe et couche à la Bretaulebe, près Naugis (3) Le lendemain, il passe à Provins, dîne à Nogent-sur-Seine (4), soupe et couche à Ossey-les-Trois-Maisons (5). Le mercredi 15 février, la vieille capitale de la Champagne le voit entrer dans son enceinte avec sa petite escorte.

Trois journées et deux demi-journées suffirent à Jean de Luxembourg pour aller de Brienne à Paris. A son retour, il ne lui fallut que deux journées et demie pour se rendre à Troyes, en suivant l'ancienne route. Ce voyage dura 29 jours, et ne coûta que 462 livres 9 sous 9 deniers, ou 5,000 fr. de notre monnaie. Bien des gens qui ne sont ni grands seigneurs, ni attachés à la personne d'un comte de Brienne, auraient de la peine à se déplacer de nos jours à si bon marché, car Jean de Luxembourg ne dépensa que 170 francs par jour, avec toute son escorte composée de plus de vingt personnes.

---

(1) Seine-et-Marne.
(2) Seine-et-Marne.
(3) Seine-et-Marne.
(4) Aube.
(5) Aube.

L'ACCUSATION CORRECTE DU VRAI PÉNITENT,

Où l'on enseigne la manière qu'il faut éviter et celle qu'il faut suivre en déclarant ses péchés au sacrement de confession.

Tel est le titre d'un opuscule de 56 pages, composé par le R. P. Chaurend, missionnaire jésuite, et imprimé chez Garnier, de Troyes, avec permission du 2 mai 1724. L'auteur dépeint habilement le pénitent grossier qui ne dit rien, le pénitent rusé qui cache de gros péchés, la pénitente qui parle sans nul souci du temps, et celui qui se confesse sincèrement. Rien de plus comique et de plus réel que le troisième dialogue du Père Chaurend ; on sent que ce bon prêtre a voulu stigmatiser ces bavardes qui voudraient ne point voir dans le confessionnal le bain salutaire qui doit purifier notre âme. Le lecteur nous saura peut-être gré de le publier, parce qu'il sera convaincu que dans les siècles précédents les ministres de Dieu se sont toujours montrés dignes de leur mission.

La pénitente. — Bon jour, mon père, et bonne fête ; comment vous portez-vous ?

Le confesseur. — Dites votre confession.

La pénitente. — Mon père, je suis une pauvre femme veuve, chargée d'enfants et de dettes ; je n'ai ni ami, ni abri ; tel me doit qui me demande : ah ! mon père, prêchez pour les femmes veuves, et vous gagnerez des œuvres de miséricorde.

Le confesseur. — Combien y a-t-il que vous n'avez été à confesse ?

— Il n'y a pas fort longtemps, car, Dieu merci, j'ai coutume de me confesser souvent, depuis que j'ai ouï dire autrefois à un prédicateur que nous devions toujours nous tenir prêts, parce que nous ne savons ni le jour, ni l'heure de la mort.

— Dites-moi donc vitement combien il y a de temps.

— Je vous dirai, mon père, que j'ai coutume de me confesser, s'il plaît à Dieu, tous les premiers dimanches du mois, toutes les fêtes de Notre-Seigneur, de Notre-Dame et des Apôtres, car je suis de la confrérie du Rosaire, du Scapulaire, du Cordon et de beaucoup d'autres.

— Dites encore, si vous le voulez, depuis quand vous vous êtes confessée.

— Vous saurez, mon père, que je voulais me confesser dimanche passé ; mais il me survint tant d'embarras à la maison que je ne pus m'en dégager, et j'eus même bien de la peine d'entendre la dernière messe : si on ne l'eût dite un peu plus tard que de coutume, je crois que je l'aurais perdue.

— Ne voulez-vous pas me répondre ? En un mot, combien il y a-t-il que vous vous êtes confessée ?

— Il y a un mois tout juste, car c'était le quatrième jour du mois passé, et nous sommes au cinq du courant : or, écoutez, mon père, et vous trouverez que...

— C'est assez, ne parlez point tant et dites-moi un peu vos péchés.

— J'ai un enfant qui est le plus méchant garçon que vous ayez jamais vu ; il jure, il bat sa sœur, il fuit l'école, il me dérobe tout ce qu'il peut pour jouer, il suit de méchants fripons ; l'autre jour, en courant, il perdit son chapeau, enfin, c'est un méchant garçon. Je veux vous l'amener afin que vous l'endoctriniez un peu, s'il vous plaît.

— Dites-moi donc vos péchés.

— Mais, mon père, j'ai une fille qui est encore pire ; elle est opiniâtre, elle ne m'obéit jamais, je ne puis la faire lever le matin, je l'appelle cent fois : Catherine. — Plaît-il, ma mère. — Lève-toi promptement et descends. J'y vais, elle ne bouge. — Si tu ne viens pas, tu seras battue. Elle s'en moque. Quand je l'envoie à la ville, je lui dis : reviens promptement, ne t'amuses point. Cependant, elle s'arrête à toutes les portes comme l'âne du meunier, elle babille avec tous ceux qu'elle rencontre, et quand elle me dit cela, je la bats ; fais-je bien, mon père, plaît-il ?

— Dites-moi donc vos péchés, et non pas ceux de vos enfants.

— Il se trouve, mon père, que nous avons en notre rue une voisine qui est la plus méchante de toutes les femmes ; elle jure, elle querelle tous ceux qui passent ; personne ne la peut souffrir, ni son mari, ni ses enfants, car bien souvent elle s'enivre, et vous me direz, mon père, quelle est celle-là ?

— Oh ! gardez-vous bien de la nommer, car, à la confession, il ne faut jamais faire connaître les personnes dont vous déclarez les péchés.

— C'est celle-ci qui se vient confesser après moi ; grondez-la bien, car vous ne sauriez lui en trop dire.

— Taisez-vous donc, ne parlez que de vos péchés, et non de ceux des autres.

— Vous saurez, mon père, qu'un jour je me levai de bon matin pour m'en aller au marché ; j'appelle ma voisine, plaît-il, voulez-vous venir au marché avec moi ? — Fort volontiers, dit-elle ; attendez-moi. — Venez-donc vite. — Attendez-moi, tout-à-l'heure. Nous allons donc ensemble à la boucherie ; je voulais acheter de la viande, on me voulait donner tantôt de la brebis, car je la connais fort bien, et cela n'est pas malaisé à connaître, tantôt un endroit où il n'y avait que des os, je n'en voulais point prendre ; car mon père, nous avons des bouchers, que Dieu sait, prêchez bien contre eux, ils n'ont point de conscience.

— Ah ! dites-moi vitement votre péché.

— Tout maintenant, mon père. Comme je vis que je ne pouvais pas trouver mon compte à la boucherie, j'allai à la poissonnerie acheter des carpes ; on me les voulait vendre douze sous la pièce, encore elles étaient toutes pourries ; que dites-vous de cela, mon père ? N'est-ce pas une honte ? Nous n'avons point de police en cette ville.

— Laissez-moi toutes ces historiettes, et dites vos péchés.

— Eh bien, mon père, pour couper court, puisque vous êtes pressé, j'allai acheter quelques herbes, des choux, de la salade et de la chicorée.

— Dites donc votre péché.

— Ayant fait ma provision, je revins à ma maison toute seule, car ma voisine s'arrêta au marché, parce qu'elle a toujours beaucoup à faire avec plusieurs revendeurs.

— Voulez-vous donc achever?

— Tout-à-l'heure, mon père, tout-à-l'heure. Quand je fus à ma porte, je pris garde qu'on m'avait pris un peu de fumier que j'avais ramassé dans ma rue; quand je vis cela, Dieu sait si la colère me monta à la tête, car vous savez, mon père, qui perd son bien perd son sang; j'appelle ma fille, Catherine. — Plaît-il, ma mère. — Qu'est devenu notre fumier? — Je n'en sais rien, dit-elle. Je demande à toutes mes voisines qui est-ce qui me l'avait pris. Ce n'est pas moi, dirent-elles, moi, ni moi; alors j'ai donné au diable ceux qui l'avaient pris : voilà tout.

La pauvre femme fait des dénombrements inutiles, répète des formules superflues, et se croit une misérable.

Ah! mon père, j'ai fait un grand péché, hélas! je serai damnée; quoique mon confesseur m'ait défendu de le dire jamais, néanmoins, mon père, je veux vous le déclarer.

— Ne me le dites point; puisque votre confesseur vous l'a défendu, je ne veux point l'entendre.

— Ah! n'importe, je veux vous le dire, c'est un trop grand péché, j'ai battu ma mère.

— Vous avez battu votre mère. Ah! misérable, c'est un cas réservé, c'est un crime qui mérite la potence, et quand l'avez-vous battue?

— Quand je n'avais que cinq ans.

— Oh! simple, ne savez-vous pas que tout ce que les enfants font avant l'âge de raison, c'est-à-dire sept ans, ne saurait être péché...

— J'ai travaillé les fêtes et dimanches...

— Quel travail avez-vous fait?

— J'ai attaché avec un point d'aiguille le pourpoint de mon enfant.

— Cela n'est rien.

— J'ai juré Dieu.

— Vous avez juré Dieu! voilà qui est fort scandaleux pour une femme, et quel jurement avez-vous fait?

— J'ai dit *ma foi*.

— Cela ne s'appelle pas jurer Dieu, mais seulement jurer sa foi, et quoiqu'il ne le faille jamais faire, ce n'est pas toujours un péché...

— J'ai blasphémé.

— Comment disiez-vous?

— Je disais chienne à ma vache.

La pénitente augmente le nombre de ses péchés parce qu'elle aime mieux dire plus que moins, s'accuse de ne point se corriger de ses fautes, de n'avoir pas donné sa première pensée à Dieu, et veut réciter ses prières du matin pour que le confesseur puisse voir si elle récite bien.

Le prêtre lui impose silence, mais notre parleuse se hâte de reprendre :

Eh bien, mon père, laissons donc cela, et parlons d'une sœur que j'ai, qui est extrêmement pauvre et qui a six enfants qui meurent de faim; je vous prie de lui faire quelque charité, car elle en a besoin.

— On ne doit point demander ni donner l'aumône à la confession.

— Je n'ai donc plus qu'une chose à vous dire, de peur de vous importuner. Il y a un homme de cette ville qui me doit dix écus depuis plus de dix ans, je ne puis en avoir aucune raison, quoique je lui aie fait parler par beaucoup de gens; je vous prie de me faire payer.

— Amenez-le moi, je l'exhorterai à le faire.

— Il ne voudra pas venir; mais il faut, s'il vous plaît, que vous l'alliez trouver.

— Je ne puis pas y aller; retirez-vous d'ici, faites place aux autres, et ne me faites pas perdre davantage le temps; mais allez apprendre à vous mieux confesser...

LA CHANDELLE CHIRAPA

AU TRÉSOR DE LA CATHÉDRALE DE LANGRES.

Au moyen-âge vivait à Langres un homme nommé Chirapa, célèbre par son opulence et surtout par sa prodigalité. Mais il dépensa tant qu'un beau matin ses créanciers s'assemblèrent pour le dépouiller de ses dernières richesses. Que faire dans une situation si déplorable? Tout autre que notre Langrois se serait enfui de la ville. Mais Chirapa ne craint point la poursuite de ses créanciers et veut continuer son train de vie. Il appelle le diable et lui donne son âme pour des monceaux d'or. Les créanciers se retirent, stupéfaits des richesses de Chirapa, et font mille excuses à cet homme fortuné d'avoir troublé son repos. Chirapa se moque de leurs alarmes, et leur annonce qu'il tiendra tous les jours table ouverte chez lui sans craindre une sensible diminution dans ses coffres. Bientôt le bruit se répand dans la ville que Chirapa possède d'immenses richesses, et que sa déconfiture n'est qu'un mensonge forgé par la jalousie. De nombreux amis accourent dans son logis et consument joyeusement le temps à savourer des mets délicieux.

Un jour cependant le vin manqua dans un de ces festins splendides auquel assistait un religieux. Vite Chirapa court à la cave ; mais ô surprise, à peine a-t-il franchi la dernière marche qu'il voit le diable à califourchon sur un tonneau. Eh bien! es-tu prêt? demande le prince des ténèbres. — Déjà, balbutie Chirapa; par pitié, permets-moi d'achever ce festin. Le diable, qui croit posséder cette pauvre âme, se laisse toucher par la supplique de Chirapa. Notre homme remplit son vase et s'en revient tout penaud dans la salle où s'ébattent les joyeux convives.

Mais la pâleur qui s'est répandue sur son visage n'échappe pas au regard du religieux. Chirapa dépose son vase sur la

table et raconte sa terrible vision. Le bon moine rassure le
pauvre pêcheur et se charge d'aller lui-même solliciter messire Satanas.

Que veux-tu? demande le diable dès qu'il aperçoit le religieux.

— Te remercier d'abord et te faire une requête. Accorde
seulement huit jours de répit à Chirapa.

— Huit jours! le mécréant m'a donné sa parole.

— Un jour!

— Pas une heure.

— Le temps au moins de brûler la chandelle que je porte.

Le diable cède et veut bien attendre quelques minutes.
Mais le religieux s'empresse de souffler la chandelle et la con-
sacre aussitôt à Dieu.

Ainsi fut délivré ce pauvre Chirapa qui depuis cette étrange
vision ne vit plus messire Satanas qui s'était enfui dans les
enfers pour y cacher sa honte.

La chandelle fut déposée dans le trésor de la cathédrale de
Langres, où les voyageurs peuvent encore la voir. Beaucoup
d'auteurs ont parlé de cette chandelle ; Monsieur Carnandet,
à l'obligeance duquel nous devons tous ces détails, a même lu
un poëme de 545 vers consacrés à cette légende, et que conserve précieusement la bibliothèque impériale.

Lorsque vous irez à Langres, n'oubliez pas la chandelle
Chirapa ; mais, en la touchant, rappelez-vous que la soif des
richesses est pernicieuse, et que sans le puissant secours d'un
bon religieux le nom de Chirapa serait à jamais flétri.

SAINT SAVINIEN ET SAINTE SAVINE AU DIOCÈSE DE TROYES.

I.

A Samos vivait un homme recommandable par ses richesses, et surtout par l'irréprochable intégrité de sa vie. Cet

homme s'appelait Savinus. Malheureusement ses yeux ne s'étaient pas encore ouverts à la divine clarté du christianisme qui commençait à se propager dans l'univers, et les dieux du paganisme étaient ses dieux. Savinus eut de sa première femme un fils que les légendes appellent *Savinianus* ou *Savinien*, et de sa seconde femme une fille nommée *Savina* ou *Savine*. Savinien, plus âgé que sa sœur de dix ans, fut instruit dans les lettres humaines, et se livra bientôt à l'étude si grave de la philosophie. Dès le début, une difficulté l'arrête : tous ces hommes que la Grèce admire sont-ils des dieux ? Un rayon de grâce éclaire soudain l'esprit de Savinien, qui reconnaît l'existence d'un seul Dieu, et embrasse le christianisme. Sa famille, affligée de cette étrange conversion, essaie de le ramener au culte des faux dieux ; mais les promesses et les menaces ne peuvent ébranler son âme enflammée par l'Esprit-Saint. Obéissant bientôt à la voix intérieure qui l'entraîne, il quitte son pays et dédaigne les biens terrestres (1). Vers quelles contrées dirigera-t-il ses pas ? Il ne le sait vraiment point. De l'Italie, il passe dans les Gaules, et dans les Gaules, il entre dans cette terre que nous appelons aujourd'hui la Champagne. La ville des Tricasses reçoit ce missionnaire, dont l'éloquence ébranle quelques cœurs et ranime le courage des fidèles convertis par d'illustres martyrs.

Aurélien, qui se trouvait alors dans les Gaules, apprend avec dépit que Savinien fait de nombreux prosélytes au Dieu des chrétiens. La colère le transporte ; Crispin part avec quatre-vingt-dix-neuf soldats, et s'avance pour saisir l'ennemi des divinités de l'empire. Mais aussitôt les légionnaires tremblent et se retirent, comme si du généreux confesseur s'échappait une force inconnue. A cette nouvelle, Aurélien s'irrite de la lâcheté de ses soldats, et se hâte d'en envoyer quatre-vingt-dix-neuf autres. Ces hommes trouvent le saint en prière et n'osent l'interrompre. Son oraison finie, Savinien se relève de terre, et s'adressant au chef de la troupe : Que voulez-vous

---

(1) *Légende dorée.*

de moi? lui dit-il. — Suivez-nous, répond le tribun. Savinien se rend avec cette escorte dans le camp où trônait en maître le persécuteur des chrétiens.

Aurélien, saisi de respect, interroge le jeune confesseur. Qui es-tu? — Je suis Savinien de Samos, et je professe la religion du Christ. Après diverses questions, voyant que le saint restait inébranlable, Aurélien le fait mettre en prison. Mais dans les chaînes Savinien prêche l'Evangile aux soldats qui le gardent, les convertit et leur confère le baptême. Surpris de cette conversion, l'empereur veut détourner ses soldats du culte du vrai Dieu, mais ces nouveaux chrétiens bravent ses menaces et conquièrent la couronne du martyre.

Irrité de ce triomphe, Aurélien fait venir Savinien et veut l'entraîner par ses promesses. Aux menaces bientôt succèdent les supplices ; un licteur enchaîne les pieds et les mains du saint, et lui enfonce sur la tête un casque d'acier rougi par le feu. L'héroïque patient ne jette aucun cri : cette cruauté révolte les bourreaux ; trois d'entre eux demandent le baptême et méritent par leur mort courageuse d'être comptés au nombre des martyrs. Aurélien prépare de nouveaux supplices, et fait étendre le corps du confesseur sur un vaste gril sous lequel brûle de la braise ; mais les flammes respectent Savinien, comme jadis les enfants dans la fournaise. L'empereur, stupéfait, renvoie son innocente victime dans la prison.

Le lendemain, le saint est amené devant Aurélien, qui veut recourir encore cette fois aux promesses. Mais les anges ont fait étinceler devant les yeux de Savinien la couronne qui lui est réservée. Les licteurs l'attachent à un poteau, les archers tendent leurs arcs, les flèches vibrent sur la corde, mille dards sont lancés sur le corps du saint, une seule atteint Aurélien. Savinien voit ses chaînes tomber et ses gardes frappés d'aveuglement. Il peut fuir ses persécuteurs, il veut seulement revoir les lieux où il a reçu le baptême pour y recevoir le martyre. Il se dirige donc vers les bords de la Seine, et marche sur l'onde comme sur un chemin solide, pour atteindre la rive opposée. Il s'était à peine mis en prière

que les soldats, conduits par un idolâtre, s'avancent vers lui.
« Remplissez votre mission, leur dit-il, versez mon sang et
recueillez-en une seule goutte, votre maître sera guéri. » A
ces mots, la tête du saint tombe frappée par le glaive, et sa
belle âme passe de cette vallée de larmes au royaume de
Dieu, le 24 janvier de l'an du Sauveur 275. Le persécuteur
employa le remède prescrit par le martyr, et, grâce au per-
sécuté, la guérison fut instantanée.

II.

Savine était bien plus jeune que Savinien, son frère. Nés
tous deux de parents païens, ils avaient sucé, dit leur biographe, le lait empoisonné de l'erreur. Mais Savinien, déser-
tant de bonne heure les idoles, s'était éloigné de Samos
pour proclamer devant les Tricasses la divinité du Sauveur.
Affligée de son départ, Savine le cherche longtemps dans les
sentiers de son île, et verse bien des larmes. Mais Dieu qui
aime les faibles se révèle à elle, et lui apprend en songe que
son frère est chrétien et qu'elle doit quitter la maison paternelle pour le suivre. Savine n'hésite plus ; elle communique
son pieux dessein à Maximiniole, sa sœur de lait, et sort avec
elle de Samos. Le pauvre Savinus cherche bientôt sa fille, et
s'adresse vainement à ses idoles. « Dieu-Christ, s'écrie-t-il,
anéantis mes dieux, et tu seras mon souverain Seigneur. »
Les idoles tombent, Savinus chrétien comprend la toute-
puissance du Dieu que ses enfants ont suivi.

Savine et sa jeune compagne arrivent cependant à Rome, et
descendent chez une pieuse femme convertie par les dignes
successeurs des Apôtres. Cette Romaine leur enseigne les
principaux dogmes du christianisme comme à des filles adop-
tives, et les présente au saint prêtre Eusèbe, qui les initie à
nos mystères sacrés. Savine s'agenouille devant l'image du
Christ, et offre sa virginité au Dieu qui s'est révélé à elle.
Sortant des catacombes, elle devient la providence des pauvres
et des malheureux. De ses mains bénies sort à toute heure
une vertu qui rappelle le beau temps de la Palestine où les

aveugles recouvraient la vue, où les paralytiques marchaient,
et où les sourds entendaient. Cinq années s'écoulent, années
d'insignes faveurs et d'éclatantes guérisons. Dieu pouvait-il
ne pas inonder de ses grâces ces âmes ferventes qu'il appelait
pour propager partout la bonne nouvelle ?

Une voix cependant se fait entendre. La vierge de Samos
quitte la grande capitale avec sa pieuse compagne, et y laisse
dans les larmes sa mère d'adoption. La foule contemple avec
respect cette jeune chrétienne qui chemine sur la voie et qui
cherche partout à faire le bien. Des gens de Ravenne l'ac-
cueillent comme une sainte, et obtiennent d'elle la guérison
de leur pauvre fille. Savine s'échappe de cette ville témoin
de ses miracles, et arrive longtemps après aux portes de la
cité des Tricasses. C'est bien là le terme de son pèlerinage,
la terre désirée qui a reçu son frère ; un berger qu'elle vient
de rencontrer le lui a dit. Savine s'arrête avec sa compagne, et
attend pour s'enquérir de Savinien que quelque habitant de la
ville se présente à sa vue. Bientôt nos deux saintes aperçoivent
un homme qui se dirige vers elles ; c'est un chrétien nommé
Licère. « Ne pourriez-vous pas, lui dit Savine, me donner des
nouvelles d'un frère que je suis venue chercher dans ces
lieux ? Il s'appelle Savinien. — Il a quitté cette ville, répond
Licère, pour aller recevoir dans le ciel la couronne du martyre (1). » A cette nouvelle, la pauvre Savine éclate en sanglots. « Qui suis-je, ô mon Dieu, pour m'opposer à votre
sainte volonté ! Vous avez brisé le dernier lien qui me retenait
à la terre, béni soyez-vous ! Retirez-moi de ce monde, afin
qu'avec mon frère je puisse chanter vos grandeurs et célébrer vos miséricordes.

Ainsi cette belle âme s'envola vers le ciel, le 29 janvier de
l'an 276 de l'ère chrétienne. Maximniole rendit avec Licère
les derniers devoirs à sainte Savine. La ville s'empressa de
pourvoir à ses funérailles et de lui préparer une digne sépulture dans son enceinte ; mais divers obstacles firent connaître

____

(1) *Légende dorée.* — Topographie historique du diocèse de
Troyes, par Courtalon. T. II.

que telle n'était point la volonté de Dieu. Licère fit mettre une pierre sur son tombeau creusé à quelque distance de la cité, et emmena chez lui la jeune compagne de sainte Savine.

Longtemps après, le corps de saint Savinien fut découvert et transporté par les soins d'une pieuse veuve de Rilly. Cette sainte femme garda quelques années le tombeau du glorieux martyr, et mérita par ses vertus d'être mise au nombre des bienheureux sous le nom de sainte Syre. L'évêque Ragnégisile fit plus tard transporter le corps de saint Savinien dans sa cathédrale, de sorte que Rilly ne conserva plus que les restes précieux de la sainte femme dont il prit le nom. A quelque distance de Troyes s'élevait en cet heureux temps une humble chapelle en l'honneur de sainte Savine, où voulut reposer l'évêque Ragnégisile dont nos aïeux voyaient encore la tombe (1).

SAINT THOMAS D'AQUIN ET SAINT BONAVENTURE

DEVANT LE PAPE URBAIN IV.

On sait que l'acte le plus important du pontificat d'Urbain IV fut l'institution de la fête du Saint-Sacrement. Ce grand pape voulut que l'office de cette fête solennelle fût composé par les hommes les plus savants et les plus pieux. Il mande donc près de lui les deux plus beaux génies du XIIIe siècle : l'angélique Thomas et le séraphique Bonaventure.

---

(1) Breviarium ad usum ecclesiæ Trecensis, *officium sanctæ Savinæ.* — Vincent de Beauvais, *speculum.* Lib. X, cap. 163. — Baronius, *Annales ecclesiastici.* — *La saincteté chrestienne... contenant les vie, mort et miracles... des saints du diocèse de Troyes,* recueillie par N. Desguerrois, in-4º. Troyes, 1637.

« Frères, leur dit-il, je veux établir, dans toute l'Eglise, la plus grande et la plus touchante solennité ; je veux célébrer le Sacrement d'amour et de miséricorde. Allez et demandez à l'Esprit-Saint qu'il daigne vous inspirer quelques pages sublimes afin que l'office de cette fête retrace dignement aux fidèles l'ineffable bonté du Sauveur. »

Les deux docteurs résistent et veulent que le soin de ce grand ouvrage soit confié à un plus digne ; mais il faut obéir : le travail doit être soumis au Pape à une époque déterminée.

Au jour fixé par Urbain IV, Thomas et Bonaventure se rendent auprès de lui, confessant humblement leur impuissance. Le souverain Pontife les accueille avec bonté et ordonne au frère Thomas de commencer la lecture.

Le saint religieux lit d'abord les antiennes des diverses parties de l'office, les leçons et les répons choisis dans les saintes Ecritures avec le tact le plus merveilleux. Urbain garde le silence, Bonaventure ne peut contenir un geste d'approbation bientôt comprimé par le respect. Thomas passe à l'hymne du matin : *Sacris solemnis*, et arrive à cette strophe admirable :

Panis angelicus fit panis hominum ;
Dat panis cœlicus figuris terminum :
O res mirabilis ! manducat Dominum
Pauper, servus et humilis.

« Le pain des Anges devient la nourriture des hommes ; ce pain céleste est la réalisation des anciennes figures. O prodige admirable ! le Maître suprême se fait l'aliment de sa pauvre et misérable créature. »

Des larmes tombent des yeux de Bonaventure, qui laisse tomber sur le sol des fragments de papier.

Quelle majesté dans le début de l'hymne de Laudes !

Verbum supernum prodiens,
Nec Patris linquens dexteram,
Ad opus suum exiens,
Venit ad vitæ vesperam.

« Le Verbe Eternel descendu jusqu'à nous, sans quitter la

droite de son Père, pour consommer son œuvre, marche lui-même au terme de sa vie mortelle. »

Quel sublime résumé des merveilles de l'amour divin !

> Se nascens dedit socium,
> Convescens in edulium,
> Se moriens in pretium,
> Se regnans dat in præmium.

« A la crèche, il s'est fait notre frère ; au festin pascal, notre nourriture ; sur la croix, notre rançon ; au ciel, il est notre récompense. »

Que de foi, que de suavité dans cette strophe !

> O salutaris hostia !
> Quæ cœli pandis ostium :
> Bella premunt hostilia ;
> Da robur, fer auxilium.

« O victime salutaire ! qui nous ouvrez le ciel, l'ennemi nous livre de rudes combats ; fortifiez-nous contre ses attaques, prêtez-nous votre secours. »

Le moine Bonaventure reste plongé dans un profond ravissement, de ses mains s'échappent des feuilles lacérées. Thomas achève par la lecture du *Pange lingua*. Le souverain Pontife invite bientôt le séraphique docteur à révéler le fruit de son travail. Mais Bonaventure se jette aux pieds du Saint-Père. « Il me semblait, lui dit-il, entendre le Saint-Esprit parler par la bouche de frère Thomas. Mon œuvre était si imparfaite que j'aurais cru commettre un sacrilège en la laissant subsister. »

Le Pontife relève Bonaventure et admire la modestie de ce docteur autant que le génie de l'autre (1).

Près de six cents ans se sont écoulés depuis cette lecture, et l'œuvre admirable de saint Thomas est encore l'ornement des chants sacrés de l'Eglise.

Urbain IV n'eut pas le temps de voir la Fête-Dieu célébrée

---

(1) *Vie du pape Urbain IV*, par M. Magister. Troyes, 1854. Pag. 146.

dans toute la chrétienté, car il mourut quelques semaines après avoir donné la bulle de l'Institution de cette touchante solennité. Troyes montre encore la délicieuse collégiale qu'il fit élever sur l'emplacement de l'échoppe de ses parents, et vient de voter l'érection de sa statue pour perpétuer le souvenir de ses belles actions.

UNE ÉMEUTE A PROVINS EN 1279.

Dans la petite, mais riche province de Brie, s'élève depuis plus de dix-huit siècles, une ville dont la renommée s'était, au moyen âge, propagée dans les contrées les plus éloignées. C'est Provins, l'antique cité des troubadours, des croisés et des notables négociants ; Provins, aujourd'hui désert et ne conservant plus qu'une bien faible trace de son ancienne grandeur. Parcourez cette ville que jadis les pèlerins saluaient du doux nom de Jérusalem, vous n'y verrez plus ses mille clochers, ses somptueux palais et ses riches hôpitaux, ses moines et ses juifs, ses templiers et ses essaims d'ouvriers qui lui avaient mérité le nom d'*opulente et populeuse cité*. Provins, depuis longtemps, s'est replié sur lui-même ; ses faubourgs ont disparu, sa population s'est dispersée, et ses ouvriers et ses fabricants, dont les produits alimentaient les foires de Paris et de la Champagne, ont porté dans d'autres villes leur industrie et leurs richesses.

On sait que nos comtes résidaient quelquefois à Provins, que Thibaut IV y chanta la Vierge et les croisades, et que cette florissante cité jouissait de grands privilèges sous ces souverains débonnaires. Le pauvre comte chansonnier, qui dissipait d'immenses revenus par son faste royal, voulut établir dans cette ville la *jurée*, ce droit exorbitant des seigneurs sur les fonds et sur les personnes. Henri le Gros se montra plus libéral ; mais s'il supprima la *jurée*, il se fit donner par le maire et les échevins, devenus ses créatures, des droits d'impôts sur les draps, les pelleteries, les épices, et sur beaucoup d'objets de consommation.

Délivrée de la taille, la bourgeoisie manifesta vivement sa satisfaction ; mais le peuple, sur lequel venait s'appesantir la nouvelle ordonnance, fit éclater son mécontentement. Les fabricants et les artisans se soulevèrent, et ne voulurent rentrer dans leurs ateliers que lorsque le maire Eudes Corjous leur eût promis de supplier le comte de retirer son ordonnance.

Quelques années après, Eudes eut pour successeur le chevalier Guillaume Pentecôte. Henri le Gros était mort, laissant une fille unique sous la tutelle de Blanche, sa veuve. Cette comtesse avait permis au roi de France de lever de nouveaux impôts pour couvrir les dépenses occasionnées par la conservation de la Champagne et de la Brie. Épouse d'un anglais, Edmond le Bossu, fils de Henri III, elle fit en outre représenter la domination nouvelle par son mari, de sorte que la fermentation devint générale. Ancienne créature du comte, Guillaume Pentecôte ne pouvait être l'homme de la commune, et surtout calmer les esprits. Pour réprimer la révolte excitée par une taille exorbitante, il favorise les riches, et veut accabler les pauvres en prolongeant les heures du travail. Mais à cette nouvelle une sourde rumeur se répand dans les ateliers ; des propos féroces, mêlés de plaisanteries et entrecoupés de chants populaires, se font entendre comme les mugissements de la mer que va soulever la tempête. Des partisans de Guillaume écoutent çà et là les sanglants appels de l'émeute.

Quel dialogue étrange et heurté !

— Il n'ose pas se montrer, le traître !

— Il nous a vendus à l'Anglais !

— Pourquoi n'arrête-t-il pas le soleil dans sa course ? Ce serait un excellent moyen de prolonger notre journée.

— Il aime mieux nous écraser par une ordonnance.

— Le lâche ! il craint les riches et nous opprime, nous qu'il appelait ses bons amis.

— Silence! un peu de calme. Quelle heure?

— Quatre heures ont sonné.

— Guillaume doit trembler, ses agents rôdent de tous côtés.

— Guillaume trembler! Oh! le traître se croit en sûreté dans son palais.

— C'est vraiment dommage que l'Anglais ne soit pas dans la même niche.

— Silence donc! la cloche va sonner. Guillaume a peut-être réfléchi...

— Le traître, vous dis-je, est vendu.

L'heure sonne, les ouvriers comptent silencieusement les coups de la cloche et attendent le signal du repos. Mais au silence succède l'agitation la plus tumultueuse; les ateliers sont déserts, des milliers d'ouvriers se réunissent sur plusieurs points de la ville. Le tocsin fait bientôt entendre ses lugubres tintements, des cris féroces montent dans les airs et répandent partout l'effroi. Le palais des maires est environné d'une foule de séditieux.

— Qu'il vienne donc, le lâche!

— Il se retranche derrière ses murailles!

— A mort le traître!

— A moi, mes amis! délivrons cette cité de ce misérable!

A ce cri sauvage, des centaines d'ouvriers se heurtent contre la porte du palais, et parviennent à la briser; Guillaume se présente courageusement à la vue de ces audacieux, veut les apaiser par ses paroles de modération; mais une main robuste s'appesantit sur lui. A ce signal, Guillaume tombe percé de plusieurs coups, ses domestiques sont massacrés, et son palais dévasté. Des échevins sont égorgés, leurs maisons sont pillées, et leurs cadavres foulés aux pieds.

Quelques amis transportèrent, à la faveur des ténèbres, le corps de Guillaume dans l'église de Saint-Jacques, et lui rendirent sans pompe les derniers devoirs. Sur sa tombe, plus tard, fut gravé son portrait, qui ne disparut qu'à la destruction de l'église qui avait reçu sa dépouille sanglante (1).

A la justice du peuple succéda celle du roi. Edmond de Lancastre parut à la tête d'une puissante armée devant la cité rebelle qui se hâta d'ouvrir ses portes. Mais les chefs de la révolte avaient déjà pris la fuite. Le vainqueur, peu content de cette soumission, interdit d'abord la mairie et l'échevinage, et dépouilla la ville de ses privilèges. Les habitants furent désarmés et les maisons remplies de gens de guerre. Les satellites de l'Anglais enlevèrent même les chaînes des rues et brisèrent la cloche qui avait sonné le tocsin. La mort, le bannissement, l'excommunication, tout fut employé pour frapper les séditieux.

Jean de Brienne, grand boutillier de France, se chargea de mettre le comble à ces rigueurs, et ne craignit point d'inonder de flots de sang la malheureuse ville de Provins. Il viola même, disent les chroniques, les monastères où s'étaient réfugiés des coupables, et dressa partout des potences pour jeter l'effroi dans les populations (2).

LES PAUVRES A TROYES AU XVI° SIÈCLE.

Le son de la trompe retentit dans les rues de la cité. C'est demain la fête de sainte Hélène, vierge honorée dans le diocèse de Troyes. Des marchands sont venus des contrées éloignées pour déballer leurs étoffes; de tous côtés circulent des bedeaux chargés d'inviter les pauvres, car la récolte pour eux

---

(1) *Histoire de Provins,* par Félix Bourquelot. 1839, T. I, p. 241.

(2) **Recueil de fabliaux de Barbazan et Méon,** T. II, p. 229.

doit être abondante, et il importe qu'ils fassent pleuvoir les beaux deniers par leurs pieux chants et par leurs bonnes prières.

Le soleil se lève radieux sur l'horizon, les cloches sonnent à toute volée. Les portes de l'Hôtel-Dieu s'ouvrent, et la procession se met en marche. A la tête paraissent les quatre bedeaux des pauvres, armés chacun d'une verge et précédant la grande croix de bois portée par un orphelin. A la suite viennent de jeunes enfants accompagnés de leurs maîtres d'école. Ces orphelins marchent en bon ordre, et de leurs lèvres s'exhale ce pieux chant : *Jesu fili Dei, miserere nobis.* Plus loin suivent les jeunes orphelines dont la voix mélodieuse invoque la protection de Marie : *Sancta Maria, ora pro nobis.* Derrière s'avancent silencieusement des hommes et des femmes en grand nombre ; ce sont les pauvres de la cité qui récitent dévotement les heures ou disent des patenôtres. A leur suite marchent monsieur le Maire de Troyes et ses échevins, les recteurs et les officiers des pauvres, et beaucoup de bourgeois.

La procession parcourt les principales rues de la cité ; les deniers tombent de toutes parts dans les troncs placés à la porte des églises, des hôtelleries et des boutiques. Une messe solennelle est chantée dans l'Hôtel-Dieu, et les pauvres, après une touchante prédication, s'agenouillent pour attirer les grâces du ciel sur leurs bienfaiteurs.

Je sais que bien des gens secourus à domicile ne voudraient point, au XIXe siècle, se mettre dans les rangs d'une telle procession. Mais il est bon de dire qu'au XVIe siècle les *pauvres honteux* n'échappaient pas à l'œil clairvoyant des recteurs des pauvres, et qu'ils recevaient secrètement de nombreuses aumônes. Chaque dimanche la charité tenait son assemblée ; les pauvres arrivaient à l'Hôtel-Dieu et y trouvaient les recteurs assistés de leurs bedeaux, du greffier, d'un médecin, d'un chirurgien et d'un apothicaire. Malheur à ceux qui feignaient quelque maladie ! L'aumône leur était refusée, et l'un des recteurs leur enjoignait « de travailler de leur métier » avec menace « de les employer aux remparts ou aux autres œuvres de la ville. »

La mendicité était totalement interdite, et les délinquants étaient condamnés au fouet ou jetés dans une des tours de la ville. Nul n'était admis au nombre des pauvres avant que sa misère ait été constatée par deux notables de sa paroisse accompagnés des marguilliers. Chaque pauvre, pour prendre part aux distributions hebdomadaires, devait en outre présenter une marque de plomb différente pour chaque paroisse (1).

---

(1) Bibliothèque de Troyes. Manuscrit, 1291.

TABLE DES MATIÈRES.

——

FIN DE LA TABLE.